山东商业职业技术学院出版基金资助

改革开放以来我国青年社会组织功能及其实现研究

龚爱国　著

山东大学出版社
·济南·

图书在版编目(CIP)数据

改革开放以来我国青年社会组织功能及其实现研究/龚爱国著.—济南:山东大学出版社,2020.9
ISBN 978-7-5607-6715-4

Ⅰ.①改… Ⅱ.①龚… Ⅲ.①青年组织—社会功能—研究—中国—现代 Ⅳ.①D432

中国版本图书馆 CIP 数据核字(2020)第 179033 号

策划编辑 唐 棣
责任编辑 李艳玲
封面设计 王 艳

出版发行 山东大学出版社
社 址 山东省济南市山大南路 20 号
邮政编码 250100
发行热线 (0531)88363008
经 销 新华书店
印 刷 济南巨丰印刷有限公司
规 格 720 毫米×1000 毫米 1/16
12.25 印张 232 千字
版 次 2020 年 9 月第 1 版
印 次 2020 年 9 月第 1 次印刷
定 价 40.00 元

序

习近平总书记深刻指出，全面建成小康社会，广大青年是生力军和突击队；中华民族伟大复兴的中国梦终将在一代代青年的接力奋斗中变为现实。近年来，由青年自发组成的社会组织不断涌现。这些组织扎根基层，贴近群众，服务青年需求，在团结青年、化解社会矛盾、引领青年参与社会治理中发挥了重要作用，成为社会组织中最有生机、最有活力的社会组织类型之一。青年社会组织为青年服务国家、服务社会、服务人民，实现青年人生价值搭建了重要平台。

改革开放以来，各种类型青年社会组织的出现满足了青年的精神诉求和价值诉求，适应了社会经济发展的需要。目前，青年社会组织已向社会不同领域拓展，在参与社会管理等方面发挥了重要作用。党的十八届三中全会提出了“要改进社会治理方式，激发社会组织活力”的社会组织发展理念。党中央还出台了《关于加强和改进党的群团工作的意见》。党的十九届四中全会提出：“发挥群团组织、社会组织作用，构建基层社会治理新格局。”由此观之，青年社会组织迎来了发展的黄金期。但从目前来看，青年社会组织发展还缺少相应的制度安排、经费支持、人才资源和良好的社会环境，青年社会组织的发展规律和内生性动力还需要进一步研究和探讨。

龚爱国著的《改革开放以来我国青年社会组织功能及其实现研究》从组织功能发展的视角来研究青年社会组织的发展规律，探索拓宽解决社会中的青年问题、青年的社会问题及社会治理的路径。该书是作者近年来在青年工作实践中深入思考和研究的重要理论成果，具有以下一些特点：

视角独特。近年来，针对青年社会组织在发展过程中出现的各种问题，很多学者从不同角度进行了深入研究和探讨并取得了可喜成果。与这些研究成果相比，该书是作者在对传播学、经济学、教育学、心理学、组织管理学关于组织功能论述的深入理解的前提下，特别是在吸收借鉴了社会学组织功能的重要原理以及相关社会学家重要论述的基础上，从组织功能的视角对青年社会组织进行的全面分析和研究。从功能视角研究青年社会组织，不但突破了以往青年社会组织研究过于关注组织内部活动的模式，而且还可以把青年社会组织纳入整个社会组织系统，研究其生存发展规律的问题。因此，选择功能视角研究青年社会组织能够从宏观层面发现影响其发展的外部因素，也能窥见青年社会组织本身发展的内在规律。这对于分析和研究社会中的青年社会组织和青年社会组织中的青年都是一个独特的视角。

结构严谨。该书总体结构框架体现了层层递进的紧密逻辑关系。该书首先从相关基本理论的梳理入手，详细分析了青年社会组织功能的内涵、特征及类型，基于这些基本理论的分析，青年社会组织功能发展的历史、现状和未来趋势体现了清晰的内在逻辑。结合现实中青年社会组织存在的问题，作者从理论层面深入到实践中探寻青年社会组织发展的机遇与挑战，同时还分析了国外青年社会组织的有益经验。万事俱备，青年社会组织实现功能发展的对策随之而成。

主题突出。从整个篇章来看，该书从基本理论梳理到形成相应的结论和观点，都紧紧围绕着青年社会组织功能这一主题进行了深入分析和论述。围绕这一主题，作者详细分析了青年社会组织功能的基本概念；基于对青年社会组织功能的分类，作者紧紧围绕政治、经济、文化、社会和国际参与功能对不同时期的青年组织进行了延伸式解读，这些解读达到了形散而神不散的目的，更进一步验证了青年社会组织功能分类有着丰富的理论来源和实践验证。作者还从另外的角度突出了青年社会组织功能的主题，那就是青年社会组织中的青年活动。青年社会组织是青年的组织，青年的活动状况决定了青年组织功能发挥的情况。因此，青年活动状况贯穿于整个研究体系，也进一步说明了青年社会组织功能问题实际上就是社会中的青年问题和青年的社会问题，这也是青年社会组织功能研究的最重要目的。

观点新颖。该著作的创新点主要体现在以下几个方面：一是在基础理论研究方面提出了从功能的角度对青年社会组织进行分类，并从理论和实践的角度分析和论证了青年社会组织类型，提出了从功能视角划分青年社会组织的重要意义。二是提出了青年组织发展的“四次高潮”的观点，以这“四次高潮”为基本脉络，详细回顾了新民主主义时期的青年组织功能，这是对新民主主义时期青年组织发展比较新颖的结论。三是在论述青年社会组织功能发展趋势时，基于组织功能的视角，提出了青年社会组织“间接式”政治参与逐渐受到重视、“网络式”经济参与会更加凸显、“渗入式”文化参与不可忽视、“主体式”社会参与成为重要形式及“合作式”国际参与日益扩大的观点。

美中不足的是，本书虽然从政治、经济、文化、社会和国际参与的角度研究青年组织功能，但这些功能之间的交叉关系并没有得到论证。每种组织不可能只承担一种功能，功能之间的侧重和转换还需要深入研究。

青年社会组织的蓬勃发展是不可逆转的历史潮流，青年社会组织必须贴近现实、贴近社会、贴近青年，适应新时代青年的新要求、新期待，凝聚起青年的智慧和力量，全面参与社会主义现代化建设，成为国家事业发展的中坚力量，让青年在报效祖国、服务人民、奉献社会的过程中实现自身的成长发展。深入研究青年社会组织功能及实现过程，对于促进青年社会组织发展、解决社会中的青年问题和青年中的社会问题都具有很好的参考价值。该著作的出版对丰富青年社会组织及社会治理体系的相关理论、创新青年社会组织工作模式、拓宽青年社会组织工作思路都具有重要的理论和实践意义。

龚爱国在青年工作实践中积累了丰富的实践经验。攻读博士学位以来，他的理论水平有了大幅度提升，在《中国青年研究》《社会科学家》等刊物上发表了多篇有关青年社会组织的文章，同时还获批教育部、共青团中央、山东社会科学规划管理办公室、中共山东省委高校工委、共青团山东省委等多项课题的立项，大部分都已结项并产生了很好的实践效果。作为导师，我为他取得的进步感到由衷的高兴，这些成绩的取得也是他勤奋刻苦、不断努力奋斗的结果。

希望该著作能够为青年社会组织发展及相关部门的决策提供参考，希望龚爱国未来事业顺利，坚守研究学问的精神品质，让研究学问成为一生不懈的追求！

是为序。

徐艳玲

2020 年 5 月于济南

目　录

绪　论

一、研究背景和意义

（一）研究背景

研究青年社会组织功能及其实现途径是源于目前对青年社会组织发展存在问题的认识、困惑和反思。作为一种组织形式，青年社会组织是最近才蓬勃发展起来的青年群众组织，其有着自己的内在运行机制和发展规律。如果违背和脱离了发展规律，组织发展就会停滞不前。基于目前我国青年社会组织发展现状和存在的问题，本书拟从人们尚未高度重视而对青年社会组织内生性发展有着重要影响的组织功能入手，探究组织功能对青年社会组织实现自我良性发展的重要意义和价值，试图通过为青年社会组织创造良好的发展环境和机制，来实现青年社会组织自身的良性发展和内生性发展，促进解决青年的社会问题和社会中的青年问题。鉴于此，本书围绕青年社会组织的相关理论和相关组织关系、针对如何通过发挥组织功能来促进青年社会组织健康和良性发展的问题展开阐释。在此基础上，提出了进一步实现青年社会组织功能的对策。

进入 21 世纪以来，以中华全国青年联合会、中国共产主义青年团、中华全国学生联合会为主的体制内青年组织继续发挥着重要作用，而各种类型的青年社会组织亦随着社会经济的变革如雨后春笋般地蓬勃发展起来，如青年自组织、青年公益组织、青年志愿服务组织以及青年经济组织等等。各种类型的青年社会组织的出现满足了体制外青年的精神诉求和价值诉求，也满足了社会经济发展的需要。这些数量庞大的体制外青年社会组织的工作范围和内容主要集中在社会领域，工作对象主要是青少年群体，组织者主要是青年。目前，青年社会组织已向社会不同领域拓展，在参与社会管理等方面发挥了重要作用。随着互联网和新兴媒体的迅速发展，青年社会组织呈现蓬勃发展的势头。“统计资料表明，当代我国草根非政府青年组织有 90 万～120 万个，其青年成员数量至少上千万。”[①]青年社会组织在形式上呈现多元化、多样化和虚拟化的发展态势。由于构成特点鲜明，青年社会组织逐渐成为当今社会非常活跃又发挥着重要作用的社会组织。在当前国内外形势发生深刻变化的背景下，青年社会组织的蓬勃发展为党和国家重视青年社会组织在国家经济社会管理等诸多方面的积极作用提供了重要契机。

以共青团为核心的青年组织历经百年发展历程，团结带领广大青年为我国社会主义革命事业，社会主义政治、经济、文化、社会建设和国际交流等诸多方面做出了重要贡献。90 多年来，共青团组织团结青年、教育青年、引导青年，激发青年人的聪明才智，出色地完成了党在革命、社会主义建设和改革开放各个历史时期及各个方面赋予的重任，起到了主力军和先锋队的作用。目前，国际政治环境风云变幻，国外敌对势力对我国青年意识形态的渗透有进一步扩大的可能；我国经济社会发生深刻变革，社会转型加快，青年的社会问题和社会中的青年问题突出，成为影响社会和谐稳定的重要因素；网络和手机等新兴媒介深度影响着青年群体的世界观、人生观、价值观；随着社会主义市场经济的深度发展，“两新组织”[②]青年群体数量急剧增加，对其教育引导问题成为新的时代课题。共青团组织面临着巨大挑战。“面对新形势新任务新挑战，共青团如果不积极应对、不改革创新，就不仅是跟不上、不适应的问题，而且可能失去组织存在的价值。”[③]党和政府已经认识到了以共青团为核心的青年组织在发展中遇到的困境，2016 年 8 月，中共中央办公厅印发了《共青团中央改革方案》。根据改革方案涉及的具体领域，团中央和教育部先后联合印发了《高校共青团改革实施方案》和《中学共青团改革实施方案》，这些方案的出台必将有力促进共青团组织的发展。

随着我国经济社会的发展，青年社会组织发展迅速，对国家经济社会发展的辅助功能也进一步凸显，为实现国家稳定、富强提供了巨大力量。但从目前的实际情况来看，青年社会组织还缺少应有的制度安排、经费支持、人才资源和良好的社会环境，很多青年社会组织结构松散，活动自由，成长周期较短，缺乏长远的发展规划；一些青年社会组织还处在自娱自乐的状态；政府还缺少对青年社会组织的管理抓手，特别是对没有注册的青年社会组织来说，在管理上还处于一种失控状态；社会公众还缺乏对青年社会组织及其工作的认知和认同。

---

① 石国亮：《当今世界青年组织的发展趋势分析》，《中国青年研究》2007 年第 12 期。

② “两新组织”是新经济组织和新社会组织的简称。

③ 共青团中央书记处：《积极稳妥地深化共青团改革》，《人民日报》2015 年 10 月 9 日。

虽然共青团组织把联系、服务青年社会组织作为“去行政化”的重要工作，把联系青年社会组织作为解决组织发展困境的基本出路，但从实际开展的情况来看，青年社会组织与共青团组织的关系没有清晰的界限，存在要么管得过多，要么统得过死的问题。所有这些问题都影响着青年社会组织的发展，青年社会组织需要通过各方面的努力找到自己的生存发展之道。

党和政府高度重视社会组织和群团组织工作。党的十七大明确提出了要重视“社会组织的建设和管理”；党的十八大提出了“形成政社分开、权责明确、依法自治的现代社会组织体制”“引导社会组织健康发展”的指导思想；党的十八届三中全会提出了“要改进社会治理方式、激发社会组织活力”的社会组织发展理念。党中央于 2015 年 7 月召开了群团工作会议，并出台了《关于加强和改进党的群团工作的意见》。党的十九大报告提出，充分发挥社会组织作用，打造共建共治共享的社会治理格局。由此观之，党和政府已经从指导思想和顶层设计上对青年社会组织的发展进行了准确定位，青年社会组织迎来了发展的转折期。

许多专家学者也高度关注青年社会组织的各种问题，并进行了一系列的研究和探讨，从组织能力、发展动力和组织创新等方面阐述了青年社会组织的发展出路。如杨家权在《治理视域下青年社会组织发展能力的探析——以济南为例》一文中认为，“应从自我认知和使命引导能力、人力资源管理能力、内部治理能力、资金筹集和管理能力、专业服务能力和对外联结能力等方面加强建设”①。黄婷婷在《我国青年社会组织发展趋向探析》一文中指出，应从“促进身份合法、理顺管理体制、加强重点建设”等方面来解决青年社会组织存在的问题。还有的学者提出学习共青团组织和枢纽型青年社会组织的发展模式来解决一般青年社会组织存在的发展问题。童潇在《青年社会组织参与城市社会治理：演进、特征与推进路径——以上海青年社会组织社会治理参与及共青团引领为中心》一文中，阐述了共青团组织在引领青年社会组织参与社会治理中的重要作用。石国亮的《青年社会组织发展的政策环境与政策建议》一文阐述了共青团组织要加强与相关部门的沟通和协调，创造有利于青年社会组织发展的政策环境的理论观点。陈为智老师提出了“以共青团为核心‘同心多层’的青年社会组织参与青少年事务工作机制”的观点。可以看出，众多学者高度关注青年社会组织的发展问题。

虽然党和政府高度重视，许多专家学者也开展了多方面研究，但从发展的

① 杨家权：《治理视域下青年社会组织发展能力的探析——以济南为例》，《中共济南市委党校学报》2015 年第 3 期。

实际情况来看，青年社会组织还没有找到组织内生性发展的道路。鉴于青年社会组织的实际发展情况，在汲取许多学者对青年社会组织发展的分析的基础上，本书试图从组织功能的视角来探究十八大提出的“实现政社分开、权责明确、依法自治的现代社会组织体制”的发展路径，希冀青年社会组织以组织功能发展为基本遵循，实现内生性发展，也为解决共青团组织目前的生存危机提供路径支撑和模式参考。

青年社会组织本身成长快速，也能服务于青年，服务于社会，服务于党和政府。但就目前青年社会组织存在的现实问题来看，其根本原因在于没有找到组织功能的内生性规律和缺乏实现组织功能发展的制度性安排和政策支持，还没有找到青年社会组织与共青团之间关系的准确定位。从理论研究的角度来看，对青年社会组织功能的研究还处于起步阶段，对青年社会组织的政治、经济、文化、社会和国际参与功能的研究和探索还不够深入，对青年社会组织本身发展与组织功能之间的关系还没有理顺，对青年社会组织功能及其实现与满足党和政府的要求、社会的需要和青年的期待之间关系的研究还需要深入。本书从功能的视角来研究青年社会组织的发展之路，其原因和目的也正基于此。

(二)研究意义

本书以组织功能的相关理论为基础，以青年社会组织功能的组织关联、历史、现状、未来趋势和研究对策为逻辑行文顺序，其目的就是找到青年社会组织内生性发展的路径。本书对已有理论和成果进行了有选择的吸收和继承，其研究本身也有一定理论意义和实践价值。

从理论意义来看，本书梳理了青年组织和青年社会组织发展的相关理论，从组织功能的视角对青年组织进行了分类，在此基础上分析了青年社会组织的基本类型以及组织功能实现对青年社会组织成长的重要意义和价值。本书认为，只有青年社会组织功能实现才能解决目前的青年问题，解决组织自身的发展困境，使青年社会组织成为创新社会治理体系的参与主体，才能实现社会和谐稳定。从功能视角的研究改变了对青年社会组织研究的传统思路，充实了相关理论体系。具体而言，有以下几点意义：一是有助于充实青年社会组织研究的相关理论体系。目前以组织功能为视角研究青年社会组织发展的理论相对较少，一些相关理论研究还只是从青年社会组织的某一职能方面进行研究，缺乏宏观的总体的研究，特别是缺乏着眼于青年社会组织发展本身的相关理论研究。本书从组织功能的视角进行研究，突破了传统的研究模式和思路。二是有助于探索解决青年问题、创新社会治理体系及维护社会稳定的相关理论。在社会转型的各个历史时期，青年是受到影响最深的一个群体，而社会的转型也不断为青年问题所困扰。青年问题是我国社会变革时期的重要社会问题，他们的问题根植于每一代人的集体记忆中。青年问题能够使人类的生命史与社会整体发展进程紧密结合，也是社会变化的一个先兆。青年群体受所处时代环境的影响，会在社会中扮演各种角色，而提供这种角色的舞台就是青年社会组织。青年社会组织在社会发展的各个历史阶段，其功能都发生着深刻变化。青年社会组织功能的发展变化象征着社会政治、经济、文化和社会生活的变迁，特别是改革开放以来，随着青年社会组织的蓬勃发展，其组织功能的实现与延伸对解决青年的社会问题和社会中的青年问题、创新社会治理体系、维护社会和谐稳定有着重要的促进作用。因此，在此背景下研究青年社会组织功能及其实现路径将有助于推动解决青年问题以及青年社会组织参与创新社会治理体系、青年社会组织发展困境及维护社会稳定方面的相关理论研究。

从实践意义来看，对于新生的青年社会组织来说，维系其健康成长需要在理论和实践上作出解释。特别是青年社会组织的出现对共青团组织来说既是机遇也是挑战。从这个角度来看，本书具有很强的实践价值。一是有利于青年社会组织主管部门工作思路的创新。党和政府高度重视群团组织工作，而青年社会组织是群团组织的重要组成部分。但近些年来，青年社会组织的主管部门形成了惯用思维，管理模式落后，在理论上突破不够，在实践上也创新不足，探寻青年社会组织自身发展的内在规律不够深入。因此，青年社会组织工作的很多问题没有得到有效解决，共青团组织的先进性、引领性没有得到充分体现，青年社会组织的发展也后劲不足。本书的相关结论为青年社会组织主管部门提供了一些思路和参考，这对青年社会组织在实践中的创新起到积极的推动作用。二是有助于青年社会组织创新工作模式。青年社会组织不能单纯依靠党和政府的支持，也不能指望社会的悲悯同情，在实践中创新是寻求生路的最好办法。本书的相关结论为青年社会组织的可持续和健康发展提供了范式参考，为实现组织内生性发展提供了思路。三是有助于解决青年问题，创新社会治理体系和维护社会和谐稳定。青年是当今社会中最积极、最有朝气的一个群体，是推动社会和谐发展、维护社会稳定的中坚力量。因此，必须通过青年社会组织这一桥梁把青年与社会、把青年与党和政府有效联系起来。青年社会组织的发展不只是组织本身的问题，也关系到党和政府政策的实施、社会的和谐和青年群体的发展。本书旨在为实践中解决青年问题、创新社会治理体系及维护社会和谐稳定提供见解和思路。

二、研究述评

(一)国外研究现状

从相关研究来看，国外学者更多关注青年运动、青年自组织、非政府组织、非营利组织的研究，很少从组织功能视角研究青年社会组织。因此，本书从国外青年运动、青年自组织、非政府组织和非营利组织的相关研究中梳理国外青年社会组织的相关研究状况。有关青年社会组织的研究观点和分类大概有以下几种：

一是青年社会组织与青年运动的相关研究。青年运动的发展必然伴随着青年组织的发展。因此，青年组织是青年运动发展的直接推动者。西方有关青年运动组织的研究理论最早源于对社会运动组织的研究。根据相关资料可以看出，西方社会运动组织的形态和分类非常复杂。“截至目前，大致有四种分类方式，以组织的资源来源、运作方式、抗争方式和在社会运动过程中所履行的职能作为分类标准。”[①]其中，前两类组织分类方式受到理论界的普遍认可。基于组织资源分类的代表人物是麦卡锡（McCarthy）和左尔德（Zald），其主要观点是把社会运作组织理论分为“专业社会运动组织”和“草根社会运动组织”。[②] 基于组织运作方式分类的代表人物是斯塔根堡（Staggenborg），其主要观点是把社会运动组织分为“正式社会运动组织”和“非正式社会运动组织”。[③] 目前理论界比较认可的是基于资源来源和运作方式的分类。从以上分类研究情况来看，社会运动组织与青年社会运动组织的分类有很大的关联性。对此，也有国外学者对青年社会运动与青年组织的关系进行了研究。俄罗斯一位学者指出，“青年运动有可能一夜就出现，其重要因素是当机会出现的时候，青年组织也出现了”[④]。青年运动的形式也影响着青年社会组织的类型。国外有关青年社会运动组织的分类为本书的研究提供了重要的参考。

二是有关青年组织分类的研究。从发展的历程来看，国外青年组织经历了自发组织、军事化、政治化、非组织化等多种形式。国外有关青年组织的研究也伴随着国外青年组织的阶段变化而不断变化。根据各个国家不同的国情和历史背景，有关学者对青年组织的分类进行了研究。如苏联学者松季耶夫把青年组织活动分为“文化型”“经济型”“社会型”和“政治型”的独创活动。此分类很接近于本书的青年组织功能分类模式。美国学者往往把青年组织分为青年非政府组织、青年非营利组织、青年自组织及国际型青年组织等等。

---

① 冯仕政：《西方社会运动理论研究》，中国人民大学出版社 2013 年版，第 114 页。

② John D McCarthy, Mayer N Zald, *The Trend of Social Movements in America: Professionalization and Resource Mobilization*, Morristown N J: General Learning Press, 1973.

③ Suzanne Staggenborg, "The Consequences of Professionalization and Formalization in the Pro-choice Movement," *American Sociological Review*, 1988, Vol. 53, pp. 585-605.

④ Donnacha O' Beacha, "Rocking the Vote: New Forms of Youth Organizations in Eastern Europe and the Former Soviet Union," *Journal of Youth Studies*, 2010, Vol. 13, No. 5, pp. 615-630.

三是有关非营利青年组织和青年自组织的研究。如美国非营利组织研究专家萨拉蒙教授认为非营利组织的五大关键特征，“即组织性、民间性、自治性、非营利性、志愿性”，这一研究成果得到学界的普遍认可。还有的学者对草根青年组织的重要作用和能力提升进行了研究，如乔安妮·索贝克·伊丽莎白(Joanne Sobeck-Elizabeth)认为，“草根组织，特别是有青年参与的草根组织，在城市社区服务的提供方面发挥着重要作用，但作为缺少公共设施和资源的青年草根组织来说，提高他们的服务潜力是至关重要的”①。

从相关研究来看，国外对青年组织的研究逐渐从青年组织的政治性转向社会服务和公益性研究，更多学者关注青年组织的社会性服务研究，更多关注非政府、非营利和草根组织的研究，也就是更加关注青年社会组织的研究。

(二)国内研究现状

虽然我国青年组织活动非常早，但有关青年组织的研究起步较晚，对青年社会组织的理论研究则更晚。从研究的文献来看，与本书相关的成果也非常多，主要有以下几个方面：

一是围绕青年组织开展的相关研究。这些成果系统梳理了青年组织的产生、发展及相关基本理论。如黄志坚的《论青年组织的发生及其在中国的发展》从社会性和青年的身心发展两方面阐述了青年组织的发生过程。他认为，“中国青年组织的出现是中国近现代社会的产物，它同中国近代青年群体的崛起以及中国民主主义革命的发端紧密相连”②。江洪和李维岳的《青年组织的演变与特点》一文认为，社会转型是推进青年组织演变的最主要推动力。石国亮的《当今世界青年组织的发展趋势分析》一文阐述了青年组织日益多元化、非正式化的发展趋势，同时指出青年组织在实现政治的辅助功能、参与社会事务以及引领青年文化和国际交流方面会发挥重要作用。程刚的《青年组织发展探索》从青年组织的“形成阶段”“成熟阶段”和“完善阶段”三个方面详细分析了青年组织的发展过程。石国亮的《青年组织研究的几个前提性问题》一文分析了青年组织的定义、特征和类型。所有这些文献为本书研究青年组织功能及其实现的一般理论分析提供了丰富的参考资料和宽阔的研究视野。

二是围绕共青团组织的相关研究。近些年来，有关共青团组织的研究越来越深入，理论价值越来越高，形成了一大批研究成果，在指导共青团工作中发挥了重要作用。与本书有关的内容主要涉及这几个方面：首先是共青团组织的能

① Joanne Sobeck-Elizabeth, “Supporting and Sustaining Grassroots Youth Organizations: The Case of New Detroit,” *Springer Link*, 2007, Vol. 18, pp. 17-33.

② 黄志坚：《论青年组织的发生及其在中国的发展》，《中国青年研究》1989 年第 2 期。

力建设研究。江洪的《历史新起点:共青团组织应变转型和整体能力构建》一文提出了共青团组织转型的十大方面,提出要构建共青团组织完整的能力建设体系。相关的研究还有杨杰的《论共青团组织管理理念的创新》、王佳的《共青团组织建设开放式、社会化、现代化的研究》等等。这些研究为本书提出青年社会组织要走内生性发展的路径观点提供了丰富的资料。其次是共青团组织参与社会管理的研究。在构建社会主义和谐社会的理念提出后,有关共青团组织参与社会管理和公共服务的研究成果不断涌现。如李维维的《共青团组织参与社会管理和公共服务研究》、罗衍铭的《论共青团参与社会管理的途径》等研究具有很强的代表性。这些研究为本书提出的青年社会组织的社会参与功能提供了理论参考。最后是共青团组织对青年的政治引领、文化引领、创业引领及国际参与等方面的研究。如任飞的《共青团组织引领青年思想的路径分析》、姚军的《高校共青团组织促进大学生就业创业研究》、石国亮的《中国共青团意识形态工作的战略选择》等等。这些研究成果为本书研究青年组织的政治参与功能、经济参与功能、文化参与功能及国际参与功能提供了材料和方法的借鉴。

三是有关青年社会组织的研究。改革开放以来,随着青年社会组织的蓬勃发展,有关青年社会组织的研究成果也逐渐增多,范围也逐步扩大。青年社会组织的发展需要高水平和具有更高价值的理论作为行动指南,这些年来有很多高水平理论成果问世。如中国青少年研究中心课题组的《我国城市青年社会组织发展状况研究报告》全面分析了青年社会组织的发展状况。董潇的《青年社会组织参与城市社会治理:演进、特征与推进路径——以上海为例》一文,全面反映了上海青年社会组织的发展历程。王扬和邓国胜的《社会资本视角下青年社会组织培育逻辑》从社会资本的角度研究了如何促进青年社会组织的发展。石国亮等的《青年社会组织发展的政策环境与政策建议》则指出了共青团组织在为青年社会组织创造政策环境方面所发挥的重要作用。这些研究成果为本书研究青年社会组织的组织功能实现提供了材料和思路参考。

四是有关共青团组织与青年社会组织关系问题的研究。共青团组织与青年社会组织究竟是什么样的关系,是领导被领导的关系还是平等合作的关系,这些都需要进行理论阐释。郑长忠提出,“中国公民社会的主体青年化特征,使中国共青团在政党主导的多元合作模式中承担着重要使命,而中国青年社会组织发展特性与共青团自身的优势,也为共青团担负起这一使命提供了可能性”[①]。

五是有关不同类型的青年组织研究。这里主要涉及政党青年组织、青年志

---

① 郑长忠:《走向政党主导的多元合作:中国公民社会的生成逻辑——基于对中国共青团与青年社会组织关系的考察》,《中国青年研究》2010 年第 8 期。

愿者组织等几种不同类型的青年组织。本书更关注相关文献的青年组织类型。虽然对青年组织类型的研究还比较少,但是通过梳理也为本书从功能视角对青年社会组织分类提供了思路。如吴庆的《中国共产党政党青年观和政党青年组织的发展》、王瑞鸿的学术论文《自组织:青年组织的当代新延伸——以浙江省为例》等。

六是关于青年组织功能的研究。这一方面的研究资料很少,但一些研究成果也为本书提供了思路。如石国亮的《论青年组织功能拓展》一文从青年自身发展、参与社会、为政党服务、促进社会和谐稳定发展以及青年群体是重要的意识形态载体等方面阐述了青年组织的主要功能。陈烯等对国外青年组织的功能进行了详细的分析。该文认为,"国外青年组织是近代社会的产物,在不同历史时期具有不同的功能。在现代社会,国外青年组织功能总体上开始转向服务社会、促进青年发展,突出体现在社会、文化、政治、经济等方面"①。赵黎明曾在文章中系统阐述了青年组织在和谐社会建设方面的重要功能。他认为,"青年组织在和谐社会建设中的优势,决定了其在和谐社会建设中的功能。青年组织致力于解决青年问题的过程,从一定意义上就是构建和谐社会的过程"②。

(三)国内外研究评析

综合来说,国外学者主要从侧面对青年组织的理论和实践进行研究,特别是在组织功能方面,相关研究还很少。但国外学者对青年运动与青年组织、青年与青年组织、青年社会组织发展历程的研究成果都为本书提供了重要的研究脉络和思路。

我国学者对青年组织基本理论、共青团组织及其与青年社会组织的关系等方面开展了广泛的研究,取得了丰硕的成果。但有两方面还需要深入研究:一方面,很多研究成果并没有对在社会转型时期如何正确解决青年问题提出更加合理有效的对策。究其原因,这些方案和决策都是外在的或者强加于青年的,而解决青年的问题应该大力发挥青年社会组织的作用,利用青年社会组织的功能转变和功能延伸来解决青年中的社会问题和社会中的青年问题。另一方面,对于青年社会组织自身发展功能的研究还不够全面。在信息化、网络化时代和社会加速转型时期,青年社会组织类型不断扩展,青年社会组织更需要实现自身功能,提升组织自身的内生性能力,继而实现青年社会组织的可持续发展。

---

① 陈烯、练庆伟:《国外青年组织功能发展透视》,《中国青年政治学院学报》2010 年第 2 期。

② 赵黎明:《青年组织在和谐社会建设中的优势和功能》,《广东青年干部学院学报》2008 年第 3 期。

三、研究思路与方法

（一）研究思路

本书首先通过解读青年组织、青年社会组织和社会组织的相关概念、特征和类型厘清三者之间的关系，明确研究对象的外延和内涵；在此基础上明确青年社会组织的职能定位，通过这一定位来确定青年社会组织功能的视角。其次，以组织功能的相关理论为基础，以青年组织及其功能的内涵和分类为切入点，详细分析青年社会组织功能的内涵、特征及类型，以青年社会组织功能的发展历史、现状、组织困境、国外借鉴和未来发展趋势为逻辑顺序，提出了青年社会组织功能进一步实现的对策。本书力图通过对青年社会组织功能及其实现路径的研究，研究和探讨青年社会组织内生性发展的内在动力，希望通过研究能为解决目前青年的社会问题和社会中的青年问题，创新社会治理体系及维护社会和谐稳定，为更好地服务青年、服务社会、服务党和政府提供理论借鉴和模式参考。

（二）研究方法

本书坚持以辩证唯物主义、历史唯物主义和马克思主义青年观为指导，对国内外青年组织功能的相关理论进行了认真梳理和分析，寻找本书的理论和实践支撑；基于青年社会组织与青年组织和社会组织的逻辑关系，分析与青年社会组织关系最为密切的青年组织及其功能的发展历史，在此基础上分析青年社会组织功能及其实现所取得的成就、遇到的困境以及面临的机遇和挑战。通过对青年社会组织本身特点及与其他组织关系的研究，在结合国外青年组织功能相关研究的基础上，本书对未来青年社会组织的功能发展趋势进行了合乎逻辑的预测并提出了相关对策。此外，本书采用了文献研究法、比较研究法和定量分析法。

首先，本书采用了文献研究法。本书充分利用丰富的档案资料和文献资料，详细梳理了青年组织功能的发展变迁，在此基础上进行了重大事件、重要节点和重要活动的逻辑考察，对青年社会组织功能及其实现路径进行了详细分析和整理。

其次，本书采用了比较研究法。青年社会组织是新兴的一种青年组织，因此需要通过研究青年组织与青年社会组织之间的内在逻辑关系，总结出青年组织和青年社会组织功能实现的区别和联系以及未来发展脉络。

最后，本书采用了定量分析法。本书在研究过程中采用了一些数据和图表分析，为提高本书论点的准确度提供了重要依据。

四、创新点及不足

研究青年社会组织功能及其实现需要梳理青年组织功能的历史发展脉络。在研究过程中，注重把握青年社会组织的类型与其参与政治、经济、文化、社会生活和国际交流等方面的关系，从而能够较为全面地分析青年社会组织的功能，得出较为准确的结论。但由于青年社会组织类型的复杂性、组织功能类型的复杂性，本书还存在着一定的缺陷。

（一）创新点

本书的创新点有以下三点：

第一，青年社会组织分类方法的创新。本书从功能的角度对青年组织类型进行了系统的分类和整理，在此基础上对青年社会组织进行了功能性分类，并从理论和实践的角度分析和论证了青年社会组织类型，指出了从功能视角划分青年社会组织的重要意义。在此基础上，对青年社会组织功能的类型进行了划分。

第二，青年社会组织发展观点的创新。本书提出了青年社会组织“内生性”发展的观点，可以为后续相关研究提供借鉴。

第三，青年社会组织参与方式的观点的创新。本书提出了青年社会组织“间接式”政治参与逐渐受到重视、“网络式”经济参与会更加凸显、“渗入式”文化参与不可忽视、“主体式”社会参与成为重要形式及“合作式”国际参与日益扩大的观点。

（二）不足之处

第一，青年社会组织的范围还需进一步论证。本书基于研究的方便，把青年自组织、网络组织、草根组织及各种协会和社团等组织形式统称为青年社会组织，这样的分类方式还需要进一步研究和论证。

第二，青年社会组织功能研究还需进一步细化。本书虽然从政治、经济、文化、社会和国际参与的角度来研究青年社会组织功能，但这些组织功能之间的交叉关系并没有得到论证。每种组织不可能只承担一种功能，功能之间的侧重和转换还需要深入研究。

第一章　我国青年社会组织的组织关联及职能定位

青年社会组织的产生、发展和壮大与我国整个社会改革开放发展进程紧密相关。在经历了“青年民间组织”“草根组织” 和“青年自组织”的阶段后，“青年社会组织”已成为官方的正式用语，这也标志着除共青团组织之外的另一重要青年组织形式正式登上历史舞台。“青年社会组织繁荣兴起，规模不断扩大，作用持续增强，影响力不断提升，成为当代青年实现自我发展、全面发展的重要载体，成为社会组织领域的一股不容忽视的新兴力量，并对共青团与青年的关系以及共青团的组织体系和工作格局产生重要影响。”[①]青年社会组织的产生、发展和壮大与青年组织和社会组织的发展有着紧密的关系。研究青年社会组织功能及其实现，要对青年社会组织的关联组织进行分析和整理，要厘清青年社会组织及其关联组织的历史脉络，准确把握青年社会组织的职能定位。

第一节　青年社会组织的组织关联

青年社会组织不是单独存在的一种组织，它的发展与社会组织和青年组织的发展有着紧密联系，青年社会组织是社会组织的一种特殊形式，也是青年组织的一种特殊形式。因此，厘清三者之间的关系对研究青年社会组织的功能及其实现至关重要。

一、青年组织与社会组织

什么是青年组织？在《辞海》《现代汉语词典》和《中国大百科全书》里面都

① 石国亮、王玲雪：《青年社会组织的发展政策环境与政策建议》，《中国青年研究》2015 年第 2 期。

没有清晰明确的解释，在百度百科和维基百科里面也没有详细定义和阐述。到目前为止，学术界的专家从各自的视角阐述了青年组织的内涵，但并没有统一的界定。比较有代表性的有以下几种观点：第一种观点认为，“青年组织是由一定年龄规定的年轻人组成的形式化群体”①。第二种观点认为，“青年组织是指由一定年龄规定的年轻人组成的并相对于一定的社会关系而存在的形式化社会群体”②。第三种观点认为，“青年组织是指处在一定历史环境中，由青年人组成的交互影响的各种文化并内化为活动系统的有机整体”③。第四种观点认为，“青年组织是指为执行一定的社会职能，完成特定的社会目标，在其特有的规章制度维系下，由青年自愿选择的、有意识结合起来的相对独立的社会单位”④。第五种观点认为，“青年组织是指由一定年龄规定的、具有共同信念或利益的青年人组成的，在一定物质和技术基础上为实现一定的目标，按照自愿原则结合起来并遵从一定规章制度的、具有层级结构和角色分配的相对独立的社会组织”⑤。这些观点基本展示了从“形式化群体”“社会群体”“有机整体”到“社会单位”“社会组织”的清晰脉络。由此可以推断，专家学者已基本达成“青年组织是社会组织的一种”的基本共识。既然青年组织属于社会组织的一种类型，那么它就有社会组织的某些特性。社会组织产生的主要动力来源是功能群体的出现和群体正式化的趋势。针对青年组织，也应该从青年群体、青年群体功能和青年群体正式化等几方面进行分析和研究。

首先是如何理解青年群体。从社会学的角度来看，青年群体是社会群体的一部分，对于青年群体的定义、结构也是站在整个社会结构的宏观立场上来研究的。陆建华从社会学的角度，以群体结构为标准，“确定了青年群体的三个基本特征。即年龄群体与非年龄群体的统一；实群体与非实群体的统一；稳定群体与非稳定群体的统一”⑥。这三个特征很好地诠释了青年群体的社会学意义。从青年群体的年龄自然因素、青年群体面临的特定社会任务以及青年群体在社会发展中的特殊作用来看，青年群体应该在社会结构中占有特殊地位。但“从青年群体的成长历程来看，特别是随着近代工业发展而不断发展的近代教育的作用，这一群体在社会结构中的地位始终是不稳定的，其成员在急剧变化的社

---

① 包志勤：《现代青年组织学》，中国青年出版社 1991 年版，第 70 页。

② 金国华主编：《青年学》，中国青年出版社 1999 年版，第 460 页。

③ 程刚：《青年组织论》，山东人民出版社 1991 年版，第 46 页。

④ 王道：《美国青年组织审视》，《宁波大学学报（人文科学版）》2005 年第 4 期。

⑤ 石国亮：《青年国际政治研究的新范式：意识形态视野中的青年和青年组织》，人民出版社 2007 年版，第 27 页。

⑥ 陆建华：《论青年群体的社会学特征》，《中国青年研究》1993 年第 3 期。

会、政治、经济、文化的大量事实面前，一直处在被保护地位”[①]。随着互联网的快速发展，青年群体突破了传统社会结构所赋予他们的价值观念、文化水平、道德修养、参与意识、消费方式及审美情趣等的范畴。他们以自己的方式赢得了社会地位，但是“不管青年的社会地位作用被如何规定，作为群体的青年因素在社会结构中始终是一个恒定的有多种连带关系的重大因素。或许正是因为组成这一群体的社会成员都处在人生过渡的关键时刻，其群体的地位和作用才更加特殊，更加不可替代”[②]。“毫无疑问，青年群体是社会群体的类型之一，它也是社会学所涉及的对象。但是，社会学关于社会群体的分析，是立足于对整体社会结构的宏观认识之上。其任务是建立社会系统的分层理论，而不可能对每一具体的群体类型进行细致的描述。青年学则是把青年群体当作一种重要的特殊的社会化设置来加以认识。”[③]刘维群从青年学的角度对青年群体作了清晰的界定，他从青年群体性质上的现实性特征、互动上的直接性特征、人际关系上的稳定性特征、结构上的封闭性特征等方面进行了详细的解读。他认为“青年群体就是青年在一定社会关系中共同生活的实体”[④]。从目前情况来看，无论从社会学的角度还是从青年学的角度，青年群体从形式和内容上都没有发生实质和根本性的变化，但已不能单独从社会学的角度或者青年学的角度研究整个青年群体，而是应结合目前社会发展的现实把二者进行有机的结合。就本书的研究来看，对青年群体的认识既要充分考虑青年群体的社会学意义，也要考虑青年群体在青年学中的研究价值，因为只有这样才能对青年社会组织有全面的研究。

其次是如何理解青年功能群体的出现。从国外青年组织的产生和发展来看，在不同的历史时期，青年人为了实现不同目的，形成了具有不同功能的群体，这些不同功能群体的青年组织起来，就形成了具有一定功能的青年组织。“根据 J. R. 吉利斯的研究，以各种各样的名称和形式组成的欧洲各国的年轻人团体都有自治的性格，担负着社会统治和道德支援这两种功能。”[⑤]自青年组织的典型代表德意志大学生协会 1815 年诞生以来，国外青年组织经历了从以青年为主体，以活动为平台，以民间组织形式而存在的一种少量的社会组织发展到目前机构数量众多、参与人员广泛、组织结构比较完善、组织地位和功能不断提升和扩大的社会组织的过程。德意志大学生协会的成立主要是青年知识分

---

① 陆建华:《论青年群体的社会学特征》,《中国青年研究》1993 年第 3 期。

② 陆建华:《论青年群体的社会学特征》,《中国青年研究》1993 年第 3 期。

③ 刘维群:《青年群体界说》,《青年研究》1998 年第 6 期。

④ 刘维群:《青年群体界说》,《青年研究》1998 年第 6 期。

⑤ 陈映芳:《“青年”与中国的社会变迁》,社会科学文献出版社 2007 年版,第 10 页。

子要求建立一个以自由和统一为基础的德意志民族国家。印度是非政府组织大国，青年组织遍布全国各地。有各种各样的青年组织在自己所感兴趣的领域开展活动，这些组织都是非营利和非政府组织。美国的青年组织功能更为明确，其组织目标非常清晰，如带有宗教色彩的基督教青年组织，明确倡导特定人生观、价值观和世界观的青年组织“童子军”，具有政党色彩的共和党青年组织和民主党青年组织等。俄罗斯青年组织党派和政治色彩浓厚，特别是俄罗斯周边国家发生“颜色革命”后，俄罗斯大力发展亲党派青年组织，如“纳什”“青年近卫军”等，这些青年组织的主要功能就是要维护其政党利益，为赢得大选和巩固政党执政而开展各种各样的工作。国际民主青年联盟是英国影响较大的、有政党背景的青年组织，该组织的主要任务就是全心全意服务于政党，帮助政党拉拢青年选票，赢得大选。

从中国青年组织的产生和发展来看，受中国传统家族习惯和社会体制的影响，社会中真正的“青年群体”出现较晚。在清朝末年，“年轻人团体不仅在农村、城镇的普通社区不存在，就是在学校这样的年轻人集中的地方也被禁止”[①]。自鸦片战争以来，民族危机、教育改革和中国近代工业的兴起为青年功能群体的形成提供了契机。近代中国青年功能群体的主体主要有学生群体和工人群体。“由于那个时期新的社会力量的生长和发展，使中国反帝反封建的资产阶级民主革命出现了一个壮大了的阵营，这就是中国的工人阶级、学生群众和新兴的民族资产阶级所组成的阵营。”[②]被认为较早又比较有典型的青年组织是孙中山创立的资产阶级团体——兴中会，因为兴中会建立时的主要成员大都是青年人。它的主要功能就是反帝反封建，进行资产阶级民主革命运动。作为政党型青年组织，中国共产主义青年团从建立之初就与中国共产党有着紧密的联系，成为中国共产党团结、联系和教育广大青年群众的桥梁和纽带。在以一定的社会背景、功能群体和青年组织功能为基本要素的条件下，青年组织在中国革命、社会主义建设和改革开放的各个历史时期都会大量涌现。

最后是如何理解青年群体正式化。从世界范围来看，各国青年群体的出现，虽时间节点有差异，但都与本国的产业革命和教育发展程度息息相关。青年群体成为普遍的社会存在“是传统的封建的社会向现代社会转变时出现的产业化、政治民主化和普及公共教育等的同步现象。这一时期的青年，事实上就是近代西方社会从 1800 年前后开始成为社会问题的所谓‘风暴之王’和‘越轨少年’，即过了青春期而又未成年的‘危险阶层’以及 19 世纪后半期开办的数千

① 陈映芳：《“青年”与中国的社会变迁》，社会科学文献出版社 2007 年版，第 11 页。

② 《毛泽东选集》第 2 卷，人民出版社 1991 年版，第 558 页。

所公立中学的新生们”[①]。20世纪以后，随着各国政治斗争的进一步深入和国内革命、经济建设的需要，青年群体逐步登上历史舞台，成为社会发展的一支重要力量。进入21世纪，随着信息化、网络时代的到来，青年群体已逐渐成为引领网络时代的弄潮儿，成为社会发展的风向标。青年群体正式化的主要标志有以下几点：

一是青年群体成为社会发展的一支重要力量。从社会发展进程和变迁来看，特别是随着近代工业、社会信息化和教育的发展，青年群体的社会结构地位逐渐趋于稳定；在政治、经济、文化和社会管理急剧变化的时代，青年群体已从被保护对象逐渐变为参与社会、经济、政治、文化和社会发展的主力军，青年群体已从社会的边缘逐渐向社会的中心过渡，并将会在社会发展的各个领域成为群体核心。

二是各国政府和政党高度重视青年工作。各国政府和政党逐渐对青年群体有了新的、更进一步的认识，认识到青年群体对促进经济社会发展的重要作用。西方主要国家各政党在取得政权、建立资本主义国家后，经历了工业革命带来的经济大发展、资本主义文化和思想的大繁荣，两次世界大战的政治灾难、世界经济危机以及20世纪中叶发展的黄金时期，也面临着80年代以来经济全球化、信息化和多元化的冲击和影响。伴随着西方社会的进步与发展，国外青年群体的功能也开始不断萌芽、发展和壮大。在资本主义发展的各个历史时期，青年以及青年群体都发挥着重要的作用。

我们党和政府高度重视共青团组织及青年工作，以共青团为核心的青年组织在我国各个发展历史时期都做出了巨大贡献。2013年5月4日，习近平在同各界优秀青年代表座谈时指出，“中国梦是我们的，更是你们青年一代的。中华民族伟大复兴终将在广大青年的接力奋斗中变为现实”[②]。

三是各国政府出台了有关青年群体的政策和制度安排。政策和制度安排是青年群体正式化的重要标志。1992年之后，俄罗斯先后颁布了《关于国家青年事务的若干优先举措》《俄联邦国家青年工作主要方向》《俄罗斯青年1998～2000年纲要》《俄罗斯青年2001～2005年纲要》《国家支持青少年社会组织法》等多部联邦法案。20世纪90年代以来，中国共青团中央和全国青年联合会先后制定了《在建立社会主义市场经济体制中我国青年工作战略发展规划》和《共青团工作跨世纪发展纲要》等重要文件。特别是近年来，国家在青年群体的就业、教育、权益保障、卫生健康、环境保护以及经济、政治和社会参与方面都有相

① 高田昭彦：《现代社会和青年——青年研究的社会学意义》，《青年研究》1984年第5期。

② 《习近平在同各界优秀青年代表座谈时的讲话》，《中国青年报》2013年5月5日。

应的制度安排和政策支持。

青年组织作为社会组织的一种形式，其功能是自身内涵的主要构成要素，一个组织的存在就是以发挥其应有功能为最终落脚点；但是青年组织与一般意义上的社会组织也有很大区别，因为广义和狭义的社会组织在外延和内涵上都与青年组织有着明显的不同。青年组织的自身独有特点在于其成员构成的特殊性；有了青年这一特殊群体，青年组织在组织目标和任务上就有别于其他社会组织。据此，从功能群体和青年群体正式化的角度来看，我们可以对青年组织作如下解释：青年组织是指有一定年龄规定的，在不同的社会发展阶段，在被社会认可的情况下，由青年联合起来实现不同社会功能的社会组织。

二、青年社会组织与社会组织

从组织的内涵来看，青年社会组织属于社会组织的一种形式。社会组织可以从两个方面来分析：一个是广义的角度，一个是狭义的角度。广义的社会组织所指非常广泛，凡是从事共同活动内容的群体皆可称为社会组织。广义的社会组织在不同的历史时期呈现不同的表现形式。如原始社会以血缘关系为纽带的氏族公社，以地缘关系为纽带的部落都可以称为社会组织。人类进入工业社会以后，社会功能群体开始出现；特别是随着社会分工的细化、人类社会关系复杂化，社会组织成为社会发展不可或缺的一部分，成为维持社会运转的必要组织形式。政府、机关和企业等是广义上的社会组织。而狭义的社会组织是指除政府组织和企业组织以外的第三类组织。在十六届六中全会通过的《中共中央关于构建社会主义和谐社会若干重大问题的决定》文件中，正式详细阐述了社会组织在增强社会服务功能方面的重要意义，社会组织也因此正式取代"民间组织"和"社会团体"，成为官方的正式用语。

我国社会组织是在应对改革开放后社会转型期间出现的矛盾和问题中发展起来的，从我国出台的一些文件中可以梳理出社会组织的发展历程。这些文件主要有：1998 年的《社会团体登记管理条例》和《民办非企业单位登记管理暂行条例》；1999 年的《关于进一步加强民间组织管理工作的通知》，这也是官方首次正式使用"民间组织"的概念。2006 年，党的十六届六中全会正式提出社会组织的概念。2007 年，党的十七大报告进一步明确了社会组织的定义，之后我国社会组织步入了发展的快车道。2004 年，在民政部门登记注册的社会组织有 28.9 万个，到 2017 年年底，全国社会组织已有 76.2 万个。[①] 从发展历程和趋势来看，我国社会组织体现了民间性、非营利性、自愿性和自治性等特征，这与国

① 参见潘跃：《民政部：截至 2017 年底全国共有社会组织 76.2 万个》，《人民日报》2018 年 8 月 17 日。

外社会组织的特征基本相似。我国社会组织起步较晚，但发展较快，在发展过程中还存在诸多问题。如自发性的组织较少，内生性动力不足；社会组织自筹经费途径不多，政府经费投入不足；社会组织的制度保障不够完善，政府监管还不到位，社会组织人才资源匮乏；等等。从长远的发展来看，要想不断提升社会组织内生性发展动力，组织人才的储备、经费的筹集和互惠性组织的支持是亟待解决的重要问题。

青年社会组织是改革开放以后逐渐发展起来的社会组织，起初的青年社会组织是由具有共同利益诉求、价值取向和兴趣爱好的青年群体自发成立的一种组织形式。到目前为止，虽然学术界还没有对青年社会组织的定义和内涵有统一的认识，但是很多学者还是从自己研究的角度阐述了青年社会组织的内涵。郑长忠在《走向政党主导的多元合作：中国公民社会的生成逻辑——基于对中国共青团与青年社会组织关系的考察》一文中指出："所谓青年社会组织，主要是指以青年为主要参与主体或以青年为服务对象的社会组织，重点为前者。这些组织可以是他组织的青年社会组织，也可以是自组织的青年社会组织。"①黄婷婷认为，"青年社会组织是指以青年为主体，基于成员共同意愿，自发组成、自我管理的社会组织"②。童潇认为，"青年社会组织指由青年发起成立，并以青年人为活动主体的民间结社形式"③。石国亮认为，"青年社会组织是指青年群体按照一定利益诉求、兴趣爱好、共同追求的青年人组成，在发展的过程，逐渐形成自己组织架构、内部治理制度以及适合青年自身的活动内容，具有组织性的一类社会组织"④。虽然以上专家学者从不同角度阐述了青年社会组织的内涵，但"以青年为主""共同意愿""自我管理""社会组织"都是其基本共同点。结合对青年组织、社会组织的分析以及组织功能研究的视角，本书认为，青年社会组织是以青年为主体，基于青年群体共同的价值诉求和精神诉求，为实现特定功能而形成的社会组织。

自诞生以来，青年社会组织经历了"青年民间组织""草根社会组织"和"青年自组织"等几种发展形态。青年社会组织规模在迅速扩大，青年群体加入青年社会组织的积极性越来越高，在青年群体中的影响力逐渐加大；但青年社会组织主要集中于大中城市，组织成员规模大多在 200 人以下。"从成员规模来看，青年社会组织以中小规模为主，约八成（77.3%）的青年社会组织成员规模

① 郑长忠：《走向政党主导的多元合作：中国公民社会的生成逻辑——基于对中国共青团与青年社会组织关系的考察》，《中国青年研究》2010 年第 8 期。

② 黄婷婷：《我国青年社会组织发展趋向探析》，《中国青年社会科学》2016 年第 1 期。

③ 童潇：《青年社会组织参与社会治理：演进、特征与推进路径》，《中国青年研究》2015 年第 8 期。

④ 石国亮：《青年组织研究的几个前提性问题》，《浙江青年专修学院学报》2008 年第 2 期。

在 200 人以下，其中，近一半(48%)的青年社会组织成员规模在 100 人以下。”[①]农村和县级城市青年社会组织的发展非常缓慢。到目前为止，还没有形成具有巨大影响力和规模庞大的青年社会组织。从运行状况来看，青年社会组织主要以体制外青年为主，参与活动的类型主要是兴趣类和公益服务类，交流的平台主要依托网络，经费来源主要是会员的 AA 制(平均分担费用)和社会赞助所得；青年社会组织的内部管理和体制建设逐步趋于完善，青年社会组织领袖对组织运行起着至关重要的作用。虽然借助社会组织体制改革和相关政策的推行，青年社会组织的影响力在逐渐提升，各方面也得到了快速发展，但由于青年社会组织发展时间短，各项规章制度还不健全，还存在着各种阻碍，因此在发展过程中还面临着诸多问题和挑战。此外，青年社会组织还面临活动场地有限、资金经费供给不足、人才流动性大以及培训力度不够等问题，这些问题制约了青年社会组织数量上和质量上的进一步提升。

三、青年社会组织与青年组织

青年社会组织和青年组织都是社会组织的一种形式，但可以从青年社会组织与青年组织共同的主体(青年群体)、组织特征和组织类型来分析两者之间的关系。

从青年群体的角度来看，“成员的年轻化是青年组织最明显的特征”[②]。处在一定年龄阶段的青年群体在身心发展特点和社会结构特点方面具有同一性。组织成员的这种特性也必然反映了青年组织的特性，因为“组织成员与组织的联系是客观的、必然的”[③]。很多专家学者对青年群体的特性或者是本质的规定性进行了深入的研究，指出了青年群体的先锋性、过渡性、超前性、开拓性、矛盾性、不平衡性、开放性、同辈性以及文化的前喻性等特征。青年群体是一个过渡群体，青年群体所体现出来的以上特性和其成员的暂时性、活跃性及多变性都具有不稳定性，青年群体这些特性与青年组织有着本质的内在联系。因此，青年组织所表现出的最集中和最突出的特性就是不稳定性，也就是动态性。青年社会组织中的青年群体的特性与青年组织中的青年的群体特性具有一致性，因此动态性也是青年社会组织的特征。从现实的青年社会组织的发展情况来看也是如此。“从调研数据来看，大部分青年社会组织成立时间在 5 年以下，其

---

① 刘俊彦主编：《青年与青年社会组织》，中国青年出版社 2014 年版，第 7 页。

② 石国亮：《青年国际政治研究的新范式：意识形态视野中的青年和青年组织》，人民出版社 2007 年版，第 27 页。

③ 包志勤：《现代青年组织学》，中国青年出版社 1991 年版，第 74 页。

中,1年以下的占20%,1～3年的占38.2%,3～5年的占19.2%,三者合计占77.4%。这一数据表明,虽然我国城市青年社会组织处于蓬勃发展中,但尚处于发展初期,总体上还不稳定。"①

青年社会组织主要通过网络来体现其自身运行特征。青年社会组织的主体是青年群体,他们的生活方式、价值取向决定了组织的运行模式。在网络时代,青年群体是使用网络的主体,网络媒体已成为青年沟通、交流的重要媒介。很多青年社会组织主要通过网络终端进行沟通和交流,如网络平台、手机微信、QQ群等。借助网络发展起来的青年社会组织更是不计其数,"而这些组织与传统社会组织在生成方式和存在方式上有着巨大差异,呈现出流动性和虚拟性等特征,然而,一旦需要,又能够快速地在物理空间内落地而变成具有与传统组织相同的社会组织"②。因此,网络化运行是青年社会组织运行的独特方式,这种方式有别于其他社会组织。而青年组织的运行特征具有系统性、目的性和组织的行为规范性。组织内部的分工和结构都应体现一定的层次和关系,这种层次和关系就是实现组织内部发展的系统性体现,即把青年组织看作一个系统;不同的青年组织从成立之初就有着明确的组织目的,有了明确的组织目的才能充分反映组织存在的价值和社会意义,当然这些价值应该有利于社会的进步和发展。青年组织的目的性还对组织日后社会功能的发挥产生深远影响;青年组织要让整个组织运营有章可循、有规可依,这样的组织发展才能有持续的可能。青年组织的规章制度都会以章程的形式出现,它也是组织成员应该遵守的行动规矩,有效地维护了组织行动的统一性。除了这些特性以外,青年社会组织的开放性、松散性、多变性、灵活性和合法性通常也为青年组织所具备。

从两者的组织类型来分析,"对事物进行分类的方法是很多、很多的,组织也不例外。组织可被分为好的和坏的;赢利的和不赢利的;公有的和私有的;大的、中等的或小的;生产商品的和提供劳务的;分权的和集权的;原始的和先进的,或者诸如教育的、工业的、政府的、宗教的、慈善的或联邦的等等。从绝对的意义上,没有任何'更好的'分类体系,它的用处取决于眼睛的目的"③。因此,不同视角可以产生不同类型的青年组织。从规模大小的视角来看,青年组织可以分为小型、中型和大型组织。大学里面的社团可以看作一个小型青年组织,中国共产主义青年团可以看作一个大型青年组织。以空间形态为划分依据,可以

---

① 刘俊彦主编:《青年与青年社会组织》,中国青年出版社2014年版,第4页。

② 郑长忠:《走向政党主导的多元合作:中国公民社会的生成逻辑——基于对中国共青团与青年社会组织关系的考察》,《中国青年研究》2010年第8期。

③ 张尚仁:《社会组织的含义、功能与类型》,《云南民族大学学报(哲学社会科学版)》2004年第2期。

有横向的跨区域、跨国界的青年组织，也有纵向的行业区域青年组织。跨区域青年组织如“泛长三角区域青年组织”，该组织致力于泛长三角区域的经贸考察、青年人才培养、青少年教育等方面的合作交流。跨国界的青年组织如“世界民主青年联盟”和“世界青年大会”。纵向的行业区域组织如“尼赫鲁青年中心联盟”，它是印度最大的青年组织，基于印度农业大国的背景，将自己的主要工作对象设定为农村校外青年，致力于帮助农村青年解决农业技术等方面的问题。“中国青年绿色环保组织”是以倡导智慧环保，强化中国青年群体环保意识与污染企业责任担当为使命的非营利青年组织。“从青年组织与意识形态的远近关系，我们可以将青年组织分为三类：意识形态性的青年组织、半意识形态性的青年组织、非意识形态性的青年组织。”[①]这种组织类型的分类方法不是为了分类而分类，而“只是为了论证意识形态在青年组织中的不同作用和影响，从青年组织与政党和国家之间关系的角度，就不同的青年组织对国家的政治依存度，进行的一种分类”[②]。

从其他角度来分，还可以有很多类型的青年组织，如：正式青年组织和非正式青年组织；社会化的青年组织和反社会化的青年组织；合法的青年组织和非合法的青年组织；有信仰马列主义的青年组织，也有信奉基督教的青年组织。由此可知，青年组织的分类方法决定了青年组织类型的差异性。但是，青年组织的分类应更多地考虑青年组织的实际情况以及研究视角。

既然青年组织是社会组织的一种形式，那么对社会组织的分类方法和方式对青年组织有着同样的借鉴意义。“结构功能主义代表人物帕森斯以社会组织的社会功能为视角，把社会组织分为生产组织、政治组织、整合组织和模式维持组织四种类型。我国著名的社会学家费孝通先生对社会组织的分类是：经济组织、政治组织、文化教育科学研究组织、群众组织和宗教组织。”[③]这一分类模式也基本是从组织功能的角度进行的。以社会组织的分类方式为参考，青年组织也可以按照其功能的不同进行分类。这样的分类既可以加深对不同青年组织的共性和个性的认识，又可以比较全面和较具体地研究青年组织。根据对社会组织类型的分析和青年组织类型的大致统计，结合本书的研究内容和重点，青年组织的类型大致可以分为以下五种：政党型青年组织、经济型青年组织、服务型青年组织、文体型青年组织和国际合作型青年组织。

---

① 石国亮：《青年国际政治研究的新范式：意识形态视野中的青年和青年组织》，人民出版社 2007 年版，第 32 页。

② 石国亮：《青年国际政治研究的新范式：意识形态视野中的青年和青年组织》，人民出版社 2007 年版，第 33 页。

③ 张文海：《高校学生组织状况调查与发展对策研究》，河北师范大学硕士学位论文，2010 年。

第一种类型是政党型青年组织。“政党和青年、青年组织之间有着天然的联系。”[①]政党型青年组织有着明确的政治纲领和行动指南，它是政党在青年中实现政治目的的有效路径，也是政党赢得青年支持的有效载体。早期的青年组织都是在革命斗争中成长起来的，基于政党自身的利益需求，在社会发展的各个时期，各国政党都不得不重视青年和青年组织越来越大的影响力，各政党都开始建立自己的青年组织。在社会建设时期亦是如此。如：苏联共产党创立了“苏联列宁共产主义青年团”；越南共产党领导“胡志明共产主义青年团”；美国共和党的青年组织有“青年共和党人”和“大学共和党人”，美国民主党的青年组织是“青年民主党人”；法国社会党成立了“法国社会青年运动”；而“青年工党”和“未来保守党”是分别隶属于英国工党和保守党的青年组织；“古巴共产主义青年联盟”是古巴先进的青年组织；“蒙古青年联盟”是蒙古人民革命党的青年组织。

第二种类型是经济型青年组织。经济型青年组织主要是指开展经济方面的合作或者本身从事经营及提供各种经济服务的青年组织。随着整个世界格局的变迁和社会发展，发展经济成为各国提升综合国力的重要内容。特别是随着网络时代、信息化和知识经济时代的到来，青年已成为新时期经济发展的一支不可忽视的力量。青年组织开展各种经济合作的活动日益频繁，在世界范围内围绕经济合作的经济型青年组织也逐渐增多。这些青年组织有的是行业内部组织，有的是跨行业或跨地区的青年组织。行业内部的青年组织如“私营企业青年联合会”(The Youth Association for Private Economic Enterprise)，它是印度一个青年自愿参加的非政府组织。该组织团结私营企业开展有关企业营利内容的活动。该组织成立的主要目的是：一方面通过内部活动、企业经营以及研发的各项工作，为青年企业家释放工作潜力提供工作平台；另一方面帮助青年企业家在商业某一领域建立稳固的联系。“南京市青年民营企业家联合会”是具有社团法人资质的非营利性社团组织，是联系南京市青年民营企业家的桥梁和纽带，致力于南京非公有制经济的发展和青年民营企业家的成长。跨行业或跨地区的青年组织如“黑龙江省新农村青年经济合作组织总会”，它把全省200多个优秀农村青年经济合作组织联合起来，进行经济信息和科技方面的交流与合作。另外，广东青年企业家联合会、湖南省青年企业家协会、山东省青年企业家协会等近20家青年组织也属此类。这些青年组织在促进企业之间合作交流，促进当地经济发展和青年企业家成长等方面发挥了重要作用。“青年发展组织”(Youth Development Organization，YDO)是由联合国人居城市青年

① 石国亮：《当今世界青年组织的发展趋势》，《中国青年研究》2007年第12期。

基金会成立的青年组织，该组织致力于通过培养青年人创建微小项目的能力，来改善青年人的经济地位，降低城市社区青年失业率。该组织通过微型项目知识培训、项目技术培训、建立微型项目合作伙伴和提供项目贷款等四方面内容，确保项目的成功实施。青年创业协会是近年国内发展起来的青年组织，在全国各地几乎都设有青年创业者协会，如“北京青年创业者协会”“厦门青年创业者协会”“济南市青年创业协会”等等。美国的青年创业组织较为发达，这与美国重视青年创业和青年创业教育是紧密相连的。“青年创业精神协会”（The Entrepreneurial Youth Society）是美国一家致力于激发全国青年创业精神的青年组织。该组织认为，要想保持美国的经济实力和竞争性，就必须重新燃起创业精神，因为创业不仅能够为社会提供新想法和创造力，而且还能够为青年人自己和社区提供工作岗位。

第三种类型是服务型青年组织。服务型青年组织是通过向社会和他人提供服务、参与政府社会管理的青年组织。这种服务有的是非公益性的，非公益性组织主要通过政府购买服务的方式，实现服务社会和参与社会管理的目的；有些是公益性的，公益性的青年组织主要是各种志愿者组织。我国在改革开放以后政府职能的转变促进了青年社会组织的快速发展，为社会组织全面参与社会管理提供了广阔的发展空间，服务型青年组织也迎来了前所未有的发展机遇。但是青年组织真正承担起政府转移的公共服务职能，成为政府购买服务的对象，还需要经过一个艰难的嬗变过程。这个过程需要青年组织自身的改革与发展，需要政府的培育和专业社会组织机构的引导。“广东顺德启创青少年社工服务中心”是专门服务青少年的社工组织，该组织拥有专业社工人才及青少年社工服务经验，主要从事学校及社区青少年社会服务工作，提供家庭生活教育服务。该组织的服务水平高、专业性强，在顺德团区委和容桂街道办事处的大力支持下，容桂青少年成长促进会高度认同“顺德启创”提供的各种社会服务，并成功购买了该服务中心的青少年社工试点服务，试点范围涉及职业学校、普通中学和社区。容桂青少年成长促进会对“顺德启创”的服务进行评估，同时将有关结果反馈到区团委和街道办事处。

公益性的青年组织有很多类型，有正式的、非正式的，也有草根公益组织、公益类青年自组织以及政府主管部门指导下的青年公益组织，等等。2006 年 9 月由三位网友成立的“滴水公益”志愿者组织自成立至今已发展成为拥有 5000 余人的公益组织，该组织成员大部分由青年人组成，有自己的论坛和网站，依托网站构建组织联络网络。该组织的使命是：让更多的人参与公益，更多地服务社会。“‘草根之家’是一家由几个新生代农民工创办的纯民间、纯公益的自助互助的志愿服务机构，该组织致力于改善农民打工者的现状，让工友们过上幸福有尊严的生活。”①

国外大部分青年组织都是非营利、非政府组织，其在参与社会、服务社会、青年少年教育、社区服务等方面发挥着重要作用。“巴西一个名为‘Interacao’的非政府青年组织在2006年对两个城市的4个贫民窟进行了社会经济调查，调查内容涉及家庭收入和支出、就业情况、公共服务、社区基础设施建设、住房质量等多方面的问题，这项调查覆盖了4500个贫困家庭，并把最终采集的数据提交给当地政府，以便继续对这些贫民窟加以规范，将其纳入城市化进程，为相关部门的决策提供依据。印度青年组织委员会ICYO(Indian Committee of Youth Organizations)是非政府、非营利的青年网络组织。该组织是散布在26个州123个区，拥有超过406个组织成员的大型网络组织。该组织还经常组织相关会议来讨论当前社会面临的环境、青年健康、青年发展等问题，为政府提供决策报告。”②

第四种类型是文体型青年组织。文体型青年组织主要是指致力于文化教育和体育方面的青年组织。文体型青年组织涉及社会中各种青年文体活动团体、网络组织、青年自组织和存在于大学里面的各种社团。当代青年需要丰富多彩的生活，有着共同兴趣、爱好和特长的青年就会聚在一起开展各种活动。这些组织并没有统一的上级领导，也缺乏固定章程，组织结构松散，但开展的活动丰富多彩，深受青年人的喜爱。文体型青年组织成为很多年轻人从上班的“单位人”变为下班的“社会人”的组织归属，成为青年人再组织化的新型平台，成为青年人之间联系和沟通的重要渠道。如上海青年自行车俱乐部大约有20家，汇聚了爱好者大约20万人。

我国青年群体的重要组成部分是分布在各类大学里面的青年学生，大学里的社团也是影响和教育青年的重要组织。有的青年组织具有广泛的影响力，如“中山大学绿色青年组织”“吉林农业大学‘绿野’青年志愿者协会”；也有各大学联合的青年组织，如“中国大学生环境组织”。

国外也有许多文体型青年组织。Pratham是印度最大的青年非政府组织，该组织致力于为印度贫困儿童提供素质教育。到目前为止，该组织已为数百万农村和城市儿童提供了系列教育。③ 美国全国青年体育联合会(The National Council of Youth Sports)是美国最大、最著名的代表青年体育产业的青年组织。该组织致力于丰富今天乃至于后代的体育经验，特别是积极鼓励草根青年

① 方秀云:《流动人口自组织的特征、意义、困境及其突破》,《行政管理改革》2013年第1期。

② 龚爱国:《印度青年社会功能透视及启示》,《社会科学家》2015年第3期。

③ 参见龚爱国:《印度青年社会功能透视及启示》,《社会科学家》2015年第3期。

加入该组织。玛萨瑞青年运动协会（Mathaer Youth Sports Association）是曾获得诺贝尔和平奖提名的肯尼亚青年运动组织。该组织致力于通过体育运动鼓励青年发挥他们的潜力，帮助他们实现梦想。

第五种类型是国际合作型青年组织。国际合作型青年组织是指不同国家之间以及具有国际性质的社会团体之间开展国际交流的青年组织。在经济全球化、信息化、多元化的时代，随着社会不断进步和国际化的发展，各国青年组织之间的联系日益增多的趋势也更加明显，相互之间的影响力也日益加强。青年组织跨越国界进行国际合作的项目日益增多，有些青年组织本身就是各国青年组织开展活动的平台和集合体。

跨国界设立的国际型青年组织也有很多，如世界民主青年联盟、世界青年大会、亚洲青年理事会、拉美和加勒比青年中心、欧洲民主青年社会团、社会党青年国际联盟、拉丁美洲大陆学生组织、伊比利亚美洲青年组织、世界语青年组织等机构。其中，世界民主青年联盟和世界青年大会影响力最大。

我国使用“社会组织”这一术语比较晚，而使用“青年社会组织”这一术语则更晚。因此我们有必要从发展历程的角度来梳理和分析青年社会组织的组织类型。

从社会组织诞生之日起，青年社会组织也就随之出现了，只不过是表现形式不一样罢了。改革开放以来，社会主义市场经济的逐步完善和社会加速转型，推动了我国社会组织的快速发展。社会团体、民办非企业单位和基金会是我国民政部对社会组织的基本分类。在 2006 年之前，我国称社会组织为“民间组织”，党的十七大报告正式使用了“社会组织”一词，并且提出了“发挥社会组织在扩大群众参与、反映群众诉求方面的积极作用，增强社会自治功能”的基层民主建设理念，这也说明党和政府对社会组织的重要性的认识发生了根本性的变化。可以说，社会组织诞生之日就是青年社会组织诞生之时。社会组织服务的范围涉及教育、医疗、卫生、志愿服务、捐赠等领域。那么，青年社会组织的类型是否能够按照官方对社会组织的分类来进行划分呢，抑或按照社会组织的服务领域来进行分类？这还需要考虑青年组织和青年社会组织的发展因素。

我国的青年组织伴随着青年运动的发展而不断发展，形成了以共青团为核心的各类青年组织形式。青年组织的分类方式多种多样，本书从功能的视角把青年组织分为政党型青年组织、经济型青年组织、服务型青年组织、文体型青年组织、国际型青年组织。不同形式的青年组织在我国革命、社会主义建设和改革开放的各个历史时期都发挥了重要作用。在市场经济、网络时代和全球化的影响下，青年群体的价值诉求和精神诉求发生了巨大的变化，各种满足青年群体需求的青年社会组织开始大量出现。青年社会组织活动领域非常广泛，在志愿服务、乡村教育、学术研究、环境保护等领域都有青年社会组织的参与。这些组织起初有很多称谓，如青年自组织、草根组织、青年民间组织等等。“青年社会组织”的正式用语经历了共青团十五届六中全会提出的“青年自组织现象”到共青团十六次代表大会提出的“高度关注青年自组织”过程，这一时期，青年自组织的发展得到党和政府的高度重视。共青团十七大报告已经用“青年社会组织”取代“青年自组织”，此后“青年社会组织”的称谓被固定下来。2014年2月，在上海召开了全团青年社会组织工作会议；以此会议为标志，共青团组织把青年社会组织管理纳入重要议事日程。“团中央书记处第一书记秦宜智出席会议并强调，做好青年社会组织工作对于共青团实现新发展具有十分重要的意义，要立足于已有的资源和能力，着眼于巩固和加强团在青年社会组织和青年中的影响力、凝聚力，更好地发挥青联作为统一战线组织的优势，不断加强对青年社会组织的联系、服务和引导，使之成为共青团组织延伸手臂、增强活力的重要依托。”[①]同青年组织的分类一样，青年社会组织的分类形式也有多种视角，如组织成员的数量、组织成员的职业背景、服务领域、构成形式、地域类别等等。可以说，青年社会组织类型复杂多样，而权威机构并没有对此进行具体界定和描述。一方面是因为青年社会组织概念提出时间不长，对其还没有具体、详细的系统论述；另一方面是因为青年社会组织的类型多样，很难确定分类标准和原则。鉴于本书的研究视角，我们从组织功能的角度对青年社会组织进行分类。此类方法能够把握青年社会组织的发展共性，并对青年社会组织的发展现状和趋势作出推测和判断。在详细分析青年组织类型的过程中，我们还列举了许多青年社会组织的案例，这些案例涉及经济型青年组织、服务型青年组织、文体型青年组织和国际型青年组织。本书认为，这四种类型基本涵盖了青年社会组织目前所有的存在形式。

四、青年社会组织与青年组织和社会组织的联系

本书从青年群体的正式化、功能群体的出现以及社会学和青年学的相关理论的视角考察和分析了青年组织的内涵，从组织功能的视角给出了青年组织的定义，从青年群体的特点、组织运行特征和组织类型详细考察了青年社会组织与青年组织之间的关系。从这一方面研究来看，青年社会组织完全具备青年组织的特性，可以说，青年社会组织是青年组织的一个子集。根据对社会组织发展历程的分析也可以看出，青年社会组织是社会组织的一种特殊形式，社会组织所包含的一些特性都能在青年社会组织中找到影子。

---

① 周凯、王烨捷：《全团青年社会组织工作会议在沪召开》，《中国青年报》2014年2月27日。

由此可以看出，社会组织、青年组织和青年社会组织三者之间存在着内在联系，也可以用图示简单地展示三者之间的关系（见图 1-1）。

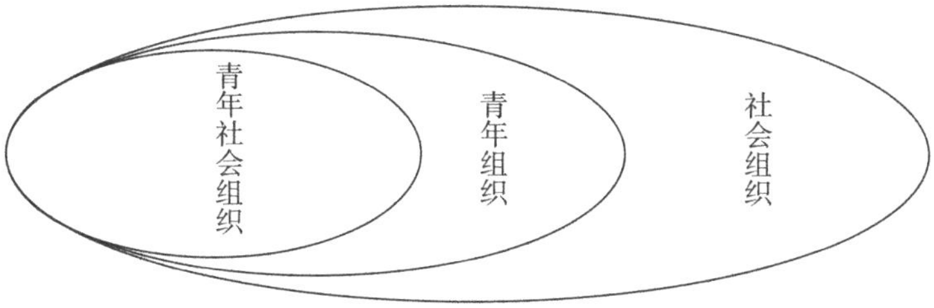

图 1-1　社会组织、青年组织和青年社会组织三者之间的关系

第二节　青年社会组织职能定位及影响因素

研究青年社会组织功能及其实现，就需要对青年社会组织职能进行准确定位。组织职能是组织所拥有的或担当的专门职责，它是组织的固有属性，与组织的功能具有一定的关联性。青年社会组织是社会组织的一种形式，也是青年组织的一种形式。因此，社会组织与青年组织的职能定位对青年社会组织的职能定位有着重要影响。

一、青年社会组织的职能定位

青年社会组织是社会组织的一种特殊形式，也是青年组织的一种特殊形式。因此，青年社会组织的职能定位既要有社会组织的要素，也要有青年组织的要素，但这些都还不是青年社会组织的全部职能。从发展历史来看，青年社会组织从诞生之初就没有离开社会参与领域，特别是在志愿服务、社会公益、社区服务等方面获得了很好的社会声誉。从发展现实境况来看，青年社会组织在解决青年群体就业问题，组织和引导青年进行政治参与、文化参与方面发挥了重要作用，很多青年社会组织活跃在国际舞台。因此，青年社会组织职能主要有以下几个方面：一是组织引导青年群体发挥政治参与功能，增强青年群体的政治参与意识；二是推动经济进一步发展，促进青年群体就业；三是引领青年参与文化建设，培育和践行社会主义核心价值观；四是积极参与社会治理，推动社会和谐建设。

组织职能是青年社会组织必须完成的任务和职责，失去这些职能，青年社会组织就会失去存在的价值，也会被社会淘汰。青年社会组织在完成这些基本职能的过程中，会产生相应的组织功能；组织功能的发挥、拓展都会进一步促进青年社会组织职能的实施和完善，促进和推动青年社会组织实现内生性发展。

二、青年社会组织职能定位的影响因素

影响我国青年社会组织职能定位的因素，一个是青年组织，一个是社会组织，它们的职能定位会对青年社会组织产生重要影响。

（一）青年组织职能定位

青年组织在不同的历史时期有着不同的职能定位。共青团组织发端于青年组织与青年运动。在中国共产党的领导下，共青团组织始终将扩大党的执政基础作为核心组织目标。共青团组织 90 多年的发展历史表明，满足青年群体的利益诉求和价值诉求，是共青团得以成长和发展的核心因素。在革命战争时期，共青团组织根据革命形势的需要，宣传和动员了很多青年组织成为革命的重要力量；在社会主义建设时期，共青团组织和领导了很多青年组织积极参与祖国的社会主义经济建设；在改革开放时期，共青团引导、服务青年组织参与祖国的改革开放伟大事业。“共青团也要由先进青年的政治组织向全社会的先进青年组织拓展。在保持坚定正确的政治方向基础上，向经济、文化、科技、服务等更广阔的领域进军，不仅要带领青年中的强势群体前进，而且还要关心青年中的弱势群体的生活和工作的状况，时时刻刻都要做到同广大青年同呼吸、共命运、心连心、手拉手。”[①]对于青年组织来说，其组织职能定位与共青团组织的职能定位基本相似。

（二）社会组织职能定位

我国社会组织的发展源于社会主义市场经济的逐步建立和网络社会的生成，与发达国家社会组织的发展还有很大差距。但“其社会角色与职能既有体现国际共性的地方，也有我国社会转型与社会发展所赋予的自身特点”[②]。当前，我国社会经济结构发生了深刻变化，整个社会利益格局经历了重大调整。在此背景下，社会组织在调节政府与市场、政府与社会的关系中发挥着越来越重要的作用。刘娉在《我国社会组织职能定位探析》一文中指出：“社会组织的职能主要有参与社会治理、统筹社会阶层利益、承接社会管理职能和倡导社会和谐价值。”[③]陆稳玲在《治理视角下的非政府组织职能研究》一文中阐述了非政

① 江洪：《历史新起点：共青团组织应变转型和能力体系建构》，《北京青年政治学院学报》2004 年第 2 期。

② 刘娉：《我国社会组织职能定位探析》，《西南农业大学学报（社会科学版）》2007 年第 4 期。

③ 刘娉：《我国社会组织职能定位探析》，《西南农业大学学报（社会科学版）》2007 年第 4 期。

府组织的职能："主要包括促进政府职能的转变，提高公民的政治参与意识，推动社会经济的进一步发展，推动社会和谐的发展进程。"①冯雨晴在《关于社会组织提供文化服务职能》一文中指出："社会组织应当充分发挥自身的作用，对于诸如公共文化服务等能够提供的事项，承担应有的责任。"②从以上各位学者的观点来看，社会组织的职能定位更多侧重于社会参与方面，社会组织在社会公共领域会发挥更大作用。

总之，从以上对青年组织和社会组织的职能定位分析可以看出，青年社会组织要做的是既关注青年群体，又要体现组织的社会性特征。

① 陆稳玲：《治理视角下的非政府组织职能研究》，《巢湖学院学报》2010 年第 5 期。

② 冯雨晴：《关于社会组织提供文化服务职能》，《法制与经济》2014 年第 4 期。

第二章　我国青年社会组织功能及其实现的一般理论

任何一项学术研究，首先应该确定研究对象，厘清研究对象的相关概念以及相关理论。“基本的概念、理论、分析模式以及方法的正确界定和运用，是确定一门学科的研究对象的基本前提，也是对学科对象进行深入研究的必不可少的环节之一。”[①]因此，本书首先厘清了青年社会组织与社会组织和青年组织的关系，并阐明了青年社会组织的职能定位，因为职能定位与组织功能实现关联紧密。青年社会组织与青年组织关系最为紧密，特征最为相似，因此应将青年组织功能的内涵、特征及类型作为切入点，进行相关的理论分析。

第一节　青年社会组织功能的内涵、特征及类型

一、青年社会组织功能的内涵

(一)组织功能含义

“功能”一词已被广泛应用到经济、政治、文化、社会等各个领域。关于功能内涵的解释也有很多种。在第六版《现代汉语词典》中，对“功能”的解释是这样的：功能是“指事物或方法所发挥的有利的作用，也有效能的意思”[②]。《牛津英语词典》认为，功能是一种很自然的活动，是人或物的行为目的。维基百科对于功能的解释更为详细，从数学、计算机、化学、生物学和人类学等方面对“功能”

① 唐亚林：《从边缘到中心：当代中国政治体系构建之路》，华东理工大学出版社 2006 年版，第 28 页。

② 《现代汉语词典》，商务印书馆 2012 年版，第 453 页。

的含义进行了全面的解释。关于组织功能，不同的学科和不同的学者都有不同的观点和解释。

在传播学理论中，组织功能被认为是“媒介组织所具有的能力和作用或应该完成的任务，包括告知功能、表达功能、解释功能和指导功能”①。在组织管理学理论中，组织功能被赋予了三方面的含义：“一是它能够组成一种新的合力，也就是人们通过组织把许多孤立的个人结合成一个能动的团体时产生的力量必然超过同样数量的单个人的力量的简单叠加；二是能够提高效率，尽快完成组织的预定目标；三是能够满足组织成员的心理需要。”②在经济学理论当中，组织功能被看作把所有个人业务联合起来的黏合剂，其最终目标就是实现企业的目标。在社会学研究领域，有关组织功能的研究非常深入，很多社会学者对此都有自己的观点。斯宾塞把社会组织功能与人体器官的功能相比较，认为两者具有功能的一致性。法国社会学家涂尔干认为，人类社会组织的不断分化与功能的不断演进有着密切的内在关系，社会稳定的重要因素在于组织功能之间的互相补充。美国社会学家帕森斯认为：“社会系统为了保证其本身的存在、持续以及有效性，必须满足一定的功能要求。在一般意义上，有 4 种必要功能：适应、目标达成、整合和潜在模式维系。为了充分满足这些功能，社会系统在组织上产生功能分化，由经济系统、政治系统、社会共同体系统和文化意义上的模式托管系统分别执行适应、目标达成、整合与潜在模式维系这 4 种功能。”③在《现代社会学理论新编》中，童星将组织的功能概括为以下几点：“第一，组织是社会的黏合剂；第二，组织是社会化的场所；第三，组织是实现人类需求的重要载体；第四，组织是社会发展的动力机制。”④美国社会学家莫顿（R. K. Merton）根据社会组织的作用方向和表现形式，把功能分为正向功能（积极功能）和负向功能（消极功能）；也就是一个组织满足了社会的需求就具有正向功能，一个组织阻碍了整个社会或者是其他组成部分的需求时则被看作具有负向功能。⑤ 就整个社会系统而言，关于组织功能的具体内容，系统科学、教育学和心理学等不同学科从不同角度都有不同表述。梳理和研究这些学科对组织功能的表述，对青年社会组织功能的含义和特征的研究都有重要参考价值。

（二）青年组织功能的内涵

从我国社会发展总体来看，青年组织功能的发挥与青年组织的地位、价值

---

① 卢平、梁均贵：《重视学术思想对新闻报道的价值》，《新闻前哨》2000 年第 1 期。

② 李建设：《组织管理学》，浙江教育出版社 1987 年版，第 9 页。

③ 宁德安：《社会整合初论》，中共中央党校博士学位论文，2013 年。

④ 童星主编：《现代社会学理论新编》，南京大学出版社 2003 年版，第 155 页。

⑤ 参见庞元正、丁冬红主编：《社会发展理论新词典》，吉林人民出版社 2001 年版，第 307 页。

和作用紧密相连。青年组织本身的组织类型多样，结构复杂，也决定了青年组织与社会组织功能不同，有着自己的功能内涵和具体内容。

在传播学、经济学、教育学、心理学、系统科学以及社会学关于组织功能的表述中，对青年组织功能的分析都带有指导价值；但是从青年组织的基本属性来看，青年组织是社会组织的一种形式，本身更具有社会团体的属性，因此社会学的组织功能描述更接近青年组织功能的实际状况。然而这种组织功能的描述带有普遍性和一般性，不可能完全描述青年组织功能的特殊性。“青年组织的功能比一般社会组织的功能具有更为具体的组织能力和功效，它较之其他组织更具有特殊性和具体性，有其自身特定的存在和发展规律。”①因此，可以从两方面来考察青年组织功能：一方面是从一般的社会学视角考察青年组织功能的一般性，另一方面是从青年学的角度来考察青年组织功能的特殊性。

1.社会学意义上的青年组织功能

美国社会学家莫顿对社会组织的正向功能和负向功能的分析，对于青年组织来说也有同样的借鉴意义。“青年组织也有功能发挥得不好(低功能)或无功能的情况，即使在有功能或组织功能很强的情况下，也有正负功能的区别。如果上述青年组织功能因与自身的价值意向或组织目标一致而属正功能的话，那么与青年组织价值、组织意向和组织目标背离或反向的青年组织功能就是青年组织的负功能。”②我们所看到和了解的多是青年组织的正功能，但青年组织的负功能和反向作用也是客观存在的。本书研究的都是我国青年组织的正功能，对于青年组织的负功能或者是反向作用并不作深入研究和探讨。在一般意义上，从社会活动领域来看，青年组织在政治、经济、文化、社会管理和国际交流方面都能够充分发挥社会组织的功能。从青年组织实际案例和实践情况来看，这五个领域的功能互有交叉，是青年组织比较常见和普遍的功能。

2.青年学意义上的青年组织功能

青年群体是青年组织的一个突出特点，青年组织的成员构成凸显了其特性，而青年群体在人的自然性、实践性和社会性方面有着自己的突出特点。“急剧变化的自然属性是反映青年整体存在的自然特征，逐步完善的实践性是反映青年由社会客体向社会主体转变的能动性，而日趋成熟的社会性是解释青年本质最直接的特征。”③青年的本质特征必然要通过各种外在的形式表现出来，投

① 石国亮：《青年国际政治研究的新范式：意识形态视野中的青年和青年组织》，人民出版社2007年版，第70页。

② 包志勤：《现代青年组织学》，中国青年出版社1991年版，第212页。

③ 姜涌：《青年学》，山东大学出版社1996年版，第60页。

射到青年组织上，也由此表现出青年群体的组织功能。“满足青年的需要、维护青年的权益、促进青年的参与和推动社会的进步等四个方面大体概括了青年组织的基本功能，这四个方面的功能，是青年组织在发展过程中逐渐形成和不断拓展的，它们往往是相互结合、相互交叉的。”[①]从青年自身的角度出发，青年组织要代表青年人利益，对内要尊重青年人的意志，组织活动和组织目标要符合青年人的意愿，对外要代表青年人的利益，表达青年人的诉求。可以说，维护青年权益、代表青年利益应是青年组织的最基本功能。青年组织要在整个社会系统中实现其社会价值，就必须能够正确引导和教育青年积极参与社会的发展进程。当今时代充分证明了青年群体已成为社会发展中的一极重要力量，青年群体在网络时代和信息化社会中的突出特点和优势正逐步凸显，社会的快速发展也为青年群体提供了施展才华的舞台；青年组织正逐步成为团结教育青年、促进青年群体参与社会治理的重要孵化基地，成为青年成长的平台。青年组织的教育引导和社会参与功能是促进青年人快速成长和发展的重要媒介。青年人正处于心理发展的重要过渡时期，青年组织要担当起满足青年人的心理需要、生活需要、情感交流需要的重要功能，这些功能对于青年组织来说也是非常重要的。

同时，还要注意不同组织类型及不同环境下的青年组织功能的差异性。如规模较大的青年组织要比规模小的青年组织的功能更全更强；政治型的青年组织要突出政治功能，而文体型青年组织则不需要突出政治功能；等等。因此，对于青年组织功能的分析也不是绝对的，总是在某种类型的青年组织中突出其主要功能。

（二）青年社会组织功能内涵

我们从社会学的角度考察了青年组织功能的一般性，从青年学的角度分析了青年组织功能的特殊性，这对于研究青年社会组织功能的内涵来说，具有重要的参考价值。从社会学的角度来看，青年社会组织功能比社会学意义上的社会组织功能的具体指向更加明确，也更具有特殊性。社会组织是除政府和经济组织之外的重要组织。但对社会组织功能的研究还是一些零碎的经验总结，还没有进行理论上的系统阐述。有的学者认为，社会组织具有提供社会服务、化解社会矛盾、促进就业、发展民主政治等功能。因此，有必要从宏观上对社会组织功能进行系统的理论阐述和总结。本书认为，社会组织与政府组织、企业组织一样，都具有同样的政治参与、经济参与、社会参与、文化参与及国际参与功

---

① 石国亮：《青年国际政治研究的新范式：意识形态视野中的青年和青年组织》，人民出版社 2007 年版，第 77 页。

能，但由于我国社会组织的制度构建、社会环境氛围等方面的原因，我国社会组织发育还不完善，社会组织功能还没有充分发挥作用。从社会学的角度来看，青年社会组织的社会参与功能会更加突出，经济参与功能会逐步加强，其他功能也会随着社会的发展而不断发生变化。可以说，任何组织要在社会的发展中提升自己的内生性的发展动力，都需要组织功能协调发展、相互配合，缺少任何一方面功能都很难生存。因此，社会学意义上的青年社会组织功能更加注重社会功能的发挥。

从青年学的角度来说，青年社会组织只有充分发挥自己的功能，才能代表青年利益，满足青年群体的价值诉求和精神诉求，维护青年权益。作为社会组织中的青年群体，其社会属性日益凸显，社会化程度逐步加深，已经从社会的边缘逐渐向社会发展的中心过渡，从“社会学习者”转向“社会参与者”；特别是在网络化时代，青年群体已经成为社会系统的主体，已成为各个领域的核心成员。青年群体政治参与、经济参与、文化参与、社会参与以及国际交流参与的意识逐渐加强；同时，青年社会组织在联系青年群体、引导青年、满足青年价值诉求和精神诉求方面发挥着其他组织不可替代的作用，因此青年社会组织必将在政治参与、经济参与、文化参与、社会参与和国际交流参与方面发挥重要作用。这些功能的实现会有效解决青年的社会问题和社会中的青年问题。

二、青年社会组织功能的特征

（一）青年组织功能的特征

我国青年组织在功能内容上与其他各国青年组织具有一些共同点，如其他国家青年组织的政治功能、经济功能、文化功能以及维护青年权益的功能，在我国青年组织身上都有所体现。而我国的政治社会制度、经济发展模式、文化传统以及青年人所表现出的固有特性体现在青年组织功能上，也有自己的固有特征。

1. 青年组织功能具有很强的政治性

中国的政治制度决定了青年组织在意识形态和政治立场上必须同党中央保持高度一致。“中国共青团是中国共产党领导的先进的青年群众组织，是中国共产党联系青年群众的纽带和桥梁，也是中国共产党的助手和后备军。”① 中国共青团的使命就是要组织青年，引导青年，服务青年，代表和维护青年权益，团结和教育广大青年坚定理想信念，刻苦学习，奋发成才，使广大青年在实现伟大的中国梦的征程中成为有理想、有道德、有文化、有纪律、爱学习、爱劳动、爱

---

① 《中国共产主义青年团章程》，中国青年出版社 2013 年版，第 1 页。

祖国的一代新人。全国青年联合会、全国大学生联合会、学校系统内部的学联组织、社团组织以及存在于社会基层的正式青年组织都有明确的纲领、章程、组织分工和活动规范，组织规范化水平较高；这样的青年组织能够传播正确的政治信念、政治知识和政治价值观，让组织成员能树立正确的政治情感，形成稳定的政治态度。这是青年组织所承担的社会政治责任，也是中国社会组织政治化的路径。

青年组织具有很强的政治性，不仅由于国家政治制度的原因，而且还是由青年组织自身发展的需要决定的。建党以来，青年工作一直被中国共产党高度重视；青年组织始终把党的各个时期的中心任务同青年工作结合起来，始终把坚持党的领导作为做好青年工作的基本方针，在此前提下独立自主地开展各项工作。青年组织的各项活动和工作也得到了党和政府的高度重视和支持。党和政府为青年组织发展提供政策、资金和制度安排等方面的支持，促进青年组织的健康发展。“随着党和政府对新兴社会组织的高度重视，社会建设的不断加强，我国青年组织和青年社团的外部环境进一步优化，其数量和自身实力都得到了很大的提升，政治和社会参与意识明显增强，参与领域不断扩大，在经济建设、政治建设、文化建设和社会建设中发挥了不可替代的重要作用，地位与过去相比有了很大提高，已经成为社会公共领域中一支十分活跃和充满生气的新生力量。”①

2. 青年组织功能具有经济性

中华人民共和国成立后，社会主义经济制度逐步建立，特别是 40 多年的改革开放，极大地调动了亿万人民群众的积极性，也极大地促进了各种经济组织和经济合作组织的诞生和发展。在中国经济发展的起步阶段，为了培养大批青年企业管理人才，满足企业管理改革的需要，1985 年2 月成立了“中国青年企业管理者协会”。30 多年来，该协会在组织青年企业家参与区域经济发展，与地方政府对接项目、资金和技术，帮助青年企业家拓宽知识视野，提升管理能力，履行企业社会责任，为青年就业创业做好示范等方面发挥了重要作用。1994 年 7 月，以团办实业为主的青年组织“中国青年实业发展促进会”成立为标志，中国青年组织参与经济发展迈上一个新台阶。该组织的成立是“建立社会主义市场经济体制进程中我国青年实业发展的内在要求，是我国青年组织参与经济建设，推动经济发展的重要措施，预示着以团办实业为主体的青年经济组织的发

① 安国启、邓希泉主编：《新世纪中国青年发展报告(2000～2010)》，光明日报出版社 2012 年版，第 120 页。

展将进入一个新的阶段"[①]。面对全球化的迅速发展，各种青年经济组织、创业组织发展迅速，在中国的经济发展中，青年组织发挥着越来越重要的作用。

3. 青年组织功能具有社会服务性

起初，青年志愿服务是青年组织社会参与功能的主要表现形式。青年志愿服务是青年群体的志愿服务行为，是青年组织以组织成员的知识、技能或者财富，通过各种社会服务性的行动来实现对社会事业的服务与保障。青年组织的社会服务的形式多种多样，如专项性志愿服务、专业性志愿服务、公益性志愿服务、社区志愿服务和应急性志愿服务等。随着社会经济的发展和进步，青年组织已经不满足于纯粹的志愿服务，随着青年组织服务形式的多样化发展，其活动范围也逐渐扩大。其中，政府购买服务是青年组织实现社会服务功能的一种重要途径。通过政府购买服务，青年组织为社会提供优质的资源和产品，为政府解决很多政府不能够解决的问题。"'阳光伙伴'沙龙项目是朝阳区青年志愿者协会2011年参与的政府购买社会服务项目，旨在通过定期沙龙的形式，借助主题研讨、专项培训、自由讨论、信息共享与发布，有效提升'阳光伙伴'组织志愿服务能力、实现服务资源科学化共享。"[②]新兴的青年自组织开始凭借群体的力量参与到社会服务中来，在环保、教育和慈善等方面表现出了良好的社会服务能力和发展势头。

4. 青年组织功能具有引领性

维护青少年权益是共青团基本职能之一，也是青年组织的本质功能。近些年来，各级共青团组织贴近青年实际、走进青年生活、走进青年心灵，想青年之所想，急青年之所急，做青年之所需，解决了青年的实际困难，用求真务实的精神和真诚的态度维护了青年的权益，使广大青年在情感上加深了对共青团的认同感，也夯实了中国共产党的青年群众基础。中华全国青年联合会(全国青联)作为中国各族各界青年广泛参与的爱国统一战线组织，始终围绕中国共产党的大政方针和广大青年的利益开展工作，工作领域不断拓宽，方法灵活多样，力求兼顾不同层次青年的需要，保护青年的合法权益。青年组织为青年更好地生活、积极参与社会治理、参加各种娱乐活动和创业就业提供了很好的平台，有力地促进了青年的全面发展。特别是近年来，党和政府高度重视维护青年的合法权益，形成了以共青团组织为核心的青年权益网络体系。政府及全社会大力支

---

① 《姜大明在中国青年实业发展促进会成立大会上的讲话》，http://www.law-lib.com/fzdt/newshtm l/22/ 20051223201900.htm。

② 《朝阳区青年志愿者协会参加朝阳区2011年政府购买社会组织服务项目成果展暨2012年购买服务发布会》，http://youth.bjchy.gov.cn/news/Detail.aspx? ContentId=491。

持青年项目，共同关心爱护青年心理发展，重视青年生活状况，支持青年自我创业发展，全社会已经为青年发展创造了良好的社会氛围。

5. 青年组织功能的国际性

近些年来，随着全球化的进一步深入和中国改革开放的进一步扩大，中国青年组织与国际青年组织开展合作的机会也日益增多，在联合国的各项青年事务活动中都有中国青年组织的身影。在联合国《到 2000 年及其后世界青年行动纲领》的整个审议过程中，全国青联积极参与并发挥了重要作用，同时还积极参与审议了历届联合国《世界青年报告》。在青年健康、青年就业和环保领域，全国青联与联合国教科文组织、联合国相关就业机构以及青年环保项目开展了深度合作，得到了国际社会的广泛认可。

中国青年组织与区域性的青年组织来往也日益密切。广西的共青团和青年组织与东盟的青年组织建立了区域内青年合作机制，在青年企业家交流、青年社团活动等方面开展了友好合作。随着上海合作组织的影响力不断扩大，新疆与中亚地区的青年组织在体育、教育、文化和经济方面开展了广泛的合作，并与上海合作组织国家签署了上海合作组织青年协会的声明。黑龙江与俄罗斯远东地区的青年组织的交流活动日趋频繁，活动内容不断创新，规模不断扩大，在青年事务、青年创业和青年文化方面都有广泛和深入的交流。与此同时，中国青年组织以文化交流年为契机，与各国的青年组织开展青年文化交流、青年领袖对话和青年企业家交流等多项文化活动，中国青年组织的国际化程度进一步深化。

(二)青年社会组织功能特征

1. 青年社会组织功能的政治性

青年社会组织功能的政治性不是指组织自身生存的重要政治资源，而是由共青团组织推动所表现出来的政治性特征。共青团联系和服务于青年社会组织，青年社会组织是共青团联系青年的桥梁、拓展工作的手臂。青年社会组织若脱离了政治性特征，就很难找到更多的外部资源来维持本身的生存，同样，共青团若离开了青年社会组织也就无法实现自己联系青年、凝聚青年、服务青年的目标，就不能实现自己的政治夙愿。因此，青年社会组织功能的政治性特征是多元合作模式的必然要求。从现实要求来看，青年社会组织的团建工作、党建工作也逐步开展起来，这为青年社会组织功能的政治性特征提供了制度支持。

2. 青年社会组织功能的经济性

虽然青年社会组织不是经济型组织，大部分是非营利的社会组织，但在提供就业岗位、协调劳资关系、规范市场秩序、推动行业创新等方面表现出明显的经济功能。“截至 2014 年(年)底，全国共有社会组织 60.6 万个，比上年增长 10.8%；吸纳社会各类人员就业 682.3 万人，比上年增加 7.2%；形成固定资产 1560.6 亿元；社会组织增加值为 638.6 亿元，比上年增长 11.8%，占第三产业增加值比重为 0.21%。”[①]其中，青年社会组织占有很大比例。

3. 青年社会组织功能的社会服务性

这是青年社会组织功能的最主要特征。青年社会组织通过提供各种服务来体现自己的组织价值。青年社会组织服务的领域丰富多样，如环境保护、乡村教育、城乡社区、医疗等公共服务领域，还有一些政府需要购买的社会性服务。青年社会组织以发挥社会服务功能为核心，弥补政府在社会治理中的缺位，为政府提供了服务；吸引广大青年群体加入组织，为广大青年提供了服务；积极参与社会治理，为广大社会公民提供了服务。因此，服务性是青年社会组织功能的本质特性。

4. 青年社会组织功能的亚文化特征

青年社会组织与青年组织有着不同的运行模式，在文化参与上青年社会组织也与青年组织不同。从整个社会文化的形态来看，青年社会组织文化参与具有青年文化的非主流性、边缘性、反抗性等特点，也就是具有所谓的“亚文化特征”。青年社会组织也有自己的文化参与意识和行为，其组织文化具有自由、民主、平等、多元、追求创新、乐于公益、草根性等特点。青年社会组织类型也与青年文化参与的形式相吻合。如“顺应型”的青年文化参与体现在青年组织与社会发展的同步性，比较典型的有“青年创业协会”“青年文学社”“青年志愿者协会”。因此，青年社会组织实质上是青年群体共同文化的一种组织表现形式，也就是说，在组织形成之前已经有了青年文化行为。可以说，青年社会组织文化参与实现了从文化聚集到文化反哺功能的价值体现。

三、青年社会组织功能的类型

(一)青年组织功能的类型

我国青年组织功能类型可分为政治参与、经济参与、文化参与、社会参与和国际参与五大功能类型，这五大类型基本涵盖了青年组织功能的全部要素，每一功能又有着自己的内在理论逻辑。

1. 青年组织政治参与功能

青年组织政治参与功能与政治参与、青年政治参与有着内在逻辑联系，从

① 《2014 年社会服务发展统计公报》，http://www.mca.gov.cn/article/zwgk/mzyw/201506/20150600832371.shtml。

理论上厘清三者之间的关系是理解青年组织政治参与功能的必要条件。

首先，要正确理解和把握政治参与的内涵。政治参与(Political Participation)是政治学研究的一个重要领域。由于各国学者所处的政治环境、文化环境以及观察问题的角度等诸多因素的差异，不同的学者给出了不同的定义和解释。西方有代表性的定义是美国著名学者塞缪尔·亨廷顿和琼·纳尔逊提出的。他们认为："政治参与是指平民试图影响政府决策的活动。"[①]该定义界定了普通公民是政治参与的主体。同时他们还认为，"所有政治系统的参与，都是动员和自动参与的结合"[②]。当代政治学家帕特里克·J.孔奇认为，"政治参与可以解释为全国或地方、个人或集体支持或反对国家结构、权威和(或)有关公益分配决策的行动"[③]。

在《中国大百科全书：政治卷》一书中对"政治参与"是这样解释的："公民自愿通过各种合法方式参与政治生活的行为。"[④]该定义指明了公民是政治参与的主体，客体是政治生活，基本特征是自愿性和合法性。我国的有关专家和学者对政治参与也都有自己的见解和看法。陈振明教授认为，政治参与是"公民试图影响政府决策的非职业行为"[⑤]。陈教授从政治参与的内涵和外延两方面进行了详细的论述。其内涵包括参与的主体、自动参与和动员参与的两种类型、合法与非法的行为以及参与的实际行为等方面；其外延包括个体参与和组织参与，主动参与、被动参与和消极参与，直接参与和间接参与，合法参与和非法参与，常态参与和非常态参与等五个方面。周平教授在《论政治参与》一文中，从政治参与的含义、形式、类型、影响因素、作用等角度，系统阐述了中外学者对政治参与研究的成果，并对一些问题进行了深入、系统的解释。他认为，"从政治生活的实际出发，不妨将政治参与界定为公民对政治过程的介入，是以公民为主体的政治行为，以区别于以政府政治组织为主体的政治行为"[⑥]。

从专家学者的相关研究来看，有关政治参与的内涵和外延尚没有统一的界定，对政治参与的含义界定也莫衷一是。但是上述对政治参与含义的研究和文献梳理，对本书研究青年组织的政治参与功能有着积极意义。

---

① [美]塞缪尔·亨廷顿、[美]琼·纳尔逊：《难以抉择——发展中国家的政治参与》，汪晓寿等译，华夏出版社1989年版，第1页。

② [美]塞缪尔·亨廷顿、[美]琼·纳尔逊：《难以抉择——发展中国家的政治参与》，汪晓寿等译，华夏出版社1989年版，第9页。

③ [美]帕特里克·J.孔奇：《政治参与概念如何形成定义》，王胜明、范云萍译，《国外政治学》1989年第4期。

④ 《中国大百科全书：政治卷》，中国大百科全书出版社1992年版，第485页。

⑤ 陈振明：《"政治参与"概念辨析》，《东南学术》2008年第4期。

⑥ 周平：《论政治参与》，《思想战线(云南大学人文社会科学学报)》1999年第4期。

其次，要正确理解和把握青年政治参与的内涵。我国社会发展与青年及青年群体的政治参与有着紧密联系。从中国近代历史的发展进程来分析，20 世纪初，中国青年就已经开始了政治参与。1961 年，在纪念辛亥革命 50 周年的时候，老一辈革命家吴玉章写下的“东亚风云大陆沉，浮槎东渡起雄心。为求富国强兵策，强忍抛妻别子情”，足以表达当时的中国青年忍痛别妻弃雏，远赴日本探求富国强兵之道、挽救祖国危亡的雄心壮志。五四运动是中国青年政治参与的集中爆发。“五四”以后的青年政治参与有了先进的指导思想，有了中国共产党的领导，青年的政治参与就有了明确、清晰的政治方向，中国青年及青年群体从此走上了正确的政治参与道路。中国青年及青年群体先后经历了大革命时期、土地革命时期、抗日战争时期和解放战争时期，他们积极参与各个时期的政治斗争，为推翻三座大山、建立新中国做出了重要贡献。时代背景及社会发展的现实境况决定了青年及青年群体的政治参与方式。游行示威、文艺演出、公开演讲、政治请愿、政治宣传、创办刊物以及参加政治社团和革命武装等多种方式是青年及青年群体参与政治的体现。这一时期参与政治的青年及青年群体多数是知识精英，他们具有追求民族独立和解放的强烈责任意识，他们迫切想要实现自由、公正、平等的政治制度。可以说，“近代中国青年的政治参与，是在中国外受列强欺压、内受专制压迫的社会政治环境中发生的”①。

从新中国成立到改革开放之前，中国青年和青年群体已由革命战争时期的“新青年”“五四青年”“激进青年”的形象演变为“革命青年”的形象。“随着社会的变迁，虽然‘青年’发生了种种变化，但它都是以社会主义革命、社会主义建设及无产阶级革命等革命事业为其角色使命的。”②这个时期的中国以政治为主导理念，政治决定一切，因此，人们是用政治思维来作判断和取舍的。参与政治生活和政治运动是高于一切的行为，符合青年的心理、思维和行为特征。青年的革命形象也在有组织的社会动员政治参与中得到充分体现。新中国成立之初的抗美援朝、青年突击队都是以青年为参与主体的。这一时期“牺牲”“奉献”“激情”是青年政治参与的一种文化符号，是一种积极向上的政治参与，是关涉新中国社会主义建设的政治参与；“破四旧”“串联”成为“文革”时期青年政治参与的典型特征，是破坏社会整体结构、运行模式、社会关系、社会发展逻辑、制度权威、价值体系和信仰体系的消极、反面的政治参与。这一时期中国青年政治参与的正反两方面表现与当时的时代背景不无联系。

改革开放以后，中国社会发生了深刻变迁，从政治主导理念和以阶级斗争

---

① 高旺：《社会政治变迁与中国青年学生政治参与模式的演变》，《中国青年研究》2007 年第 12 期。

② 陈映芳：《“青年”与中国的社会变迁》，社会科学文献出版社 2007 年版，第 169 页。

为纲的时代过渡到以经济建设为中心的时代。以政治参与的模式赢取个人利益或者集体利益乃至经济利益的模式已经一去不复返，取而代之的是青年全方位地参与政治、经济和社会建设。改革开放标志着全民政治参与时代的结束，也标志着中国青年及青年群体以多种方式参与政治的开始。“从关注反腐败、民主自由，到全面关注民生与社会发展；从关注与个人利益相关的政策制度，到关注国家的国际形象；从简单的大鸣大放、大字报、非理性的示威静坐，到依法有序地集会游行表达诉求，利用互联网实行监督权利并向世界发出中国的声音，改革开放以来，青年在政治参与方面取得的进步是巨大的。”[①]

历史经验充分证明，青年群体是政治体系中最具有活力的资源，它强化了青年的政治使命感，激发了青年的政治热情，深化了青年对国家的政治制度、国家法律和党的方针政策的高度认同，使其成为青年自愿接受的目标，进而转化为青年的自觉行动。

从以上对青年政治参与的分析来看，任何一个时代的青年组织的政治参与都带有那个时代的烙印，但又有一些共同的特点和规律，这些共同的特点和规律用理论化的语言可以体现青年组织政治参与的含义，当然还要对有关专家学者的政治参与含义加以比对和分析，才能得出比较恰当的结论。

刘世丽等认为，“青年政治参与是指作为参与主体的广大青年对国家的政治、社会和生活现状的基本了解、认识，并在此基础上通过各种途径的实际行为投入，它包括政治参与意识和政治参与行为两个相互联系的方面”[②]。邓希泉认为，“相比历史上的青年政治参与和当代其他年龄群体的政治参与，当代青年政治参与在很多方面都实现了突破，表现出时代特征、社会特征、高科技特征和青年群体特征的综合症候”[③]。还有的学者认为，“青年政治参与就是青年通过一定的方式和渠道试图影响政治过程的行为”[④]。董小苹从青年的政治倾向和个人情绪以及青年的思辨和理智等主体控制行为的角度分析认为，青年政治参与是“青年通过各种合法行为方式参加政治生活并影响政治体系的构成、运作方式、运行规则和政府决策过程的行为”[⑤]。

由于专家学者看问题的视角、知识背景不同，对于青年政治参与的含义也各有差异。但总起来看，包含了以下基本要素：一是青年政治参与的主体界定为广大青年；二是青年政治参与的客体是基于对国家政治生活的了解和认识，

① 张华：《1949～2009：中国青年社会参与的特点及历史经验》，《中国青年研究》2009年第10期。

② 刘世丽、李冲：《90年代中国青年政治参与分析》，《青年探索》2001年第3期。

③ 邓希泉：《当代青年政治参与新特征新趋势》，《人民论坛》2012年第9期。

④ 邵念荣：《当代中国青年政治参与初探》，《淮阴师范学院学报》2001年第1期。

⑤ 董小苹：《全球化与青年参与》，上海社会科学院出版社2004年版，第35页。

来表达青年人的政治利益；三是青年政治参与的方式与时代的特征和社会发展紧密相连，每个时代都有青年人表达自己政治利益的方式和途径。由此观之，我们可以给青年政治参与作如下定义：青年政治参与是基于对国家政治生活和社会发展的认识和了解，青年及青年群体在不同社会时期通过各种途径参与国家政治生活及影响国家政治决策、实现青年政治利益的行为。

最后，要正确理解和把握青年组织政治参与内涵。实际上，青年政治参与的起点也是青年组织政治参与的起点，青年政治参与的运动史就是青年组织政治参与的运动史。在整个中国近代史中，中国青年政治参与都有与之相应的青年组织活动的身影，青年组织是中国青年政治参与的组织形式。青年组织“在引导其成员关心政治、动员其成员参与政治活动、培养其成员的政治参与热情、控制政治活动渠道等方面具有优势。在当代政治生活中，影响政治过程最重要的行为者通常是政党和政治性团体。作为政治团体的成员，不管其是否参与了影响政府的活动，加入该组织本身即是一种政治参与行为”①。实践证明，在党团领导下的青年组织的政治参与能够大幅增强和提升青年政治参与的力度、层次和效果。

结合青年政治参与的含义和以上对青年组织的政治参与的分析，可以得出如下结论：青年组织政治参与功能就是引导、动员、培养青年人政治参与热情，为青年提供政治参与渠道，代表青年参与公共政策及青年政策的制定，维护青年利益的行为。

2.青年组织经济参与功能

青年组织经济参与功能与经济参与、青年经济参与具有内在逻辑关系，把握三者之间的关系是理解和把握青年组织经济参与功能的前提。

首先，要正确理解和把握经济参与内涵。有关“经济参与”的研究并不是经济领域的重要内容，因为经济参与本身并不与经济领域的重要术语相关联，也不是经济学方面的重要词汇，所以对经济参与的研究少之又少。我们可以从“经济”一词的演变来梳理和理解有关“经济”的含义。“经济”一词在我国古代文化和古代文学中是一个非常大的概念，有着丰富的人文思想和内涵，如“经邦”“济世”“经世济民”等，“经济”一词的含义也由此产生。在当代，“经济”来源于西方“economics”一词，后经翻译传到我国。在西方经济学里面，“经济”一词也没有确切的定义，存在“一定社会生产、交换分配和消费等经济活动、经济关系和经济规律”和“人类生活事务”等多种解释。在政治经济学当中，对“经济”一词有过“生产关系的总和”“社会物质资料的生产和再生产过程”“一个国家国

① 王邦佐：《新政治学概要》，复旦大学出版社1998年版，第247页。

民经济的总称"等解释。从本书研究的视角和对经济一词的多重解释来看,"经济参与"就是一种从事物质生产和再生产活动的意识和行为,这种意识和行为是自己主动积极的而不是被动消极的,更体现为经济参与意识和行为的独立性。

其次,要正确理解和把握青年经济参与的内涵。青年经济参与是青年社会化的一个重要特征,是青年获得独立经济地位的表现,在不同时代和不同经济体制下,青年经济参与表现出了不同的特点。新中国成立初至改革开放前,青年人把自己的全部都奉献给了国家,可以说,这一时期青年人不属于自己,属于那个时代的体制。

改革开放以来,我国的经济体制逐渐从计划经济向商品经济和社会主义市场经济过渡,在社会主义市场经济体制的逐步建立和完善的过程中,广大青年群体也发生了显著变化,其中变化最大的就是青年群体的经济参与意识和行为。"其经济参与意识则是由觉醒到徘徊,再由徘徊走向理性的解放和全身心的投入。"①青年人的经济参与行为得到彻底解放,潜力得到尽可能的激发。近些年来,随着经济全球化和信息化的发展,青年群体越来越关注国家经济走势、国家经济政策等重大宏观经济事项,也在就业、创业、消费和理财等微观经济领域展示着自己的才能,实现自己的价值。可以说,一方面,青年经济参与行为为国家经济发展做出了很大贡献;另一方面,青年通过经济参与提升了自身素质和能力,改善了自己的生存环境和发展条件,有助于实现自己的人生梦想和价值。

有关专家和学者也对青年经济参与的含义进行了研究。董小苹教授认为,"青年经济参与是指青年与成人一样,获得平等的经济权利、共享经济资源和社会发展成果,并在此基础上通过各种途径有序的、实际的行为投入,共同参与国家和地方经济发展规划的制定和决策"②。还有的学者认为,"所谓青少年经济参与,指青少年通过一定的方式和程序,对社会经济现象和经济形势进行认知,作出评价,并在此基础上作出直接或间接参与经济活动的行为。包括经济参与度(认知、情感、评价)和经济参与行为两大方面"③。从以上专家学者的研究来看,青年的经济参与应该包含两方面内容:一是经济参与的意识,二是经济参与的行为。这也是本书研究青年经济参与内涵的核心要素。

---

① 刘平:《青年经济参与的轨迹、特征及文化背景》,《当代青年研究》1994年第4期。

② 董小苹:《全球化与青年参与》,上海社会科学院出版社2004年版,第57页。

③ 共青团上海市委员会:《改革开放与当代青年——2008上海青年发展报告》,上海人民出版社2008年版,第31页。

最后，要正确理解和把握青年组织经济参与的内涵。青年参与经济是青年组织参与经济的前提。改革开放前，中国是一个高度组织化的社会，这种组织化实现了执政党对政治事务和经济事务的有效统一管理，社会民众也因此形成了对高度组织化社会的组织依赖以及对党和政府的集体经济政策的路径依赖。基于当时国家的政治体制和高度集中的经济体制，加之共青团组织的特殊政治职责，青年组织在积极主动参与经济建设方面还没有相应的措施和办法。因此，改革开放前的青年组织还谈不上真正意义上的经济参与。

经济参与是经济型青年组织的主要活动内容，其经济参与的主要方式有以下几种：一是直接参与经济建设，如农村青年合作经济组织。该类组织实现了农业生产的技术、信息、资金、购销、生产、储运等所有经济要素的有机结合，有着自己的营利目标、组织制度和法人地位，有着明显的经济属性。二是为政府和企业提供建议和服务，如青年企业家协会及专业类青年服务组织。青年企业家协会能够充当政府与企业之间的沟通桥梁，让政府充分了解企业的发展，企业也可以及时就相关问题与政府沟通，实现企业的有序发展。专业类青年服务组织通过政府购买服务的方式或者为企业提供技术服务、管理服务等有偿服务，拓宽了青年人的就业渠道，解决了青年组织的生存问题，也促进了社会主义市场经济的发展。实际上，“社会组织的经济属性也是社会组织的重要属性之一，在市场经济中发挥了重要作用，主要表现在两个方面：一是在规范市场经济秩序、拓宽就业渠道、发挥市场中介作用等方面直接促进市场经济发展；二是在推动企业自主创新、提升科学技术水平、承接政府管理经济职能等方面间接促进市场经济发展”[①]。对于以共青团组织和全国青联组织为代表的政治型青年组织来说，在社会转型的背景下，其经济参与功能也逐渐增强，经济参与的方法和途径主要是为青年组织提供相应的服务，为青年提供经济参与的平台，在实现经济参与功能的同时实现有效的政治参与功能。

由以上分析可以看出，青年组织经济参与的内涵包括“直接参与经济建设”“为政府和企业提供服务”和“为青年及青年组织参与经济建设提供服务”等几个核心内容。

3. 青年组织文化参与功能

青年文化、青年文化参与都有着自己的特定内涵；以青年文化为基础形成的青年组织，其文化参与功能的发挥离不开青年文化和青年文化参与。

首先，要正确理解和把握青年文化内涵。“青年文化”这一概念最早是由美国社会学家帕森斯(Talcott Parsons)提出来的。他从结构功能主义的角度，把

---

① 符信新:《社会组织经济属性探析》,《社团管理研究》2011 年第 8 期。

青年文化看作"亚文化"系统，并称之为"青年亚文化"。自 20 世纪 60 年代以来，国外学者纷纷从人类学和社会学两种学科维度入手，运用"代际分析法"和"结构分析法"来阐述青年文化的含义，由此产生了比较典型的"代际冲突论""反主流文化论"和"社会失调论"。其中最具有现代意义的当属美国人类文化学家玛格丽特·米德(Margaret Mead)所著的《文化与承诺》一书。其在这本书中将整个人类的文化划分为三种基本类型：前喻文化、并喻文化和后喻文化，并认为青年文化是未来主体文化的雏形。而美国社会学家丹尼尔·贝尔则把青年文化看作一种新型文化，他把这种新型文化叫"反文化""幻觉文化"。[①] 到 20 世纪 80 年代，我国学者开始关注青年文化的研究，青年文化由此成为青年研究领域的热点。李海荣教授认为，广义的青年文化是指"涵括了某一特定时代、特定历史时期和特定民族群体的一切文化物质，如青年的社会动机、社会态度、价值观念、思维方式、审美倾向和行为方式等等"[②]。杨雄认为，青年文化"实质是青年在参与各种活动时由其特殊的行为方式所体现出的独特价值判断、人格倾向、审美情趣及思考方式的概括"[③]。陆玉林教授认为，"青年文化有其自身的物质形式、组织形式、知识系统、价值观念、审美取向和行为方式。在物质形式方面，服装、实物消费品等都具有一类特色；组织体制方面，具有非正式组织的帮派性特点；知识系统方面，以世俗性、流行性的知识为基础；价值取向方面，具有挑战主流价值观念的特点；审美取向方面，基本特征是重视个性与新潮；行为方式方面，则有独异性和非规范性的特点"[④]。

在我国，有关青年亚文化的研究方兴未艾，"青年亚文化"也是很多学者对青年文化的另一种称谓。关于什么是"青年亚文化"，到目前也没有公认的统一界定。马中红认为，与主流文化相比，青年亚文化呈现非主流性、边缘性、政治抵抗性、独立性、激进性、创新性及小群体性等特征。国内外学者对"青年文化"的阐释都有其特定的历史时期、时代背景，因此也各有表述和侧重，很难找到统一的、可以得到大家公认的表述。由于历史阶段、地域、社会结构和历史传统文化的差异，我们不能草率地把国外学者对青年文化的分析判断全盘移植到我国。就本书的研究来看，也很难通过缜密的逻辑推理和哲学思维，对多元和复杂的青年文化作出本质意义上的界定。"换言之，同一的青年整体不复存在，同一的青年文化更不存在。我们不能笼统地说青年文化是什么样的，具有什么样

---

① 参见[美]丹尼尔·贝尔：《资本主义文化矛盾》，赵一凡、蒲隆、任晓晋译，生活·读书·新知三联书店 1989 年版，第 121 页。

② 李海荣：《应重视"青年文化"的研究》，《青年探索》1988 年第 4 期。

③ 杨雄：《当代青年文化回溯与思考》，河南人民出版社 1992 版，第 4 页。

④ 陆玉林：《我国青年文化的现状与发展趋势简析》，《中国政治青年学院学报》2003 年第 4 期。

的表现形式、内容和功能。"[①]但不管怎么说,"百年来,中国青年人创造的青年文化是整个现代社会追求进步和发展的文化的一部分,是鼓励创造新的未来的文化"[②]。"无论人们愿意与否,都不得不承认青年有文化创新的权利,甚至有文化革新的责任;无论人们是否支持,青年文化都作为新生的文化力量而影响着青年和社会的文明进程。"[③]这也是中国近百年来青年文化的主流。

其次,要正确理解和把握青年文化参与的内涵。相比于"青年文化"的多种解释和阐述,针对"青年文化参与"的研究较少,对"青年文化参与"的含义阐述也相对较少。"所谓青年的文化参与是指作为参与的主体的广大青年对社会文化现状的基本了解、认识、文化价值观以及在此基础上通过各种途径有序的、实际的行为投入和表现,它包括文化参与意识和文化参与行为的两个相互联系的方面。"[④]刘宏森在他主编的《激情与回应——青少年社会参与研究》一书中分析了青年文化参与的特征,包括代际性、创造性、独立性、叛逆性、流行性、分群化、时代性和开放性八个方面。青年文化参与的途径主要有文艺欣赏、参加文化活动、上网、参加社团组织活动等等;青年文化参与的动机主要是学习文化知识、满足个人成长的需要、凸显个性等等。该书还对青年文化参与的问题、原因及对策分析进行了详细解读。在陆玉林的《当代中国青年文化研究》一书中,他从"生活风格""话语实践""文化趣味""人物崇拜""网络社会"等方面形象细致地阐述了青年文化参与的形式和内容。同时我们也要看到,青年主体的知识背景、职业背景、教育背景、所处社会环境背景都是影响青年文化参与形式和内容的重要考量因素。总之,"在当代中国,青年文化参与的内容和形式丰富多样,青年个体的异质性也愈发突出,同一现象中的不同价值取向更加明显"[⑤]。

最后,要正确理解和把握青年组织文化参与的内涵。在认真分析了青年文化的内涵之后,我们发现,青年群体的聚集乃至形成组织是源于青年群体共同的青年文化因素,如共青团组织的诞生是源于中国近代青年阶层产生的并被广泛认可的"五四"青年文化。也由于青年文化意识和行为表现的丰富性和多样性,在现代社会快速发展和网络的媒介作用下,当代各种青年社会组织才能如雨后春笋般地蓬勃发展。在我国的各个历史时期,共青团组织都围绕党的中心任务开展各项活动。因此,共青团组织的文化参与是一种主流文化参与,体现着当代社会的主流意识形态。共青团组织文化参与实质上是主流文化传播的

---

① 陆玉林:《我国青年文化的现状与发展趋势简析》,《中国政治青年学院学报》2003年第4期。

② 周志强:《是"青春文化",不是"青年文化"》,《人民日报》2015年1月13日。

③ 陆玉林:《当代中国青年文化研究》,人民出版社2009年版,第266页。

④ 董小苹:《全球化与青年参与》,上海社会科学院出版社2004年版,第90页。

⑤ 麻志刚:《当代中国的青年文化参与探析》,《改革开放》2009年第11期。

载体和媒介。

4.青年组织社会参与功能

对社会参与、青年社会参与的理解决定了对青年组织社会参与功能的认识程度。

首先，要正确理解和把握社会参与内涵。有关社会参与的概念，目前国内学术界并没有清晰完整的界定。因为“在很长一段时间，我国政府工作中没有‘社会参与’的概念，缺乏相应的制度安排，也没有相应的资源配置，绝大部分社会组织也没有‘参与’社会公共事务的意识和能力”[①]。近些年来，有关社会参与的理论研究和实践逐渐深入，但对社会参与基本内涵的研究还相对较少。共青团上海市委员会在《改革开放与当代青年——2008上海青年发展报告》一书中认为，“社会参与是一个丰富、外延广泛的概念。从广义角度看，政治参与、经济参与和文化参与都可以看成是社会参与”[②]。中国社会科学院王兵博士认为，“社会参与是指社会成员以某种方式参与、干预、介入国家的政治生活、经济生活、社会生活、文化生活以及社区的共同事务，从而影响社会发展的过程”[③]。从相关文献来看，虽然专家学者有着不同的知识背景、职业背景及不同的研究问题的角度，但他们对“社会参与”内涵的界定和阐述基本上都围绕着政治参与、经济参与、文化参与和社会活动参与等展开。狭义的社会参与往往是指“公众通过直接与政府或其他公共权力机构互动的方式决定公共事务和参与公共治理的过程”[④]。这里的社会参与重点强调的是公共事务的参与，也就是公共管理部门与参与者的互动。

总体来看，应该从参与主体、参与形式、参与内容、参与目的、参与过程等几方面对社会参与这一概念进行理解和把握。参与的主体可以是个人、正式的或非正式的组织；参与的形式主要是指非正式的社会活动；参与的内容主要是社会层面的公共事务或者活动；参与目的主要是实现参与者价值诉求和利益诉求；参与过程主要体现互动性和自主性。本书研究的社会参与专指社会领域方面的参与，限定在社会公共事务、志愿服务、社区事务、公共服务及公益事业等社会管理方面。

其次，要正确理解和把握青年社会参与的内涵。与“社会参与”内涵的界定

① 郭虹：《社会管理体制创新：政府主导下的社会参与》，《四川日报》2011年5月6日。

② 共青团上海市委员会：《改革开放与当代青年——2008上海青年发展报告》，上海人民出版社2008年版，第12页。

③ 王兵：《当代中国人的社会参与研究述评》，《哈尔滨工业大学学报（社会科学版）》2012年第11期。

④ 蔡定剑：《公众参与：风险社会的制度建设》，法律出版社2009年版，第6页。

一样，许多专家学者对青年社会参与的分析、阐述和认识都是从宏观的角度来展开的。田科武认为，“青年参与是青年个体或群体表达其利益需求并借此获得特定利益的行为。就表达和正确的利益性质来看，我们可以把青年的参与分为政治参与、经济参与和文化参与三种。所有具体内容的参与都可以归属到三者之一或之二或之三中去”[①]。这里虽然并没有明确提及青年参与就是青年社会参与，但是该文章还指出，“市场经济发展的不规范状态也必将把青年参与推到社会参与的最前沿。我们可以预料，市场经济的时代将是青年参与大发展的时代，青年参与的大发展必将在推动青年发展的同时也推动社会向前发展”[②]。可见，这里的青年参与就是指青年社会参与。张华教授在《1949～2009：中国青年社会参与的特点和历史经验》一文中详细阐述了四个不同历史阶段的青年社会参与。作者在文中把青年社会参与划分为政治参与、经济参与、文化参与和社会公共事务参与四方面具体内容。王俪娟在《改革开放以来我国青年社会参与的特点及启示》一文中对社会参与的分析和认识与张华教授的观点相一致。有的学者还对青年的社会参与意识、参与行为及参与状况进行了分析和研究。从研究的成果来看，有的学者用了广义的定义，如胡子祥在《当代大学生的社会参与意识的实证研究》中认为，“大学生社会参与是指大学生对社会经济、政治和文化生活的认知、情感和行为倾向及其实际行为的投入，它包括社会参与意识和参与行为两个方面”[③]。而何春梅的《青年学生社会参与状况分析——以广东省某高校为例》一文中的社会参与是狭义的概念，“仅指社会成员以角色承担者的身份，为制定、实施社会政策或阻止某些损害国家和社会利益的社会措施的推行所从事的活动，活动范围是社会层面”[④]。就本书的研究角度来看，青年社会参与不包括政治参与、经济参与和文化参与，而是单独以“社会参与”为主要研究对象。社会建设的很多方面都有青年参与的空间，特别是在青年志愿服务、社区事务、公共事务及社会管理等诸多方面。因此，本书的青年社会参与在某种程度上是狭义的社会参与，这样有助于更深入地研究。

第三，要正确理解和把握青年组织社会参与的内涵。从文献来看，关于青年组织社会参与的研究途径、方式和内容较多，但对青年组织社会参与的内涵进行深入探讨的很少。一方面，青年组织社会参与源于青年的社会参与。如果青年的社会参与有了清晰的界定，青年组织社会参与的内涵也就一目了然，因

---

① 田科武：《中国青年参与历史与现实》，《青年研究》1994 年第 1 期。

② 田科武：《中国青年参与历史与现实》，《青年研究》1994 年第 1 期。

③ 胡子祥：《当代大学生的社会参与意识的实证研究》，《中国青年研究》2006 年第 5 期。

④ 何春梅：《青年学生社会参与状况分析——以广东省某高校为例》，《青年探索》2008 年第 6 期。

为青年组织是青年社会参与的组织载体，青年通过青年组织来实现自己的价值和利益诉求。另一方面，青年组织是一个非常宽泛的概念，它包括的组织范围在目前的学术领域并没有清晰、统一的界定，如青年社会组织、青年自组织等是属于青年组织还是青年社会组织并没有清晰的界定。因此，对于青年组织的社会参与的内涵也就缺乏统一、权威的阐述。但就本书研究的内容来看，青年组织包含了两大部分：一部分是自上而下的青年组织，即共青团组织和青联组织；另一部分是自下而上的组织。本书把它定义为青年社会组织，这其中包含了青年自组织和青年协会等各类青年组织。

5. 青年组织国际参与功能

青年组织的国际参与功能主要体现在青年组织参与国家间的政治、经济、文化等各种活动，这些活动有多种形式，如论坛、会议、展演等。青年组织国际参与议题涉及多种领域，如青年事务、环保、志愿服务、文化交流、体育赛事交流等等。随着全球化的逐渐深入和世界政治、经济、文化的全面发展，青年组织成为促进各国间青年交流的重要媒介，为各国的青年交流搭建了重要平台。

（二）青年社会组织功能的类型

青年社会组织是社会组织的一种特殊形式，也是青年组织的一种特殊形式，它具有两个组织的双重属性。因此可以从两个组织功能中寻找有关青年社会组织功能的类型。

有关学者从不同角度论述了社会组织功能。王培智在《现阶段社会组织功能探析》一文中指出，“在加强与创新社会管理的过程中，社会组织具有下列重要功能：提供社会服务，促进社会公正；反映群众诉求，化解社会矛盾；规范社会行为，调适社会心态；协调社会关系，发展民主政治；缓解就业压力，参与经济发展；繁荣文化事业，拓展对外交流”①。冯钢的《论社会组织的社会稳定功能》一文全面介绍了社会组织在促进社会稳定方面的重要价值。陆明远在《实现企业社会责任中的社会组织功能研究》一文中介绍了社会组织实现企业社会责任的功能，即“维护民众权利”“实现企业公益”“促进环境保护”三方面的功能。胡守钧和刘畅在《社会组织的政治经济文化功能》一文中指出，“在社会转型的过程中，民间组织有推动中国社会健康发展的作用和促进改革转型的强大功能”②。该文认为，虽然民间组织（社会组织）是非营利性组织，但它具备经济功能；虽然它不是政治组织，但它具备政治功能；民间组织还具有文化功能。就本书的主题来看，对社会组织功能总体宏观的概括更为合适。

---

① 王培智：《现阶段社会组织功能探析》，《唯实》2011年第12期。

② 胡守钧、刘畅：《社会组织的政治经济文化功能》，《深圳特区报》2010年12月21日。

也有学者对青年组织功能进行了研究。石国亮、高敏在《论青年组织的功能及其拓展》一文中阐述了青年组织的几种功能。该文认为,“青年组织作为社会组织的一种,具有十分重要的功能。主要包括:满足青年需要,维护青年权益,参与社会,促进社会进步,辅助政党和政府执政,充当意识形态重要载体等。这6个方面的功能相互联系,展示着青年组织功能不断完善的历史脉络”①。黄克坚在《非正式青年组织的特征、功能及管理》一文中,从正功能和负功能两个方面阐述了非正式青年组织的功能,主要涉及沟通思想方面、情感交流方面、传播信息方面、互学互补方面和丰富生活方面。任飞在《青年志愿者组织的社会功能研究》一文中,阐述了青年志愿者组织社会功能的几个方面,主要包括“社会动员功能、社会组织功能、社会保障功能、社会整合与再分配功能、社会教化功能”②。陈世用主要从教育功能和社会文明营造两个方面阐述了第三部门青年组织的社会功能。由于学者研究的视角不同,青年组织表现出了不同的功能,但综合起来可以用政治功能、经济功能、文化功能和社会功能来表述。除此之外,还可以参照国外有关青年组织功能的研究成果。陈烯和练庆伟认为,“国外青年组织是近代社会的产物,在不同历史时期具有不同的功能。在现代社会,国外青年组织功能总体上开始转向服务社会、促进青年发展,突出体现于社会、文化、政治、经济等方面”③。该文详细解读了青年组织功能发展的时代诱因及社会功能、文化功能、政治功能和经济功能的内涵、作用。因此,上述对青年组织功能及其分类的详细分析和探讨,为本书的青年社会组织功能的分类提供了有力证据。

本书从社会组织和青年组织的视角,分别分析了社会组织功能和青年组织功能的分类。鉴于青年社会组织与青年组织和社会组织之间的关系以及青年社会组织在我国发展的现实情况,本书从宏观角度出发,认为青年社会组织功能可分为社会功能、经济功能、文化功能、政治功能和国际参与功能。青年社会组织本身就是一个外延很大的概念,有必要找出其组织功能的共同规律来作深入研究。虽然青年社会组织功能与青年组织功能和社会组织功能有很大的相似性,但在具体的实施路径、方式和方法甚至指导思想方面有很大的不同,本书将以此为切入点进行深入研究。

---

① 石国亮、高敏:《论青年组织的功能及其拓展》,《广东青年干部学院学报》2007年第6期。

② 任飞:《青年志愿者组织的社会功能研究》,《中国青年研究》2015年第3期。

③ 陈烯、练庆伟:《国外青年组织功能发展透视》,《中国青年政治学院学报》2010年第2期。

第二节　青年社会组织功能及其实现的内涵、理论基础和现实依据

“任何一类社会组织的功能都不是静止不变的，都会随着社会的发展而不断拓展。青年组织作为一类十分重要的社会组织，更是如此。”①无论从社会学角度还是从青年学的角度来分析青年社会组织功能，都不可能详细彻底地分析清楚，最后只能从总体宏观的角度来概括；况且随着社会发展和变迁，青年社会组织功能一定会发生变化，有的功能能够很好地实现，有的功能则会消失。从发展的视角来看，青年社会组织要实现自己的功能，就必须遵循自己的内在规律和特征。

一、青年社会组织功能实现的内涵

青年组织是近代社会发展的产物，在不同社会的不同历史阶段都发挥着不同功能，并且随着社会的变迁，其组织功能也会发生演变。“青年组织功能发展是指在现代社会条件下，青年组织适应社会及个体的需要，在扬弃传统的基础上使功能的现代性不断彰显，从而实现功能现代化的过程。”②在社会变迁的进程中，青年群体总是走在最前沿，特别是改革开放以来，随着社会主义市场经济的逐步完善，青年社会组织加速生成。这是组织自身生长的过程，它满足了青年群体的价值诉求和精神诉求，也适应了社会变迁的需要。本书研究的青年社会组织功能及其实现的实质，就是研究青年社会组织发展的根源，研究青年社会组织功能及其变迁过程以及未来的发展趋势，进而探寻青年的社会问题和社会中的青年问题、青年社会组织自身的发展问题以及社会和谐问题。因此，青年社会组织功能实现的内涵应该包含青年群体、青年社会组织自身和社会发展等几方面因素，同时还要考虑社会发展的外部因素，如全球化、信息化特别是网络的普及给青年社会组织功能的实现带来的影响。

既然青年社会组织功能的实现要考虑青年因素、组织因素、社会发展因素及外部环境因素，那么青年社会组织功能实现的特征就应该以上述因素为核心加以体现。我国青年社会组织功能的实现也表现出与国外青年组织相类似的特征，但也有本国的特色，主要有以下几点：

---

① 石国亮：《青年国际政治研究的新范式：意识形态视野中的青年和青年组织》，人民出版社 2007 年版，第 77 页。

② 陈烯、练庆伟：《国外青年组织功能发展透视》，《中国青年政治学院学报》2010 年第 2 期。

第一，青年社会组织功能实现的主体性。在很长一段时间内，我国青年社会组织都需要在政府主导下完成组织的目标和任务，青年缺乏组织内部和外部的活动空间以及表达意愿的途径；但随着社会及青年社会组织的发展，我国青年在青年社会组织功能实现中的主体地位逐渐体现，在组织内外有了更多的话语权。

第二，青年社会组织功能实现的自主性。我国共青团组织是在党的领导下运行的，自我改革的动力不足。面对组织内外的诸多发展困境，共青团组织自主运作机制也在逐渐增强，组织工作作风逐渐转变。其他青年社会组织虽然发展较晚，但主要靠自主运作机制，因此呈现蓬勃发展的势头。因此，青年社会组织的自主运作机制为解决共青团组织发展困境提供了思路。

第三，青年社会组织功能实现的时代性。青年社会组织功能实现与社会发展紧密相连，其政治参与、经济参与、社会参与的实现都凸显了时代特征；没有经济社会的发展，青年社会组织的各种参与功能也不会实现。

第四，青年社会组织功能实现的网络化。随着互联网的飞速发展，依托网络成立的各类青年社会组织越来越多，这些网络化青年社会组织覆盖了一大批青年，对青年的工作、生活和学习产生了重大影响。充分利用互联网开展各项工作已成为青年社会组织功能实现的有效途径，离开了互联网，就有可能脱离了青年，组织功能的发挥也不会在青年中间有重大影响。因此，网络化是每个青年社会组织不得不面对的挑战，也是其可以充分利用的机遇。

二、青年社会组织功能实现的理论基础

总体来看，青年社会组织功能实现的理论基础与社会变迁的理论基础、社会组织发展理论息息相关，与青年群体发展的理论紧密相连。

（一）马克思主义经典作家青年观

马克思主义经典作家青年观是马克思主义社会科学理论的重要组成部分，“是马克思、恩格斯和列宁在当时所处的社会经济状况和时代背景下，他们对青年及其社会作用和如何开展青年工作作出的具体论述”[①]。“在马克思和恩格斯的著作中，实际上并没有关于青年的系统而完整的论述，甚至是很少涉及这方面的问题。但在马克思和恩格斯生活的时代，现代意义上的青年社会群体形式已经初步形成，并即将作为相对独立的现实的社会力量，特别是作为社会政治变革和无产阶级革命的重要力量而登上历史的舞台。”[②]马克思和恩格斯敏锐地

① 崔健、张果：《马克思主义青年观及其时代意蕴》，《中国青年研究》2013 年第 11 期。

② 田杰：《论马克思主义青年观》，《中国青年政治学院学报》2004 年第 6 期。

观察到了青年群体在社会变革中的重要作用，并认为青年群体是社会主义、共产主义革命和建设的重要力量，必须对青年群体进行教育、组织和培养。马克思指出："最先进的工人完全了解，他们阶级的未来，从而也是人类的未来，完全取决于正在成长的工人一代的教育。"①恩格斯在《致国际社会主义者大学生代表大会》的信中指出："希望你们的努力将成功地使大学生们意识到，正是应该从他们的行列中产生出这样一种脑力劳动无产阶级，他们负有使命同自己从事体力劳动的工人兄弟在一个队伍里肩并肩地在即将来临的革命中发挥重要作用。"②

列宁在领导俄国的革命斗争中，根据当时的现实条件，从多个角度深刻阐述了青年群体及青年工作的重要性。在《关于对待青年学生的态度的决议草案》《革命青年的任务》以及《反军国主义的宣传和社会主义工人青年团体》等文章中，列宁阐述了动员青年及青年组织参加俄国革命的重要意义。这期间，列宁初步形成了创建共青团的思想，对"青年的科学世界观和革命人生观教育培养需要靠青年组织来完成"也有过多次论述。他指出，"需要更大胆、更广泛、更迅速地把年轻的战士吸引到我们各种各样的组织中来。为此，需要刻不容缓地建立成百的新组织"③。十月革命胜利后，列宁指出："全体青年的任务，尤其是共产主义青年团及其他一切组织的任务，可以用一句话来表达：就是要学习。"④在组织青年参加社会工作方面，列宁鼓励青年要把理论学习同社会实践紧密结合起来，这样的学习才能学以致用，这样才能真正成为共产主义者。

（二）中国化马克思主义青年组织观

马克思主义经典作家的青年观是中国化马克思主义青年组织观的理论基础。中国化马克思主义青年组织观是"马克思主义经典作家的青年思想与中国革命、社会主义建设和改革开放实践相结合的产物，是被实践证明了的关于青年价值、青年教育与青年工作的正确理论原则和经验总结"⑤，具有鲜明的中国特色。在中国革命、社会主义建设和改革开放的伟大实践中，中国共产党人继承和发展了马克思主义经典作家的青年观思想，形成了具有中国特色的青年组织工作理论体系，系统回答了中国共产党人对待青年及青年组织工作的立场、观点和方法。

"中国共产党始终注重发挥青年在革命、建设和改革中的作用，始终高度重

---

① 《马克思恩格斯全集》第 16 卷，人民出版社 1964 年版，第 217 页。

② 《马克思恩格斯选集》第 4 卷，人民出版社 1995 年版，第 435 页。

③ 《列宁全集》第 8 卷，人民出版社 1959 年版，第 191 页。

④ 《列宁全集》第 39 卷，人民出版社 1986 年版，第 293 页。

⑤ 崔健、张果：《马克思主义青年观及其时代意蕴》，《中国青年研究》2013 年第 11 期。

视青年工作。”[1]胡锦涛在纪念中国共产主义青年团成立90周年大会上，深情回忆了党的几代领导人对青年的深厚历史情结，表达了几代领导人对中国青年的殷切希望。胡锦涛从事关国家、民族前途命运和长远发展的高度出发，始终重视青年和青年工作，从不同层面、在不同场合阐述了青年的重要地位和作用。1998年6月，胡锦涛就指出：“青年是国家的未来，民族的希望。一个有远见的民族，总是把关注的目光投向青年；一个有远见的政党，总是把青年看作是推动历史发展和社会前进的重要力量。”[2]党的十八大以来，以习近平同志为核心的党中央高度重视青年工作，多次发表讲话，出席青年活动，与青年谈心，给青年回信，对青年寄予厚望，为青年发展指明了方向。习近平指出：“历史和现实都告诉我们，青年一代有理想、有担当，国家就有前途，民族就有希望，实现我们的发展目标就有源源不断的强大力量。”[3]

青年团组织是中国共产党人教育、引导和动员青年的最有效组织形式，得到中国共产党的高度重视；在中国各个不同的历史时期，中国共产党人对青年团组织功能的发挥都有重要论述。“中国共产主义青年团，是中国共产党缔造并领导的一个具有光荣历史和革命传统的先进青年的群众组织，是广大青年在实践中学习共产主义的学校，是中国共产党的助手和后备军。”[4]在中国共产主义青年小组建立之初，共产党的主要发起人李大钊、陈独秀等人就高度关注青年运动，把青年团组织作为培养和选拔党的后备干部的重要基地。

毛泽东非常重视青年团的工作。1920年，毛泽东就在湖南建立了社会主义青年团的早期青年组织。在后来的新民主主义革命、社会主义革命和社会主义建设中，毛泽东就青年团的性质、任务、工作方针、工作方法和工作路线等方面都作过重要论述。这些论述不仅体现在《五四运动》《青年运动的方向》《关于青年工作的决定》《青年团的工作要照顾青年的特点》等文章和讲话中，而且在中国新民主主义青年团第一、二、三次全国代表大会和中国共产主义青年团第九次全国代表大会的谈话和指示中也均有体现。1952年8月25日至9月4日举行的社会主义青年团一届三中全会期间，毛泽东曾提出“党委应如何领导青年团，青年团应如何工作”两个重要论题。

邓小平在革命战争年代、社会主义建设和改革开放时期都非常重视青年团

---

① 李倩：《肩负梦想与承担责任——论党的十八报告对青年前进方向的指引》，《学理论》2013年第8期。

② 胡锦涛：《迈向新世纪 创造新业绩——在共青团第十四次全国代表大会上的祝词》，《人民日报》1998年6月20日。

③ 《习近平在同各界优秀青年代表座谈时的讲话》，《中国青年报》2013年5月5日。

④ 《中国共产主义青年团章程》，中国青年出版社2013年版，第1页。

组织的重要作用。早在1948年，邓小平就提出在军队中建立社会主义青年团，充分发挥青年团在军事战斗中的突击队作用。1957年，邓小平在中国新民主主义青年团第三次全国代表大会上指出："共产主义青年团应该克服自己队伍中任何脱离群众的宗派主义的倾向，努力使自己成为中国全体爱国青年的知心朋友和核心力量。"[①]这就表明共青团要充分发挥组织的教育功能，团结、教育和引导广大青年积极参与社会主义建设。同时，他又对共青团自身发展和工作方法作出了精辟阐述。他认为，"团的工作无非两部分：一是参加全党全国范围内的各项工作，在同级党委领导下面，努力奋斗；一是属于青年团本身的特殊性质的工作，青年团应该有自己的系统领导"[②]。但是他又强调，共青团自身发展不能脱离中国共产党的领导，另搞一套。团工作的根本和关键是要保证党对共青团的领导。在谈到共青团的工作方法时，邓小平结合自己在太行山上的工作经验指出，共青团工作要脚踏实地，精雕细刻，不能表面图热闹。他指出，"现在摆在党和青年团面前的工作不是少了，而是多了；工作不是比过去更好做了，而是更难做了……越是在这个时候，越要多做工作，越要做得深入细致"[③]。改革开放后，邓小平虽然没有对青年团组织工作作过专门论述，但是他从中国社会主义初级阶段和中国特色社会主义建设的实际情况出发，对青年自身发展、青年教育、青年干部培养以及青年在改革开放和社会主义现代化建设中的作用作过多次论述。共青团组织根据这些观点逐步改变青年组织功能，改革开放初期至20世纪80年代末，共青团组织的青年教育功能、经济功能以及思想引领功能逐步加强，共青团组织功能的发展与邓小平的青年观密不可分。

20世纪90年代至21世纪初，国际政治经济形势发生了巨大变化，苏联解体、东欧剧变、科索沃战争以及美国的"9·11"恐怖袭击等重大国际事件的发生对国际政治格局产生了重大影响。受世界政治经济格局的急剧变化和国内社会主义市场经济刚刚起步的双重影响，青年人在政治理想、个人理想、生活理想以及价值观等方面发生了很大变化。各种新形式的青年自组织大量涌现，共青团组织的传统功能受到挑战。在此背景下，江泽民高度重视青年团组织的重要作用。1989年7月16日，刚刚担任总书记22天的江泽民在共青团工作方面提出了明确要求，此后也在多个场合作出重要指示。按照江泽民讲话的总要求，共青团"明确提出进行共青团体制改革是为了更好地体现团的性质，形成充满生机和活力的运行机制，而不是改变团的性质；是为了进一步明确团的社会职

① 《邓小平文选》第1卷，人民出版社1994年版，第277页。

② 《邓小平文选》第1卷，人民出版社1994年版，第285～286页。

③ 《邓小平文选》第1卷，人民出版社1994年版，第290页。

能，而不是改变团的任务；是为了理顺党团关系，而不是摆脱党的领导”[①]。改革促进了共青团的组织建设，共青团文化事业得到进一步发展，外围工作环境进一步得到优化，社会职能得到进一步加强，共青团也逐渐拓宽了工作领域。江泽民还要求共青团组织加强自身建设，探索新形势下的共青团组织运行机制，改进工作方式和工作方法。在这一时期，共青团组织功能得到了进一步延展和深化。

胡锦涛始终高度重视青年和青年工作，从不同层面、在不同场合阐述了青年工作的重要地位和作用，对青年团组织职能进行了梳理和定位。胡锦涛认为，新时期共青团组织应该“全面履行职能作用，着眼新的形势和任务，进一步提高组织青年、引导青年、服务青年、维护青少年合法权益的能力和水平”[②]。之后，组织青年、引导青年、服务青年、维护青少年合法权益成为共青团的基本职能。

党的十八大以来，以习近平同志为核心的党中央高度重视共青团工作。2013 年 6 月 20 日，习近平指出，“团的工作要把握住根本性问题，把培养中国特色社会主义事业建设者和接班人作为根本任务，把巩固和扩大党执政的青年群众基础作为政治责任，把围绕中心、服务大局作为工作主线”[③]。习近平的讲话对今后共青团组织发展和功能实现提出了新的要求。

（三）其他相关理论借鉴

我国青年社会组织功能实现不但能够从马克思主义经典论述中找到理论来源，也能够从西方社会变迁理论、组织社会学理论、非政府组织理论、青年自组织理论中找到理论脉络。

1. 社会变迁理论

“有关专家学者将社会变迁理论分为四种，即社会文化进化论、循环论、功能论和冲突论。”[④]1919～1949 年的 30 年间，冲突论学派的观点能够解释中国在这一时期社会的变迁。冲突论学派的主要代表人物是马克思，在马克思看来，生产力和生产关系的矛盾是社会变迁的根本因素，只有社会结构发生了根本变化，才能引起社会形态的实质性的改变。“社会中最大的冲突是不同阶级之间的冲突，阶级社会变迁的最强有力的动力是一个阶级战胜另一个阶级。”[⑤]1919～1931 年的中国社会的主要矛盾是基层民众与反动政府（北洋军阀及国民

① 汪鸿雁：《历史的轨迹——中国共产主义青年团 90 年》，重庆出版社 2012 年版，第 121 页。

② 《共青团十六大文件学习读本》，中国青年出版社 2008 年版，第 3 页。

③ 《习近平同团中央新一届领导班子成员集体谈话》，《人民日报》2013 年 6 月 21 日。

④ 闫磊：《社会变迁经典理论简述及再认识》，《赤峰学院学报》2010 年第 4 期。

⑤ 赵文龙：《浅析马克思的社会变迁理论》，《西安电子科技大学学报（社会科学版）》1999 年第 2 期。

党反动政府)之间的矛盾。1931～1945年的中国社会的主要矛盾是国内阶级矛盾与中日民族矛盾并存;到抗日战争全面爆发后,中日民族矛盾成为这一时期中国社会的主要矛盾。1945年至中华人民共和国成立,中国社会的主要矛盾转化为中国共产党和广大人民群众同美帝国主义支持的国民党反动派之间的矛盾。中华人民共和国的成立从实践上证明了马克思关于社会变迁理论的正确性。

综观中国社会发展进程,就如吉登斯强调的:“社会变迁过程具有很大的偶然性、突发性;当具有片段性特征的变迁以较大的规模和较高的强度发生时,现存社会的结构性原则就将受到影响,从而改变社会整体及其制度的组织形式;社会变迁是各种环境与行为、事件迸发的结果,并且总是包含着行动者的反思性调节在内,因而在不同的历史情景下可以有迥然不同的性质。”[①]

作为社会结构变迁中的一个元素,青年社会组织遵循着组合、分化、调整、重构的组织循环运行过程。在这个循环过程中,青年社会组织要适应社会变迁的内在要求。组织功能的变迁一方面适应了社会发展的变化趋势,另一方面也促进了青年社会组织本身的不断演进、变化和发展。总结中国青年社会组织成长过程可以看出,青年社会组织功能的变迁与社会变迁及发展高度契合。

2.组织社会学理论

19世纪末20世纪初,随着社会组织的大量增加、组织规模的不断扩大,社会组织逐渐引起了广泛关注,各种相关理论也随之诞生。有典型代表意义的组织理论学派有古典管理学派、科学管理学派、人际关系学派和结构学派。对组织社会学贡献最大的是两位社会学家,一位是从社会学角度研究官僚制组织的德国社会学家马克斯·韦伯,另一位是从结构功能主义角度研究社会组织的美国社会学家塔尔科特·帕森斯。帕森斯在代表性著作《社会系统》一书中认为,“总体社会系统包含‘目的达成’‘适应’‘整合’和‘模式维护’等四项基本功能的完整体系。这个完整体系被划分为经济系统、政治系统、社会系统和文化系统等四个子系统。‘经济系统’执行的是适应环境功能,‘政治系统’执行的是目标达成功能,‘社会系统’执行的是整合功能,‘文化系统’执行的是模式维护功能”[②]。1956年,帕森斯发表了《组织理论的社会学研究》一文。该文认为,社会组织是由各个子系统构成的,各个子系统对组织来说也发挥着特定功能。帕森斯的结构功能主义为本书研究青年社会组织政治参与功能、经济参与功能、文化参与功能、社会参与功能及国际参与功能提供了重要的理论参考。

---

① 转引自谢立中:《社会变迁过程中的复杂性》,《首都师范大学学报(社会科学版)》2003年第2期。

② T Parsons, *Social System*, New York: Free Press, 1951, pp. 30-31.

3. 非政府组织理论

国外没有专门研究青年社会组织的理论，但非政府组织理论、社团理论、草根组织理论等都与青年社会组织理论相似。其中非政府组织理论对我国青年社会组织功能发展产生了很大的影响。非政府组织被认为是介于营利组织与政府部门之间的组织。许多专家学者都从不同角度对非政府组织理论作出阐述和说明，但这并不妨碍人们对萨拉蒙提出的非政府组织的组织性、民间性、非营利性、自治性、志愿性等五大特性达成共识。因为正如萨拉蒙所说："在不同的国家，这些实体表现出广泛的多样性和普遍的差异性，然而它们都具有某些重要的共性，正是这些共性使它们被区分为一类社会'部门'，即这些实体都是在国家机构体系之外运作的组织，它们不分配利润，公民自由地加入或者不是为了追求利益而加入。"[①]非政府组织在我国发展时间较短，还没有形成比较系统的体系。但这并不妨碍青年社会组织借鉴非政府组织的理论。我国学者认为，青年社会组织的形成与青年的身心发展和社会性因素有着紧密关系。一方面，青年在社会的政治、经济、文化和科技等方面扮演着越来越重要的角色，特别是经济全球化、信息化、网络化把青年迅速推到社会各领域发展的前沿，党和政府也越来越重视青年社会组织在社会发展中的重要作用；另一方面，青年人的身心特点即青年人的趋群性、归属性、表现欲和参与感决定了青年社会组织是青年人成长的重要栖息地和活动场所。青年社会组织功能的发展一方面要满足青年本身的自身发展诉求，另一方面也必须回应社会发展的关切，这与非政府组织理论的特性相契合。

4. 青年自组织理论

青年自组织已成为各国一支独立而又重要的社会力量。自组织理论源于20世纪60年代发展起来的物理学系统理论，如今在社会学领域已被广泛应用。德国物理学家哈肯（H. Haken）认为，"如果一个系统不靠外部指令，其系统本身按照相互默契的某种规则，各尽其责而又协调地自动地形成有序结构，就是自组织。它主要是研究在一定条件下，系统是如何自动地由无序走向有序，由低级有序走向高级有序的"[②]。青年自组织理论就源于此。国外青年自组织发展较早，随着经济社会的不断进步和发展，青年自组织规模不断扩大，层次不断提升，在社会发展中发挥着越来越重要的作用。由于类型不同，青年自组织与非政府组织有一些共同点，但也有区别。青年自组织主要表现出"自发成立、自主

① [美]莱斯特·萨拉蒙：《全球公民社会——非营利部门视界》，贾西津译，社会科学文献出版社2002年版，第495～496页。

② 转引自何跃、于兴悦：《国外青年自组织现状研究》，《当代青年研究》2010年第2期。

发展和自我运作”的特点。本书研究的青年社会组织特点与国外的青年自组织的特点基本吻合,因此国外青年自组织理论也为本书研究提供了重要的理论支撑。

三、青年社会组织功能实现的现实依据

我国青年社会组织功能实现有着深厚的理论基础。就现实情况来看,青年社会组织适应外部环境发展、适应国内社会治理体系、促进构建和谐社会以及满足青年群体和青年组织发展的需要决定了青年社会组织功能实现的必然性。

(一)适应经济社会发展外部环境的需要

互联网和全球化以不可逆的方式推动着社会发展,社会中的每个人和每个组织都在其中享受着互联网和全球化带来的种种便利和好处,同时互联网和全球化也给社会中的人和社会组织带来了不可低估的负面影响。中国青年社会组织经历了社会结构和经济制度的变迁,其组织功能在互联网和全球化的背景下也发生着深刻变化,青年社会组织逐渐走向社会组织发展的中心位置,组织功能也在不断实现。

首先,互联网加速改变了青年社会化进程。互联网已经渗透到青年生活的各个领域,引起了青年的学习、生活、社交和工作等各方面的深刻变革,网络成为青年人生存、交流和实现自我价值的重要空间。互联网的出现打破了青年社会化的方式、内容结构、目标和社会化的主体逻辑。以成人为中心的预期教育方式逐渐解构,说教的教育方式成为青年社会化进程中的障碍,取而代之的是以互联网为中心的多媒体终端,这些多媒体终端已成为青年人不可离弃的必备物品,这种随身不离的“说教”方式也远超传统的父母教育、学校教育及组织教育方式的影响。在传统的青年社会化方式逐渐被解构的同时,青年社会化的内容也逐渐异化:一方面传统的青年社会化内容出现滞后,与青年人所思、所想有一定的差距;另一方面,互联网大量的信息成为青年社会化的内容。传统教育内容、现代教育内容及互联网的大量信息混杂在一起,共同影响着青年人正确的价值判断,进而影响着青年的世界观、人生观和价值观,青年社会化的进程和效果也受到不同程度的影响。青年社会化方式的解构及内容的异化最终使得青年社会化的目标发生偏离,这种偏离往往远离家庭的要求、学校的要求乃至组织和政府的要求。青年社会化的目标是在不断的纠偏中实现。传统青年社会化经历了以青年为客体的单向社会化和以青年为主体的双向社会化过程,而目前青年的社会化主体已呈多元化趋势,特别是传统的青年社会化主体的功能逐渐弱化,以网络为主体的新兴媒体已成为青年社会化的

重要参与主体，一方面给传统的家庭、学校及单位组织等社会化主体带来了不可低估的挑战，另一方面也有取代电视、报纸、电影等传统社会化主体的趋势。“展望中国互联网与中国青年的未来，互联网正在成为转型中国社会的特色景观，中国青年也会伴随着互联网的特色发展展现出青年社会化的特有力量。”[①]必须看到，青年人在日常生活中已经与网络和新兴媒体紧密地结合在一起，青年人的思维模式和价值取向在传统习惯与网络环境的双重影响下发生变化。

其次，全球化深刻改变着社会中的青年。人们清醒地认识到：在信息技术和互联网迅猛发展的背景下，发自于对外贸易、资本流动、技术转移、提供服务和生产国际化的经济全球化已经扩展到政治、军事、社会、文化等各个领域。全球化已是世界经济发展的必然趋势和不可逆转的潮流。“对每个人来说，全球化是世界不可逃脱的命运，是无法逆转的过程。它也是以同样程度和同样方式影响我们所有人的一个过程。”[②]全球化在深刻地改变着社会中的每一个人，也深刻地改变着社会中的每一位青年。

人们普遍认为，青年是当今社会中最积极、最有生气的一个群体，是推动社会发展的中坚力量，特别是在全球化背景下，青年推动社会发展的优势日益彰显。从比尔·盖茨、乔布斯等商业精英到目前近4000名世界青年领袖的成功案例中可以推断，青年精英毫无疑问引领着全球化的未来，他们是全球化的受益者，也是全球化的推动者。

与此同时，我们也必须承认，全球化深度影响着青年的价值观、就业观、宗教观、青年文化和思想道德等诸多方面。有学者认为：“全球化是一个不以人的意志为转移的客观历史过程，在为中华民族传统文化提供发展机遇的同时，也带来了西方文化的强势话语霸权，造成了传统文化在青年群体中遭到疏离的局面。”[③]从专家学者的观点来看，全球化给我国青年带来了前所未有的发展机遇，也给青年带来了很多问题，对青年产生了全方位的影响。特别是由全球化引起的青年社会问题，引起了许多专家学者的关注。

在社会转型的各个历史时期，青年是受到影响最深的一个群体，而社会的转型也不断为青年问题所困扰。青年问题是各国各个时期的重要社会问题，他们的问题根植于每一代人的集体记忆中，青年问题既使人的生命史与社会整体

---

① 刘建华：《中国互联网20年与青年社会化发展研究》，《湖北社会科学》2014年第12期。

② ［英］齐格蒙特·鲍曼：《全球化：人类的后果》，郭国良、徐建华译，商务印书馆2001年版，第95页。

③ 刘艳军、荣鑫：《对撞与反思——全球化视野下当代青年文化选择与认同的现状分析与思考》，《中国青年研究》2009年第6期。

发展进程紧密结合，也是社会变化进程中的一个先兆。但全球化引起的青年问题绝不是青年本身的问题，而是社会问题在青年群体中的集中反映。“在全球化的今天，青年问题不是孤立的，只有把握其全球性和时代性，才能认清青年问题的社会本质。”[①]在全球化背景下，我国社会的矛盾和问题并没有因为经济的快速发展而减少，相反，环境污染、贫富分化、社会诚信等问题异常突出。这些问题伴随着全球化的扩张而深入到社会的每个角落；青年与社会互动产生的矛盾和危机同样具有全球性，如青年就业、艾滋病、青少年犯罪等问题。青年人在全球化的浪潮中，不再保持沉默或者被动：如果他们享受到了全球化带来的物质上的、精神上的利益，他们就成为全球化的坚定支持者；如果他们在全球化过程中没有实现自己的愿望，他们就会成为反全球化浪潮的领导者。受所处时代环境的影响，青年人会在社会中扮演各种角色，而提供这些角色的舞台往往是青年社会组织。

由此看来，全球化改变着世界青年，也改变着中国青年，促使着青年社会组织结构和功能的实现和发展。

（二）适应经济社会内部改革的需要

如果说全球化和互联网是推动中国青年社会组织功能实现的外在因素，那么推动中国青年社会组织功能实现的核心要素则是中国的经济与社会发展变迁，特别是改革开放以后的中国经济与社会发展变迁。这一阶段是中国青年社会组织发展最快的时期，也是中国青年社会组织功能快速演进和变化的重要阶段。改革开放以后，影响中国青年社会组织功能实现的经济与社会发展变迁主要体现在经济体制改革和社会结构的变迁上。

首先，中国经济体制改革变迁加速了中国青年社会组织功能的实现。改革开放以后，中国的经济体制先后经历了以公有制为主体的计划经济阶段、公有制基础上的有计划的商品经济阶段、初步建立社会主义市场经济阶段和不断完善的社会主义市场经济阶段。社会主义经济体制改革的成功促进了生产力的极大解放，改善了人民群众的物质文化生活水平（见图 2-1、图 2-2）。

---

① 殷辂：《全球化、时代性与青年问题》，《中州学刊》2013 年第 1 期。

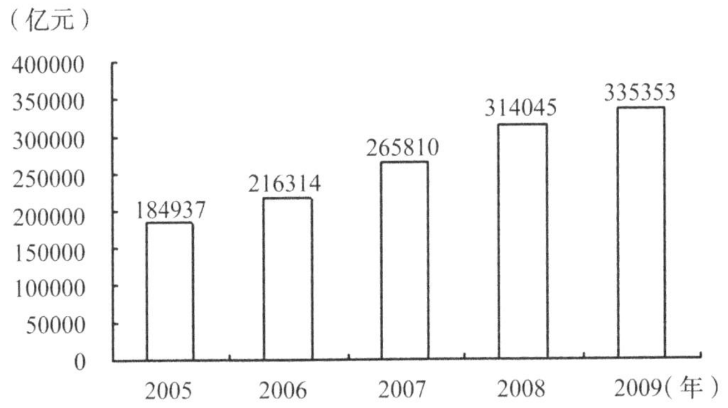

图 2-1　2005～2009 年国内生产总值①

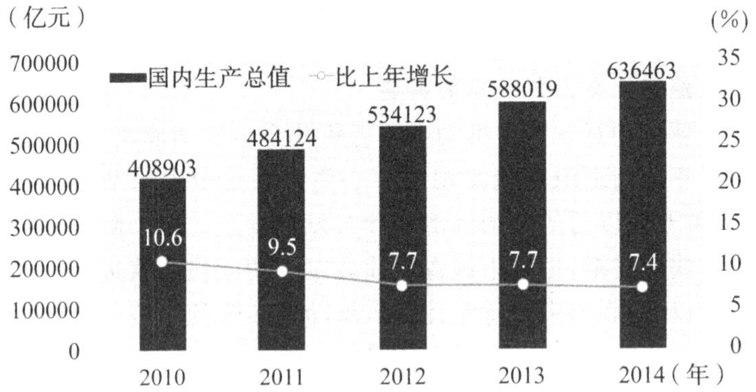

图 2-2　2010～2014 年国内生产总值及其增长速度②

当代中国青年是中国经济体制改革的亲历者，在这一过程中，青年的行为方式、知识结构、择业选择和价值取向都发生了巨大变化。特别是青年人的就业观念实现了从国家分配到自主择业的深刻转变，这也是青年人适应社会经济发展的表现。所有的青年人不管是否愿意都不得不裹挟于经济发展的大潮中，青年社会组织也在经济大潮中发生着结构和功能方面的转变，其目的也是适应青年人的物质和精神需要。因此，以共青团为核心的青年组织的政治性功能逐渐淡化，而经济参与功能、文化参与功能及社会参与功能的拓展逐渐成为青年组织生存和发展的必然之路。随着中国经济体制改革的逐步深入，青年社会组

① 参见《中华人民共和国 2009 年国民经济和社会发展统计公报》，《中国统计》2010 年第 3 期。
② 参见《中华人民共和国 2014 年国民经济和社会发展统计公报》，《中国统计》2015 年第 3 期。

织呈现出蓬勃发展势头。青年社会组织在青年人群中的影响力逐渐增大,对共青团组织的权威提出挑战。是与青年社会组织平等共存,还是把青年社会组织纳入自己的核心组织体系,成为共青团组织不得不深思的问题。

其次,社会结构变迁促进了中国青年社会组织功能的拓展。中国经济体制改革的成功奠定了中国社会发展的基础,加速了社会结构的解构、分化和重组,也为处在人生发展最重要阶段的青年群体带来了前所未有的机遇。在改革开放以前,中国整个社会的经济、政治和意识形态高度统一,国家所有的社会组织均由政府管理和控制,各组织的运行模式、行为方式和制度框架基本一致。改革开放以后,国家和社会一体的格局逐渐被打破,特别是经济体制改革的成功加速了社会结构的变迁。从人口结构、家庭结构、就业结构、城乡结构和社会阶层结构等诸多方面的变迁来看,青年群体都在其中发生了显著变化。农村青年大量流入城市,使得城市青年和农村青年的整体结构发生了根本性的变化。部分城市青年已从原有的固有体制中解放出来,加入体制外组织,如个体工商户、合资企业、民营企业等等;农村青年群体脱离了原有土地的束缚,部分定居于城市,部分游离于城市边缘,没有固定组织可以依靠。因此,一些横跨城乡两大社会系统和两个体制的交叉性青年群体和边缘性青年群体开始出现。这些群体的出现加速了青年社会组织的诞生,也加速了以共青团为核心的青年组织功能的实现和拓展。社会组织的变化是社会结构形式变化的直接反映。

(三)拓宽社会治理体系参与主体的需要

改革开放以来,党和政府在社会管理方面取得了较为理想的成绩,积累了丰富的经验,但社会管理领域还存在很多问题。这也是我国经济社会转型、利益格局深刻调整、思想观念深刻变革、社会结构和社会组织发生深刻变动所引发的矛盾问题的集中反映。因此,党的十八届三中全会提出了社会管理向创新社会治理的转变。实现社会管理向社会治理转变的一个重要方面就是社会治理体系的主体由“一元”向“多元”的转变,这一转变能够把单一的政府管理转向多元的协同治理,相对闲散的社会治理资源得到充分整合,社会治理合力也随之形成。社会治理的重要参与主体是社会组织,而青年社会组织是社会组织的重要组成部分,包括共青团组织在内的青年社会组织的重要工作内容是从事社会领域工作。可以看出,青年社会组织在协调社会关系、规范社会成员行为、解决社会矛盾、服务基层困难群体、保持社会稳定等方面发挥着越来越重要的作用。

首先,共青团组织通过功能拓展成为社会治理体系的重要参与主体,为青年社会组织提供了资源保障。党的十八届三中全会提出了“创新社会治理体制，改进社会治理方式，激发社会组织活力”[①]的重大理论创新，这也是共青团拓展自己的功能、积极参与社会治理的重大历史机遇。共青团组织建团 90 多年来，不断拓展自己的功能，很好地完成了党和政府交给的联系青年、巩固和扩大党执政的青年群众基础的政治责任。在创新社会治理体系的宏大背景下，共青团组织应认真研究当代新青年、新社会组织、新媒体的特点，通过共青团组织的政治参与、经济参与、文化参与、社会参与及国际参与功能的不断拓展和演进，为青年群体提供优质的服务和发展平台，让青年成为参与社会治理的主体力量，让拥有最多青年群体、影响力最大和覆盖面最广的共青团组织成为创新社会治理体系的重要参与主体。共青团组织成为社会治理的参与主体为青年社会组织提供了资源保障、政策保障和制度保障。

其次，青年社会组织通过功能拓展为广大青年提供了社会参与平台。青年社会组织主要从事经济、科技、教育、卫生、文化、环保、慈善等志愿性、公益性、服务性及非营利性的活动。作为社会组织的重要成员，在社会多元治理的背景下，青年社会组织通过组织功能的再造和拓展，在政治、经济、文化及社会参与等方面充分发挥参与主体功能，为广大青年提供社会参与的平台。一方面，青年社会组织要主动承接政府转移的社会管理职能。在社区治理、公共服务、青少年教育等方面为广大青年提供施展才华的平台和空间，达到政府放心、社会稳定、青年成长的“三赢”效果。另一方面，青年社会组织要依托共青团组织的庞大组织体系，主动与共青团组织开展合作。共青团组织的功能拓展也需要青年社会组织的合作，双方的合作是彼此需要的结果：既可以扩大共青团组织赢得青年的范围，又可以促使青年社会组织健康发展，最终拓展了青年社会参与的平台，促进了社会和谐稳定。

（四）促进社会和谐稳定的需要

进入新世纪以来，在社会发展的各个环节和过程中，青年人在社会发展中的作用日益突出，人力资源优势总体趋向于年轻化，财富聚集、知识资本主体趋向年轻化，公共话语权、文化影响力趋向年轻化；特别是在“互联网＋”的时代里，青年群体已经从政治、经济、文化和社会发展的边缘位置向中心转移，已经成为这个时代的主角，后喻文化时代已经来临。青年社会组织功能的拓展正好符合这个时代青年的价值诉求和利益诉求，为青年人提供了诉求平台，从而确保了青年有所需，青年组织有所为，有利于维护青年群体的利益，促进社会和谐稳定。

从目前社会治理的重要内容来分析，青年中的社会问题和社会中的青年问题已成为首要问题；这些问题如果处理不好，就会给社会的和谐稳定带来巨大

---

① 《中国共产党第十八届中央委员会第三次全体会议公报》，人民出版社 2013 年版，第 4 页。

隐患，也会给协助党和政府管理青年事务的共青团组织带来巨大挑战。改革开放以来，共青团组织不断拓展自己的功能，创新青年事务管理工作模式和方法，其中最主要的就是为广大青年群体提供各式各样的优质服务，维护青年最现实、最关心和最直接的利益诉求，以此来凝聚青年、团结青年和影响青年。在政治参与上，团中央举办“团中央机关开放日活动”，各级团组织开展“共青团与人大代表、政协委员面对面”等活动，积极创造青年团员政治参与的机会和渠道，倾听青年的心声和诉求。在经济参与上，青年创业大赛、青年就业培训、青年就业和创业基地等是共青团中央和各级共青团组织开展经济参与的重要形式和平台，为广大青年解决创业就业问题提供帮助。在文化参与上，团中央和各级共青团组织带领各级青年群体积极参与各项文化活动，满足青年的文化需求。在社会参与上，各级团组织积极开展各种志愿服务活动、社会公益活动，为青年实现社会参与提供平台。团中央还开通了“青年之声”互动社交平台，这个平台的宗旨是“反映青年呼声、回应青年诉求、维护青年权益、服务青年成长”。共青团组织只要把握好时代脉搏，响应青年的诉求，反映青年的呼声，不断拓展自己的组织功能，把服务青年作为工作的出发点、落脚点和工作的生命线，共青团组织就会焕发生机和活力，青年群体就会紧密团结在组织周围，成为党执政的重要基石。

青年社会组织涉及教育、医疗、就业、社会管理等各个领域，呈现多层次、多元化发展态势，在维护社会和谐稳定方面起着重要作用。青年社会组织应根据青年的兴趣、意愿和职业特点及时拓展自己的功能。党和政府高度重视青年社会组织的快速发展所取得的成就和带来的问题，共青团组织也开始重视和积极参与青年社会组织的建设工作，通过枢纽型团组织建设，规范和引导青年社会组织的发展，积极为青年社会组织的功能实现提供服务和平台；更重要的是，把游离于团组织之外的青年群体纳入青年社会组织之中。这样青年群体也有了正确的发展方向和出路，共青团组织也能够成为青年社会组织发展的组织依托和组织依靠，能够进一步拓宽共青团组织的群众基础。

青年社会组织功能的实现就是青年群体稳定的“安全阀”，是青年群体稳定状态的“晴雨表”，是化解青年矛盾、解决青年纠纷的“润滑剂”。

（五）满足青年群体及青年社会组织发展的需要

青年发展变迁是社会发展变迁的必然。“青年作为一个天性敏感、求新求变的社会群体，总是站在社会变迁的前沿。”[①]改革开放以来，中国青年群体在价

---

① 钱永祥：《把握社会变迁与青年发展背后的必然——〈青年对社会变迁的反应〉读后感》，《上海青年干部管理学院学报》2013 年第 2 期。

值取向、行为方式、生活形态、就业理念、社交观念及时代心理等方面发生了深刻变迁，特别是“青年需要的重心从生存需要层面进入到发展需要层面，再向参与需要层面和表达需要层面迁移”[①]。影响青年组织功能不断拓展的因素有很多，从青年自身角度来看，青年的观念变迁和需求变迁在青年组织功能实现和拓展中发挥着重要作用。青年组织自身的发展也是影响青年组织功能实现的重要因素。

首先，青年观念的发展变迁促进了青年社会组织功能的实现。青年观念是青年在长期的生活和生产实践中形成的对事物总体的认识，是青年对事物主观和客观认识的集合体，是影响青年心理及行为等青年自身发展的核心要素。青年观念的发展变迁绝不是青年群体自身的“世外桃源”，而是与经济、社会、文化等发展变迁形影相随，更是社会变革的先兆。青年观念变迁包括很多内容，如伦理观念、社交观念、审美观念、就业观念、消费观念等等。这些观念的变迁也不是一成不变的，它们会随着社会的发展而不断改变，青年组织功能的发展、实现和不断拓展也源于这些观念的不断发展变迁。对于共青团组织来说，青年观念的变迁加速了共青团组织政治功能的弱化，而共青团组织通过经济参与、文化参与及社会参与多方功能的转换，为青年群体提供优质的服务，最终发挥自身团结教育青年的作用，扩大共青团组织的青年影响力，否则，共青团组织就会脱离青年，会为青年所抛弃。对于青年社会组织来说，虽然其自身观念变迁涉及多方面内容，但不全是影响青年社会组织功能的核心因素。认真梳理和分析可以发现，青年群体的社交观念、公民意识观念、就业观念是影响青年社会组织功能的核心要素。

青年群体社交借助于信息化平台，由传统的封闭观念转变为开放观念。青年群体已经不满足于体制内的固定和呆板的组织形式，追求更新颖的组织形式。因此，虚拟网络青年组织、网络青年自组织及各种网络社团形式的青年社会组织也随之诞生。

公民意识的增强加快了青年群体成为社会重要成员的步伐。在此背景下，青年群体的身份得到认同，利益诉求得到表达。在政治领域、经济领域、文化领域及社会领域等诸多方面，青年人的观念、利益诉求和价值诉求都可以通过组织表达出来，在组织成员表达自己诉求的过程中，其组织功能也会随之发生拓展、延伸或者转变。

改革开放以后，青年就业观念实现了从服从分配到自主择业的转变，这种

---

① 钱永祥：《把握社会变迁与青年发展背后的必然——〈青年对社会变迁的反应〉读后感》，《上海青年干部管理学院学报》2013 年第 2 期。

转变说明了青年人择业自主性越来越强,范围越来越广且政治色彩越来越淡化。青年群体可以根据自己的实际情况选择自己的职业去向和组织层次。青年公益类社会组织、经济类型的协会组织、文艺演出组织、环境保护组织等也成为青年群体就业的重要场所,青年社会组织已成为新社会组织的重要组成部分。青年群体就业观念的转变成为丰富青年社会组织形式的“加速器”和功能拓展的“助推剂”。青年群体职业选择的多样化需求促进了青年社会组织功能的转变,这也是青年社会组织生存发展的必然需要。

其次,青年群体的需求发展变迁促进了青年社会组织功能的实现。青年群体需求的变迁离不开中国经济社会发展变迁的宏大背景。在这一背景下,青年群体的个人需求和社会需求都发生了变化。青年群体的个人需求和社会需求在变迁的过程中总是存在着矛盾和不平衡,青年群体需要在个人需求和社会需求之间寻求最佳结合点。现在的青年群体已经不满足于基本的生存性需求,更注重发展性需求的实现。青年社会组织通过组织功能的不断演进,根据不同层次青年群体的不同需求,有针对性地提供差异性服务。不同类别、不同层次的青年群体根据自身所擅长的领域寻求加入不同的青年社会组织,通过组织活动寻求建构个人需求和社会需求的模式;青年社会组织在实现和拓展自己组织功能的同时,也满足了青年群体的个人和社会需要。

“不管青年的社会地位、作用被如何规定,作为群体的青年因素在社会结构中始终是一个恒定的、有多种连带关系的重大因素。或许正是因为组成这一群体的社会成员都处在人生过渡的关键时刻,其群体的地位和作用才更加特殊,更加不可替代。”[①]青年群体在不同时代体现出不同的价值取向和时代特征,但是不管时代如何发展,作为人类群体的一部分,青年人之间都有很多共性,如生命力旺盛、单纯、开放、爱学习、有理想等等。青年群体面对特定历史时期和特定历史背景,总是在寻找自己的发展道路,探索自己的社会出路,但却很难找到实现自身价值和社会价值的契合点。每个时代的青年群体在现实社会中又会遇到各种质疑和误读,但是青年群体往往最能够接受社会先进思想、最能敏锐地感受到社会发展脉搏、最能积极响应时代的召唤。可以说,不同时代的青年群体都为那个时代留下了不可磨灭的时代烙印,而不同功能的青年组织也为青年群体实现自身价值、社会价值和群体目标提供了广阔的发展平台。

最后,青年组织自身的需求促进了青年社会组织功能的实现。青年社会组织自身发展的每一个节点都是组织功能的自我转换,青年社会组织自身发展的成功与否都与组织功能是否成功实现紧密关联。一方面,青年社会组织要赢得

① 陆建华:《论青年群体的社会学特征》,《中国青年研究》1993年第1期。

青年的支持，就必须适应青年身心发展和价值诉求的需要，这样才能够使组织力量得到壮大；另一方面，青年社会组织功能要适应社会要求，推动青年组织自身发展。在中国发展的不同历史时期会产生许多青年组织，也会有许多青年组织消失；有些青年组织根据社会的变迁和发展不断调整自己的功能，适应了社会的需要，就得以持续生存，有些青年组织还会伴随着社会的发展不断壮大。早期的青年组织"少年中国学会"存在的时间不过六七年，"新民学会"也只存在两年多时间，"觉悟社"只存在一年多时间，这些产生于新民主主义革命初期的青年组织，也都随着组织功能的消退而消失。其他时期的青年组织也是如此，如抗日战争时期的"青年救国会""青年救国先锋团""青年抗日先锋队"等；解放战争时期的"抗议美军暴行联合会""东北民主青年联盟"等；社会主义建设时期的"青年生产突击队"；等等。而起源于"五四"时期的"全国学生联合会"以及后来更名为"中国共产主义青年团"的"中国社会主义青年团"自觉接受了中国共产党的领导，团结广大青年，不断完善自己的组织功能，适应了社会的发展，其组织本身也不断发展壮大。

新生的青年自组织适应了社会经济发展的需要，形成了具有多种功能表现形式的青年社会组织。如具有沟通关怀功能的社区青年自组织，具有利益联合功能的职业青年自组织，具有愉悦共享功能的休闲青年自组织，具有自主服务功能的公益青年自组织，等等。这些青年社会组织大多以非注册形式及非正式的组织形态出现，但是它们在服务青年、联系青年、凝聚青年，实现青年自身价值、为青年找到归属感等方面发挥着重要作用。因此，政府部门和共青团组织应该对青年自组织实施有效的监督和引导，制定相应的制度，最大限度地把青年社会组织团结在团组织周围，实现青年社会组织社会功能、经济功能、文化功能以及自身发展功能的最大化。

第三章　我国青年社会组织功能的发展历史

在厘清了青年社会组织和青年组织及社会组织的关系并分析了青年组织和青年社会组织功能的内涵、特征和类型的基础上，需要阐述清楚改革开放以来青年社会组织功能的发展脉络。从前面的分析可以看出，青年社会组织与青年组织的关系更为紧密，因此，应以研究青年组织和青年组织功能的历史为起点，找到青年社会组织功能的历史根源，这样才能理解组织功能的现状，才能准确把握组织功能的发展趋势，实现青年社会组织内生性发展和促进社会和谐的目的。

第一节　青年组织功能发展史：青年社会组织功能的历史追溯

研究青年社会组织功能的发展历史，需要追溯青年社会组织功能的源头。从前面对青年社会组织的研究来看，青年组织功能是青年社会组织功能的源头，应该从青年组织功能的发展历史说起。青年组织发端于青年运动的相互作用以及当时的时代背景和政治需要，它经历了青年自发形成的青年组织和政党推动形成的青年组织两个阶段。由政党推动形成的青年组织，其组织形式就是中国共产主义青年团和全国青联组织。青年组织发展经历了新民主主义革命时期、社会主义建设时期和改革开放三个历史时期。在中国发展的各个历史时期，青年自发形成的青年组织与共青团组织和全国青联组织都为社会发展做出了不同贡献。共青团组织是青年组织的一种特殊形式，在这三个历史时期都发挥着重要功能。

一、新民主主义革命时期的青年组织功能

(一)新民主主义革命时期的青年组织

大革命时期是我国青年组织发展起步阶段。新民主主义革命前期的青年组织为青年运动提供了组织基础,五四运动为共青团组织的建立创造了条件,形成了青年组织与青年运动相互促进的局面。新民主主义革命前期,中国优秀青年群体就开始在国内外组建社团和协会,这个时期的青年组织已经打起了反帝、反封建和争取青年权益的大旗。这部分组织成员主要是青年知识分子和留学生,因为留学生是接受资产阶级民主思想最早、反封建意识最强的青年群体。早在1894年,孙中山创立了资产阶级革命团体"兴中会"。兴中会建立时的主要成员陆皓东(27岁)、陈少白(25岁)、谢瓒泰(22岁)等都是青年留学生。1905年成立的中国同盟会,其主要成员黄兴(31岁)、廖仲恺(28岁)、宋教仁(23岁)、朱执信(20岁)、安徽籍会员孙桦(14岁)等也几乎都是青年学生。留日学生最早的革命团体"青年会"的宗旨是"以民族主义为宗旨,以破坏主义为目的",矛头直指清朝统治;在日本留学的广东籍学生成立的"广东独立协会",其主要目的是反对清政府割让广东给法国;"共爱会"是为争取妇女权益成立的妇女青年组织。在国内成立的"华兴会""科学补习所"和"光复会"等反清革命青年团体最有影响力。以青年学生为主体的反清运动和资产阶级民主革命思想在青年群体间广泛传播,充分显示了中国先进青年在政治思想上有了一个新的飞跃。"中国青年知识分子在政治上的进一步觉醒和组织程度的提高,为五四爱国运动的爆发奠定了重要的基础。"[①]新文化运动和俄国十月革命的胜利极大地激发了中国青年学生的爱国热情。中国在巴黎和会上的外交失败激怒了中国人民,特别是在青年爱国学生中引起爆炸性的反响,五四运动随之爆发。五四运动既是一场解放思想的新文化运动,又是一场反帝爱国的政治运动,它揭开了中国青年运动崭新的一页,并成为此后中国青年运动的光荣传统。北京学生组织成功开展的"五四"爱国运动,得到了全国各地学生的积极响应。山东、天津和上海等地纷纷成立学生联合会,举行示威游行、开展各种爱国活动,表达了挽救祖国危亡的坚强决心。在"五四"时期,数十万学生为了"外争国权,内除国贼"不怕坐牢,不怕牺牲,始终走在革命运动的最前头,他们以自己炽烈的爱国热情和斗争精神,促进了中国青年的新觉醒,唤醒了整个社会,推动了中国知识青年开始走向与工农群众相结合的革命道路。五四运动是中国青年组织发展并成功实现自己组织价值的一次成

---

① 郭贵儒:《青年运动史话》,社会科学文献出版社2011年版,第23页。

功案例，也是中国青年组织发展史上的第一次发展高潮。

1919年的五四运动是在新的历史时期青年群体爱国运动的总爆发，也成为新民主主义革命和中国现代革命青年运动的开端。爱国主义和反帝反封建是新民主主义革命时期整个社会的主题，也是当时青年运动的主题。因此，青年群体参加的社会运动不是解决青年社会问题和社会中的青年问题，而是要解决封建主义、帝国主义的压迫和民族独立问题。新民主主义革命时期涌现出了许许多多的青年组织，如“中华民国学生联合总会”“中国青年军人联合会”以及“上海青年会”等等。实际上，中国共产党建立之初也可以看作是青年组织，因为其主要创立成员陈独秀、陈潭秋、董必武、李达、李大钊、毛泽东、张国焘等大多数是青年（见表3-1）。而在中国共产党成立之前的各省共产主义小组则更符合青年组织的特点，是典型的青年组织。

表3-1　共产主义小组一览表[①]

名　称	成立时间	地　点	主要发起人	备　注
上海共产主义小组	1920年8月	上海	陈独秀	41岁
北京共产主义小组	1920年10月	北京	李大钊	31岁
武汉共产主义小组	1920年秋	武汉	董必武	34岁
湖南共产主义小组	1920年秋冬之交	长沙	毛泽东	27岁
济南共产主义小组	1920年冬	济南	王尽美	22岁
广州共产主义小组	1921年1月	广州	谭平山	25岁
留法共产主义小组	1921年春	巴黎	张申府/周恩来	28岁/23岁
留日共产主义小组		东京	施存统/周佛海	23岁/24岁

中国社会主义青年团（后更名为中国共产主义青年团）的成立标志着中国青年的核心力量正式形成。这些青年组织都是在以爱国主义和反帝反封建为中心的社会运动中产生的。因而，“组织青年化的现象更是作为民族矛盾和阶级斗争的关系的反映而存在的，而主要不是相对于青年与社会的关系而存在的”[②]。“谁也不象中国青年那样深刻而敏锐地体验到帝国主义的压迫，谁也不

① 共产党早期组织的名称叫法不一，如“共产党支部”“共产党小组”或“共产主义小组”，但它们的组织性质相同，都是中国共产党的地方组织，后来被通称为“共产主义小组”。

② 包志勤：《现代青年组织学》，中国青年出版社1991年版，第49页。

象中国青年那样尖锐而痛楚地感觉到必须和这种压迫作斗争。”①从此，共青团组织作为一支重要的力量登上革命的舞台，这也成为中国青年组织发展的里程碑。中国社会主义青年团成立后，一方面认真配合中国共产党开展工人和农民运动，另一方面也不断加强对学生组织的领导。在共产党和青年团组织的领导下，学校的学生会组织积极参加和支持工人运动。在大革命时期和反对国民党新军阀的斗争中，共青团员、青年工人和学生总是走在革命斗争最前线，表现出了英勇无畏的革命精神。经过各种运动和革命斗争的锻炼，广大青年尤其是青年学生的政治觉悟和组织程度进一步提高，共青团组织和学联组织进一步巩固和扩大。这也是五四运动之后中国青年组织发展的第二次高潮。

大革命失败后，中国共产党的斗争策略发生了根本转变，斗争的主战场开始转向农村，通过开展土地革命广泛发动人民群众。在创建和巩固中央根据地和其他红色区域的斗争中，广大青年和青年学生围绕着土地革命、武装斗争和根据地建设等党的中心任务来开展各种活动，广大青年组织，特别是共青团组织成为最有生气的力量，为保卫和建设红色政权做出了巨大贡献。1931 年 9 月 18 日发生了举世震惊的“九一八”事变。日本帝国主义的侵略暴行和国民党政府的不抵抗政策，使全国各族人民无比愤怒，全国各地迅速掀起抗日救亡运动。全国青年学生迅速掀起了抗日反蒋活动，各地青年学生成立了抗日救国会，组织青年学生宣传队到区县、乡村开展抗日宣传活动，帮助当地青年组织义勇军、敢死队，发动民众参加抗日活动。“九一八”事变后，全国各地青年组织的抗日宣传活动处于从高潮到低潮再到高潮的反复循环中，宣传抗日是当时青年组织的文化宣传主题，无论是苏区还是国民党统治区，青年组织为宣传抗日、组织青年参加抗日活动发挥了重要作用。如“中华民族解放先锋队”(简称“民先”)是中共在国民党统治区秘密建立的先进青年组织，是抗日救亡的先锋团体。陕甘宁青年救国联合会、陕北省青年救国联合会则是苏区的重要青年组织。上海、北平等十几个城市数以万计的大学生举行罢课游行，声讨日军侵华罪行，呼吁全国同胞奋起反抗。一些青年工人和学生成立了抗日救国会、国货调查团、抗日演讲队和救国义勇军等青年组织。如北平学生成立了“抗日救国联合会”，南京一些大学生成立了“抗日救国十人团”等。1932 年“一·二八”淞沪抗战爆发后，在共产党和共青团组织及工会、学联等团体的领导下，上海青年工人、学生等积极参加义勇军、敢死队、救护队。复旦大学义勇军团、冯庸义勇军团、中央大学义勇军团在前线参战时英勇顽强，奋不顾身，为淞沪抗战立下了功勋。1935 年“一二·九”运动的爆发是中国青年组织开展革命运动的又一次具有重

① 《斯大林选集》上卷，人民出版社 1979 年版，第 494 页。

大意义的历史事件。中共北平临时工作委员会根据时局，进一步加强了青年学生工作，于1935年11月18日成立了北平学生联合会。北平学生联合会在这次游行示威中发挥了决定性作用。这次示威游行后，各校进步力量迅速发展壮大，学生们的爱国热情更加高涨，中国青年特别是青年学生对民族危机有了更深刻的认识。围绕抗日救国的主题，各种青年学生组织随之纷纷建立起来。1936年年初，平津学联组织了“南下扩大宣传团”，后定名为“民族解放先锋队”。1936年2月1日，民族解放先锋队召开了队员代表大会，制定了《工作纲要》《组织系统》和《规约》等，并发表了《宣言》。该组织成立后，在中国共产党的领导下，迅速发展成为全国性的革命青年组织，成为推动全国抗日救亡运动的一支重要青年骨干力量。为了适应抗日救亡的新形势和实现党的抗日民族统一战线政策，团结广大青年一致抗日，中共中央决定改造共青团及其组织形式，“使团变为广大群众的非党的群众组织，把广大青年吸收到参加抗日救国的民族统一战线来，把建立为发扬文化与争取民主自由的广大青年运动，当做自己为民主共和国而斗争的最中心任务”①。改造后的共青团已成为广泛的、群众性的青年抗日救国组织，组织名称被改为“青年救国会”。

可以说，整个抗日战争时期的共青团组织演变成了具有统一战线形式和广泛群众基础的青年抗日救国组织，为推动青年抗日统一战线的形成和发展发挥了重要作用，为最后取得抗日战争胜利做出了巨大贡献。1937年，“七七事变”爆发，广大青年积极响应党的号召和民族的召唤，立即行动起来，以各种方式投入到伟大的抗日救国运动中。在中国共产党的领导下，各种抗日青年组织纷纷建立起来，先后出现了不少有影响力的青年组织，如延安的“西北青年救国会”、武汉的“青年救国团”、山西的“青年抗敌决死队”、广东的“青年抗日先锋队”、晋察冀的“青年抗日先锋队”、东北的“青年救亡总会”、南京的“青年抗日救国会”等等。围绕着抗日救亡运动和抗日战争的主题，各种抗日青年组织的大量涌现以及共青团的改造，形成了中国青年组织发展的第三次高潮。

1944年，国内外形势发生了重大变化。在国民党统治区的广大青年学生积极参加革命斗争，反对国民党的专制独裁。在中国共产党的领导下，一些进步青年组织秘密成立。如在成都成立的“民主青年协会”，该组织成立不久就成为成都学生运动的坚强领导核心。昆明成立了“民主青年同盟”，该组织还在西南联大、云南大学和中法大学等29所学校建立了分支部，号召广大同学投入到民主运动中来。民主青年协会和民主青年同盟成为国民党统治区青年民主运动的骨干力量。“抗日战争胜利后，原有的青年组织已经完成相应的历史使命，有

① 中央档案馆编：《中共中央文件选集》(11)，中共中央党校出版社1987年版，第732页。

的没有及时适应新的形势变化，日渐涣散，尤其不能满足已经涌现出的大量先进青年的政治进步的需求。”[①]时代呼唤一个先进青年组织的出现。

1946 年 11 月，在共青团组织中断了 10 年后，为适应新的形势和任务需要，中国共产党开始了试建新民主主义青年团的工作。1946 年 11 月 5 日，中共中央向各解放区发出《关于建立民主青年团的提议》；1947 年 9 月，全国解放区青年工作会议召开后，各地解放区青年团开始建立。经过认真准备，1949 年 4 月，在北平正式建立了中国新民主主义青年团。“中国新民主主义青年团的成立，是中国共产党从思路上、政治上，对中国青年长期教育和培养的结果。它是‘五四’以来青年运动光荣传统的继承者。它的建立，使中国青年运动有了自己的核心，标志着中国青年运动进入了一个新的历史时期。”[②]可以说，这是中国青年组织在新民主主义革命时期发展的第四次高潮。

(二)新民主主义革命时期青年组织功能发展脉络

这一时期，青年组织政治参与功能凸显，文化参与功能发挥了重要作用，国际参与功能开始显现。

1.政治参与功能成为青年组织的核心功能

“随着五四以后群众运动的深入发展和马克思主义的广泛传播，中国的先进青年愈来愈认识到联合起来，建立新型青年组织的必要。所以，各地共产主义者在早期筹建中国共产党的过程中，先后建立了社会主义青年团。上海是社会主义青年团的发祥地，在上海建立青年团组织后，北京、广州、长沙、武汉等地也相继建立了团组织。”[③]北京的社会主义青年团是在李大钊的亲自指导下建立的，而长沙的社会主义青年团则是由毛泽东主持建立的。初期的青年团组织虽然有组织机构和章程，但组织成员复杂，信仰不同的主义。组织成员观点不同、组织纪律不严，导致各地的青年团组织的活动基本陷入停顿。1921 年 7 月中国共产党成立后，加强了对青年运动的领导，各地青年团组织得到迅速恢复和发展。为了统一全国的青年运动，在中国共产党和少年共产国际的领导下，1922 年 5 月 5 日，中国社会主义青年团第一次代表大会在广州召开。此次代表大会意味着团组织有了明确的对象意识和年龄范围的限定，有了明确的组织纲领和章程，在组织形式和内容上已经达到成熟。团的一大的召开，“标志着中国社会主义青年团实现了思想上、组织上的完全统一，表明了中国青年的核心力

---

① 秦云：《共青团历次全国代表大会简介》，《历史教学》1964 年第 6 期。

② 秦云：《共青团历次全国代表大会简介》，《历史教学》1964 年第 6 期。

③ 郭贵儒：《青年运动史话》，社会科学文献出版社 2011 年版，第 32 页。

量的形成"[1]。"此后，社会主义青年团就成为中国共产党领导下的思想上、组织上统一的先进青年组织，成为中国新民主主义青年运动的中坚力量。"[2]

2.青年组织文化参与功能开始显现

传播先进文化和革命思想是当时社会发展的必然要求。20世纪初，先进文化和资产阶级民主革命思想的传播还处在一个"潜伏期"。这主要体现在传播的途径还属于从国外到国内的传播，传播的主体是留日学生。早期留日学生以极强的求知欲和爱国热情发奋读书，学习科学知识，探索救国救民真理。传播先进文化和民主革命思想已在国外留学生中特别是留日青年组织中达成共识。"据不完全统计，从1901年到1911年，中国留日学生所创办的刊物，达七八十种之多。"[3]这期间也涌现出了一批民主革命思想的宣传家和青年团体。如邹容在上海发起的"中国学生同盟会"，在日本形成的"共爱会""日知会"等青年团体。五四运动前后，先后成立了大批先进青年社会团，如国民社、新潮社、新民学会、觉悟社等等。这些社团的成员大部分是青年知识分子和青年学生，他们大部分接受过高等教育、留过洋或者是有着革命精神、爱国情怀和进步思想。每个社团就可称为一个青年组织，每个社团背后就有一种刊物，一种刊物就有一种思潮。社团与期刊共存是"五四"时期重要的文化现象，各社团通过出版期刊，传达自己的政治主张，向社会表达自己的看法，从而对社会文化产生广泛而深刻的影响。"国民社"的主要成员是北京大学的学生，其创办的刊物《国民》的宗旨是"增进国民人格，研究学术，灌输国民常识，提倡国货"[4]。《国民》在五四运动的兴起上起了很大的作用。"新潮社"是北京大学成立的第一个学生社团，其创办的刊物《新潮》提倡白话文字，介绍国外先进思潮，倡导文学革命，积极主张进行一场深刻的思想革命。"它是《新青年》最坚实的同盟军，与《新青年》一道，共同擎起了新文化运动的大旗，扩大了新文化运动的影响，成为新文化运动的重要阵地。"[5]由周恩来、邓颖超创办的"觉悟社"创办的杂志《觉悟》，积极倡导国民向着"觉悟"的道路上行进，一步步地"觉悟"，一步步地"进化"。还有一些社团虽然没有相应的刊物，但在传播革命思想和先进文化、唤醒民众方面发挥了重要作用，如"同言社""批评社""劳动学会""利群书社""文化书社"等。"五四"前后的新文化运动中，青年组织是主要的宣传者和参与者。"新文化运动在相当程度上也是一场青年运动。它有宝贵的文学激情和生命活力，也有深刻的

---

① 包志勤：《现代青年组织学》，中国青年出版社1991年版，第53页。

② 郭贵儒：《青年运动史话》，社会科学文献出版社2011年版，第36页。

③ 郭贵儒：《青年运动史话》，社会科学文献出版社2011年版，第11页。

④ 黄英、赵伟华：《五四时期的社团》，《社团管理研究》2009年第4期。

⑤ 吴永贵、王静：《新潮社与〈新潮〉杂志》，《出版史料》2004年第5期。

政治意蕴，甚至就在对单纯文化、文学内容的运动和倡导方面，其后也有深深的政治的刺激和对理想政治的向往。”[①]五四运动的爆发标志着先进文化和革命思想的传播已经进入了“生长期”。新文化运动在文化和思想领域影响着中国人，尤其是中国年轻人的爱国和救国热情，它是五四运动的思想基础和智力来源。因此可以说，自新民主主义革命开始，新文化和革命思想的传播就已经和青年组织成为不可分割的一个整体。五四运动后，青年组织开始了以马克思主义以及社会主流思想流派为主要内容的文化宣传，这个时期的新文化运动已经转变为以马克思主义为指导的新民主主义文化运动。据统计，五四运动一年后出现的进步社团就有三四百个，如北京的“工农互助团”、湖南的“俄罗斯研究会”等青年组织；全国新增出版的期刊有400多种，比较有影响力的刊物有湖南的《湘江评论》、天津的《天津学生联合会报》等进步刊物，这些刊物背后都是一个个青年群体；有的地区还建立了马克思主义学说研究会。以青年为传播主体的新文化运动从内容到形式的深刻变化，促进了马克思主义在中国的传播，加速了中国青年对马克思主义的了解和认识。新民主主义文化运动的进一步深化和民主革命思想在青年头脑中的进一步巩固，为在中国各地成立共产主义小组创造了条件。这些青年组织的诞生为中国共产党的成立打下了坚实的基础。中国共产党和中国共产主义青年团的成立为青年组织传播先进文化和革命思想指明了方向。

五四运动以后，在中国共产党的领导下，以中国共青团为核心的青年组织采取了多种渠道和方式开展先进文化和革命思想的传播。社会主义青年团的《教育及宣传决议案》详细阐述了教育的内容和方式方法。如：在内容上，要引导青年掌握改造社会的思想；对不同层次的青年应给予不同的教育，要告诉工厂里的青年工人工作的苦况，用最通俗易懂的道理讲清共产主义的基本原理；要告诉青年学生目前的政治状况、革命运动情形，通过编译革命文艺，激发国民革命的思想，振作学生的革命精神。在方式方法上，要充分利用报纸、杂志和宣传小册子，尤其注重口头方式，通过群众集会、谈话、演讲和讲故事的方式来宣传革命主张。团的三大到四大前后(1925～1927年)，是中国大革命由酝酿、发动、展开到失败的一段岁月，也是中国社会主义青年团更名为中国共产主义青年团的重要时期。这一时期团的工作中心已经发生根本性的转移，青年团的功能发生了变化，由一大、二大的青年教育为主要任务转变为四大的“吸引广大的劳动青年群众，参加革命的斗争，同时在这些斗争中去养成他们的共产主义者

① 何怀宏：《新文化运动二题：青年与政治》，《探索与争鸣》2015年第8期。

的精神”[①]。共青团第四次全国代表大会是共青团工作重心发生彻底转变的一次会议。

全面抗战爆发后，青年组织传播先进文化和革命思想也达到了新的高潮。毛泽东同志指出，“青年们一定要知道，只有动员占全国人口百分之九十的工农大众，才能战胜帝国主义，才能战胜封建主义。现在我们要达到战胜日本建立新中国的目的，不动员全国的工农大众，是不可能的”[②]。在国民党统治区，各地青年特别是青年学生组成了各种抗日组织，开展多种形式的抗日宣传活动。青年组织在环境恶劣、物质匮乏及国民党政府的政治高压的背景下，经历了血与火的洗礼和考验，青年组织的抗日宣传唤醒了普通民众，激发了全民族的爱国热情，激励了前方战士奋勇杀敌。在解放区，新组建的西北青年救国联合会发表了《致全国青年的通电》和《给全体青救会员的紧急动员报告》，号召全国青年实现救国大联合，一致抗战到底。在中国共产党的领导下，先后成立了中央青委、中华青年救国团体联合办事处等机构，加强了对全国青年运动的领导。解放区的青年组织在极其艰苦的条件下向青年农民、工人和知识分子传播爱国主义和马列主义启蒙教育，宣传党的政策，开展多种形式的文化教育，帮助青年提高科学文化水平和政治觉悟。抗日战争期间，解放区的广大青年和青年学生利用一切时间如饥似渴地学习《共产党宣言》等马列著作，学习毛泽东的《论持久战》《青年运动的方向》《五四运动》《新民主主义论》等著作。这些著作成为教育青年和引导青年开展斗争的强有力武器。解放区的广大青年成为全国青年学习的榜样，成为先进文化和革命思想传播的先锋队和骨干，成为建立和扩大抗日根据地的重要力量，在夺取抗日战争的最后胜利的过程中发挥了重要作用。在日伪占领区，为了摧毁中国人民的抗日精神和民族意识，日本大肆破坏中国的文化教育事业，强制推行奴化教育政策。在中国共产党的领导下，许多青年组织更换组织名称进行秘密抗日宣传和抗日斗争。很多青年在工厂秘密宣传党的政策，团结进步青年，在工厂内张贴抗日标语，积极同日伪军领班作斗争。许多学生组织积极组织学生抵抗日本的奴化教育政策，斗争十分坚决，充分表现了中国青年的爱国情怀。以青年学生为主体的青年组织以挽救民族危亡为己任，在全国高校广泛建立了青年统一战线组织，传播党的政策和革命理论，开展爱国主义和抗日活动的宣传，鼓励青年群众踊跃参加各类青年抗日组织，成为宣传全国抗战文化和党的理论、方针政策的核心和骨干力量。“在抗日的实践中，中国各族各界青年、各种青年抗日组织共同奋斗，实现了空前的大团结，

① 秦云：《共青团历次全国代表大会简介》，《历史教学》1964年第6期。

② 《毛泽东选集》第2卷，人民出版社1991年版，第565页。

这是中国抗日战争取得胜利的重要因素之一。”①

抗日战争胜利后，1945 年 10 月，国共两党签订了《双十协定》，但国民党背弃协定，妄图利用学生的爱国热情制造舆论，为发动全面内战作准备。在中国共产党的领导下，中国青年组织很快地转向为争取民主革命在全国的胜利而开展各种活动。1945 年爆发了震惊全国的“一二・一”惨案，接着重庆、上海、成都等近 20 多个城市的学生、民主党派和爱国人士通过举行追悼会、示威游行等形式声援昆明学生，以学生为主体的反内战、争民主的运动席卷了整个国民党统治区。“一二・一”运动揭开了新时期学生运动的序幕。1947 年 5 月4 日，上海各高校学生组织开展反内战、反卖国的爱国宣传，遭到国民党军警的镇压。5 月 20 日，北平、上海、天津、南京等高校 5000 多人在南京举行了联合请愿大游行，南京国民政府制造了“五・二〇”血案。“五・二〇”学生运动后，全国各大城市先后成立学生联合会。在中国共产党的领导下，1947 年 6 月，由“华北学生反饥饿反内战联合会”发起的“六二”总罢课的号召得到了全国高校的积极回应，一场声势浩大的“反饥饿、反内战”在全国高校展开。这次运动教育了一大批高校学生，锻炼了一大批青年学生，提高了他们的政治觉悟，也宣传了中国共产党的政策主张。毛泽东指出，“中国境内已有了两条战线。蒋介石进犯军和人民解放军的战争，这是第一条战线。现在又出现了第二条战线，这就是伟大的正义的学生运动和蒋介石反动政府之间的尖锐斗争”②。

“学生运动的舆论宣传作用，促进了中国人民的觉醒，冲击了中外反动势力的统治，顺应了历史发展的潮流，喊出了时代的呼声，对中国革命的发展起了积极的推动作用。”③解放战争时期的青年组织特别是学生组织深入到工农群众中开展各种运动，形成了由各界爱国青年组成的、有着雄厚群众基础的独立的青年运动。总之，中国共产党直接领导下的青年组织，特别是以学生为主体的共青团组织始终是中国先进文化和革命思想传播的最基本力量。同时，在中国新民主主义革命的不同时期形成的学生运动，为新民主主义革命的胜利做出了巨大贡献。

3. 青年组织国际参与功能起步

中国共青团组织成立之初，就开展了国际参与活动。首先，积极参与青年共产国际的各项活动。1921 年 3 月，应青年共产国际第二次代表大会的邀请，上海、北京等地的青年团先后派出俞秀松、张太雷、何孟雄等团员赴莫斯科参加

---

① 魏久明：《抗日战争中青年运动的地位、贡献和启示》，《中共党史研究》1995 年第 6 期。

② 《毛泽东选集》第 4 卷，人民出版社 1991 年版，第 1224～1225 页。

③ 卢粉艳、王芬娥：《新民主主义革命时期学生运动的作用》，《渭南师范学院学报》2001 年第 3 期。

青年共产国际第二次代表大会。国际青年共产党在邀请书中表达了中国青年组织参加国际会议的重要意义。“派遣代表的事，对于中国革命将有极大的结果。因为派代表的缘故，中国才第一次与国际社会运动接近。无论几多的文学，几千几百的讲演和讨论，都没有比派遣从你们中举出的一个代表，这样能够使你们和国际联合。”[①]1922 年 5 月 5 日召开的中国社会主义青年团第一次全国代表大会一致同意加入青年共产国际，这标志着中国青年团与青年共产国际关系的正式确立，也标志着中国青年组织国际参与的正式开始。在 1922～1943 年，中国社会主义青年团组织的重点是与青年共产国际开展活动，其参与活动的主要内容有以下几点：第一，成为青年共产国际成员，双方互派代表参加各自的重要全会，中国社会主义青年团被认为是青年共产国际开展活动中最有力的一个支部。第二，中国社会主义青年团(后更名为“中国共产主义青年团”)在业务上接受青年共产国际的指导，并向青年共产国际报告工作。共产国际在开展青年群众运动、解决青年组织问题及经济斗争等方面给予指导和帮助。在抗日战争期间，青年组织的国际参与持续进行。1936 年 8 月31 日至 9 月 6 日，世界青年维护和平大会(第一次世界青年大会)在日内瓦举行，中国学生救国联合会派陆璀参加了大会，并在会上与墨西哥、美国、加拿大、印度、新西兰和澳大利亚代表共同提出了召开太平洋青年和平代表大会的倡议。世界青年大会成为中国青年组织展示青年形象的平台，成为中国青年组织开展抗日运动、赢得世界青年支持的传播媒介。1938 年 5 月，应中国学生联合会的邀请，世界学生联合会代表团柯乐满、雅德、雷克难、傅路德一行 4 人对中国进行了为期 70 余天的访问。在访问延安期间，作为进步的国际学生组织，世界学联代表与陕甘宁边区青年就世界反法西斯斗争经验进行了交流，并专程访问了中国人民抗日军政大学，与抗大青年进行交流。世界学联的这次延安之行，不但加深了世界进步青年对中国青年的了解，而且还扩大了延安青年在国际上的影响力。1942 年 1 月4～6 日，由中国各族各界各派爱国青年组成的、共同反对日本法西斯侵略的首次盛会在延安召开，这次会议被称为“中国青年反法西斯代表大会”。这次会议是在国际上反法西斯斗争进入新阶段、国内抗日游击战争进入严重困难时期的背景下召开的。来自中国各少数民族、各界青年代表及朝鲜、蒙古和日本的进步青年代表参加了会议。会议通过了八大提案，并建立了中国青年反法西斯临时委员会。此次会议充分显示了中国青年的空前团结，扩大了中国青年组织反法西斯斗争的世界影响力，进一步增强了我国青年组织国际参与的意识。

---

① 《万国青年共产党写给上海社会主义青年团的信》，中国共青团网，http://www.ccyl.org.cn/695/gqt_tuanshi/gqt_ghlc/his_wx/his_wx_1922_1931/200704/t20070425_23842.htm。

1943年，青年共产国际随着共产国际的解散也宣布解散。青年共产国际作为国际共产主义青年运动的联合组织，对中国共青团的诞生、中国青年运动的发展产生了重要影响，对中国青年的抗日救亡运动给予了特别有力的支持。

综上所述，新民主主义革命时期青年组织的产生、发展与当时的社会背景、政治斗争和青年组织发展的特点密切相关，与当时的社会政治特点紧密相连。“大部分青年组织的兴起，都有直接的政治斗争原因，大部分青年组织的活动，都是直接服务于政治运动的需要。青年组织因政治而产生，为政治服务，接受某种政治领导，这几方面是相互联系和相互作用的，并集中地表现为青年组织政治性能强的特点。”①

二、社会主义革命和建设时期的青年组织功能

（一）社会主义革命和建设时期的青年组织

中国新民主主义青年团第一次全国代表大会的胜利召开，标志着中国青年有了自己的核心组织，中国青年进入了新的历史时期，中国青年组织的发展进入了一个新阶段。自此以后，中国新民主主义青年团成为青年组织的核心力量。伴随着中国社会主义建设的进程，也出现了一些特殊形式的青年组织。1954年，青年组织的一种特殊形式“木工青年突击队”在北京苏联展览馆工地诞生。青年突击队成立后，大幅度提高了工作效率，高质量地完成了工作任务。青年木工的出色表现，在青年中产生了广泛的影响和强烈的共鸣。在很短时间内，全国涌现出了各式各样的青年突击队，如“瓦工突击队”“水暖工突击队”等等。青年突击队的经验在全国推广，也得到了中央领导同志的高度重视，“在党中央的关怀下，在全国各地党政工团组织的直接领导下，青年突击队得到了迅猛发展。在第一个五年计划期间，仅各地基建工地的青年突击队就有7500个，参加人数达13.5万人”②。在工业战线上也涌现出了一大批“青”字号集体。“据一九五五年九月统计，全国工业战线上已有青年突击队1597个；青年班组2317个；青年节约队7613个；青年监督岗1122个。”③在农村广袤的土地上，青年团组织围绕党在农村的中心工作开展了有广泛影响力的青年劳动和组织活动。1954年3月，在河北省冀县红星农业生产合作社诞生了我国第一支青年生产队，接着全国各地陆续成立了一批青年生产队。“到1956年春天，全国在农

① 包志勤：《现代青年组织学》，中国青年出版社1991年版，第60～61页。

② 李玉琦主编：《中国共青团史话》，辽宁人民出版社1992年版，第139页。

③ 姚寿鹏：《试论五十年代青年团的独立活动》，《青运史研究》1985年第3期。

业生产合作社内建队的约有16万个，队员500余万人。”[①]青年生产队在革新耕作技术、修盖牲口棚、改进管理制度、提高劳动生产率方面发挥了积极作用。这些新型青年组织适应了我国当时经济发展的现实需要，为我国经济建设做出了巨大贡献。

在社会主义建设时期，全国青联组织积极开展社会青年工作、工商界青年工作、民族和宗教方面的青年工作以及青年知识分子的工作，取得了重大成绩。

(二)社会主义革命和建设时期青年组织功能

1. 社会主义革命和建设时期的政治参与功能

中华人民共和国成立后，党的工作重心由乡村转移到了城市，巩固政权和发展国民经济成为新中国成立之初中国共产党的首要工作任务。在新中国成立初期一系列的社会革命运动中，青年团组织充分发挥了先锋模范带头作用，如开展土地改革等社会运动。这些事例表明，青年团组织成为新中国成立之初中国共产党成功实现社会改革的有力助手。

1956年9月，中国共产党第八次全国代表大会的胜利召开标志着社会主义全面建设时期的开始，青年团组织也迎来了新的发展机遇。1957年5月至1966年4月间，青年团组织共召开了两次全国代表大会，分别是中国新民主主义青年团第三次全国代表大会和中国共产主义青年团第九次全国代表大会。但是从新民主主义青年团第三次全国代表大会提出的口号和三届二中全会到三届九中全会的主要报告中可以看出，发展生产、维护青年权益、组织青年开展学习和思想教育的主体功能并没有发生大的变化。胡耀邦在《团结全国青年建设社会主义的新中国》的报告中指出："在建设社会主义的伟大斗争中，我国青年的任务可以用三个口号来概括：积极劳动，努力学习，加强团结。"[②]三届二中全会到三届九中全会的主要文件也是围绕着青年团组织的上述功能进行任务阐述和工作布置。在1964年6月召开的中国共青团第九次代表大会上，胡耀邦作了《为我国青年革命化而斗争》的工作报告。面对当时的国内外形势，青年团组织的功能发生了较大变化。虽然这次会议提出了社会主义建设时期全国青年的伟大任务，但是"阶级教育为纲"以及"劳动是知识青年革命化的根本道路"的观点促使青年组织政治参与功能的根本转变。九届三中全会的指导思想和对青年提出的任务是"突出政治是青年工作的根本"。至此，社会主义全面建设时期的青年组织政治参与功能发生了根本性的转变。

---

① 李艳、戴裕民等编著：《共青团重大活动回顾(1949～1966)》，中国青年出版社2008年版，第56页。

② 《中国新民主主义青年团第三次全国代表大会》，中国共青团网，2006年11月8日。

2.社会主义革命和建设时期的经济参与功能

在取得抗美援朝胜利和社会改革运动初步完成后，党的中心工作开始转向发展经济、实现国家经济状况根本好转的轨道。毛泽东同志在七届二中全会上就指出："从中国境内肃清了帝国主义、封建主义、官僚资本主义和国民党的统治(这是帝国主义、封建主义和官僚资本主义三者的集中表现)，还没有解决建立独立的完整的工业体系问题，只有待经济上获得了广大的发展，由落后的农业国变成了先进的工业国，才算最后地解决了这个问题。"[①]组织青年发展生产成为以中国新民主主义青年团为核心的青年组织的中心任务。在为中国新民主主义青年团第一次全国代表大会的题词中，毛泽东主席就明确了青年团的功能的转变。他指出："同各界青年一起，领导他们，加强学习，发展生产。"[②]人民解放军总司令朱德在大会的题词中也清晰表明了青年团的时代功能："由于人民解放战争即将在全国范围内取得完全胜利，领导青年群众积极参加恢复和发展工业与农业生产，已日益成为新民主主义青年团的头等重要的任务。"[③]可以看出，新民主主义青年团在成立之初就已经有了清晰明确的功能指向，只不过在三年的特殊时期，青年团根据党的要求和工作方针发挥了特殊作用，而发展生产始终是过渡时期青年团组织的最重要职责，发挥了重要的经济参与功能。

1953年，在中国新民主主义青年团第二次代表大会闭幕后，各级团组织按照中共中央和毛主席的指示积极参加过渡时期总路线的各项经济活动。完成这样的工作需要大量的工人和工程技术人员，为了动员广大青年投身到祖国的经济建设中去，青年团中央向广大青年发出了"把青春献给祖国""一切为了社会主义""到祖国最需要的地方去"的号召。"从1953年全国各地相继开始了大规模工程建设以后，全国有几百万青年积极响应团中央的号召，参加了矿山和工厂的建设。青年成为社会主义建设的一支重要的生力军。"[④]

3.社会主义革命和建设时期的国际参与功能

中华人民共和国成立后，鉴于当时的国际背景，中国游离于许多重要的国际组织之外。与此不同的是，进步青年组织是国际和平运动的重要力量和参与者。我国的共青团组织是重要的参与主体，在国际上有广泛的影响力。从这一时期开始，无论我国青年组织的出访还是国外青年组织的来访，多以发展中国家为主。这一时期，中国共青团组织参加的重要国际活动如表3-2所示。

---

① 《毛泽东选集》第4卷，人民出版社1991年版，第1433页。

② 转引自秦云：《共青团历次全国代表大会简介》，《历史教学》1964年第6期。

③ 转引自秦云：《共青团历次全国代表大会简介》，《历史教学》1964年第6期。

④ 郑洸主编：《中国青年运动六十年》，中国青年出版社1990年版，第431～432页。

表 3-2　　1949～1956 年中国共青团组织国际重要参与活动一览表①

时间	活动主题	地点	出访/来访代表团	效果
1950 年 5 月 31 日至 6 月 4 日	参加世青执委会会议	柏林	吴学谦代表出访	保卫和平运动议题得到支持
1952 年 9 月 25 日	亚洲及太平洋区域和平会议	北京	团中央书记处书记胡耀邦出席	介绍中国青年运动概况，受到好评
1953 年 8 月 2～16 日	第四届世界青年与学生和平友谊联欢节	布加勒斯特	团中央书记处书记胡耀邦为团长的 400 人代表团	与 111 个国家的青年代表交流，取得了很好的效果
1954 年 8 月 9～15 日	世青理事会会议	北京	68 个国家 263 名代表参加	这是中华人民共和国成立后举行的最大规模的国际多边活动
1955 年 7 月 31 日至 8 月 14 日	第五届世界青年与学生和平友谊联欢节	华沙	团中央书记处书记罗毅率 730 余人的代表团	与 89 个国家的青年代表团进行了交流，加深了相互了解
1956 年 5 月 30 日至 6 月 7 日	亚非学生会议	万隆	团中央国际联络部副部长钱李仁率 15 人代表团	万隆会议后有 15 个国家 42 名学生代表来我国访问

进入社会主义全面建设时期，党和政府高度重视青年的国际交流活动，因此共青团中央成为中国扩大国际影响力的国际参与先锋。这一时期，我国共青团组织积极与各国进步青年组织和国际青年组织开展活动，通过电文等方式对国外青年的进步事业给予支持，对国外进步青年和青年组织受到迫害予以谴责，对国外青年组织召开的会议给予祝贺，等等。电文虽短，但加深了我国青年组织同国外政府青年组织或政党青年组织的联系，增进了彼此的信任和联系。我国共青团组织积极参加国际学联、世界青年代表大会、世界学生代表大会及国外青年组织的代表大会等等，同时我国青年组织也邀请国外青年组织来我国参观访问。大型青年组织的交流活动是促进青年交往的重要平台，也是展示我国形象、向国外传播我国声音的最佳时机。从中国共青团组织在这一时期国际参与的话题来看，多数是以政治议题为核心，兼有文化艺术类的活动参与。如声援国外青年组织反对独裁统治、反对种族歧视、反对帝国主义、反对新老殖民主义、反对霸权主义的正义斗争以及保卫和平等议题；又如在第六届世界青年与学生和平友谊联欢节中，我国代表团参加了舞蹈、哑剧、古典歌曲、流行歌曲、

① 参见《中国青年外事大事记》，http://www.ccyl.org.cn/695/gqt_tuanshi/gqt_ghlc/dwjl/dwjl_dsj/。

民族乐器演奏等88个节目，共获得83枚奖章（见表3-3）。

表3-3　1956～1967年共青团组织国际重要参与活动一览表[①]

时间	活动主题	活动地点	出访/来访代表团	效果
1957年7月28日至8月11日	第六届世界青年与学生和平友谊联欢节	莫斯科	团中央书记处第一书记胡耀邦率1200人组成的青年代表团	与80多个国家的代表举行了多边的联欢活动
1957年8月24日至10月	国外青年来访及参加国庆活动	北京	34个国家的900多名青年、学生代表来我国参观访问	增进了解，加深了友谊
1960年11月23日至12月22日	访问	北京	古巴等10国学生代表团一行16人来访	受到毛泽东、周恩来接见
1961年4月23日	纪念4月24日“反殖民主义斗争日”	北京	北京各界青年1500人集会	扩大了共青团组织的影响
1962年6月25日至7月22日	老挝青年代表团首次访华	北京	老挝青年代表团一行6人访华	促进了两国青年的交流
1963年4月17日至6月2日	出席国际学联执委会会议	阿尔及尔	团中央国际联络部副部长钱大卫率中国学生代表团一行6人	促进了与国际学联的交流
1964年9月16～23日	莫斯科青年论坛	莫斯科	团中央书记处书记王照华率中国青年代表团一行30人	促进了与苏联青年的交流
1965年8月24日至12月13日	首届中日青年大联欢	北京	日本38个青年代表团共400余人分两批访华	促进了中日青年的交流
1967年8月22日至10月5日	来访	北京	刚果(布)全国革命运动青年组织执委齐亚米·埃里率团14人访华	毛泽东主席会见了代表团

这一时期青年组织功能的变迁和转化与当时的国际局势、国内政治背景和党的路线、方针、政策息息相关。在这个时期，青年组织紧紧围绕党的中心任务做了大量卓有成效的工作，共青团组织的组织功能得到了充分发挥。

① 参见《中国青年外事大事记》，http://www.ccyl.org.cn/695/gqt_tuanshi/gqt_ghlc/dwjl/dwjl_dsj/。

三、改革开放以来的青年组织功能

(一)改革开放以来的青年组织

在中国共产党召开十一届三中全会之前,1978 年 10 月,中国共产主义青年团召开了第十次全国代表大会,这也是时隔 14 年之后共青团组织召开的一次具有转折意义的会议,标志着中断 12 年之久的共青团领导体系得以完全恢复,各级团组织开始了正常的组织生活和团队活动。1978 年年底,在北京召开的党的十一届三中全会开启了改革开放历史新时期,这是自新中国成立以来的历史上具有深远意义的伟大转折。中国青年组织从此进入了一个新的历史发展时期。

为了适应国家的经济建设的需要,1984 年共青团十一届三中全会通过了《关于在经济体制改革中充分发挥共青团作用的决定》,该决定要求青年团组织紧紧围绕经济建设这一中心,带领青年投身到改革的浪潮中来,鼓励青年创办各类集体、个体和服务行业组织。在农村,各级团组织帮助青年建立了专业户协会、科技示范户协会和科技咨询、信息服务以及商品生产的各种经济联合体等青年组织;在城市,根据经济社会发展的需要,共青团组织积极开展经济参与活动,积极组织青年建立"五小"[①]协会、青年科技攻关小组、青年企业管理小组以及青年承包队等青年组织。实践证明,这些青年组织在促进经济发展中发挥了突击队的作用。除了参与经济建设以外,青年团组织充分发挥自身示范功能,"引导青年从自己做起,树立变革的思想,勇于冲破阻碍改革的陈规陋习和条条框框,极大地振奋起积极的、向上的、进取的精神,并以这种精神状态去影响他人,带动社会,推动社会主义物质文明和精神文明建设的不断发展"[②]。改革开放以来,在特定社会制度的背景下,共青团组织实现了对其他青年组织的整合和引导,完成了中国共产党赋予的特殊使命。

(二)改革开放 40 多年来青年组织功能

改革开放 40 多年来,青年组织功能也在不断拓展和延伸。我国经济制度经历了"计划经济为主,市场调节为辅"阶段、"有计划的商品经济"阶段和"社会主义市场经济"阶段。共青团组织政治参与功能的形式发生了根本变化,经济参与功能持续拓展,文化参与功能引领青年发展,社会参与功能开创了新领域,

---

① "五小"的内容是小发明、小创造、小革新、小设计、小建议,这是 20 世纪 80 年代共青团中央发起的在企业团组织和青年中开展的生产竞赛。

② 共青团中央办公厅编:《党的十一届三中全会以来共青团重要文件汇编》,中国青年出版社 2001 年版,第 743 页。

国际参与功能取得新的突破。

1. 青年组织的政治参与功能

党的十一届三中全会提出全党的工作重点转移到社会主义现代化建设上来，这就要求共青团组织在工作内容、工作方法、组织方式等方面进行根本的变革。共青团中央认真学习和贯彻了党的十一届三中全会精神，从参加政治运动为主转到参加生产建设为主，从脱离青年学习、工作和生产的思想政治工作转为将思想工作同青年的学习、工作和生产相结合。新时期的青年团组织引导教育青年学文化、学科学、学技术，开展技术革新、技术革命，用一切方法提高劳动生产率，摆脱了“以阶级斗争为纲”的“左”的束缚，把工作重心转到了加快“四化”建设上。1980 年共青团十届二中全会进一步明确了新时期青年团组织功能，那就是：“服从四化，服务四化，更自觉地把团的工作重心转到经济建设上来；代表青年，教育青年，在维护国家、集体利益的同时，努力为青年办好事、谋利益；加强基层，狠抓落实，扎扎实实地把团的工作提高到新水平。”[①]“新长征突击手活动”是 20 世纪 80 年代最具有青年特色、最具有影响力的青年活动之一。这项活动把思想政治工作同劳动生产和教育活动相结合，开辟了新时期思想政治工作的新途径。“新长征突击手活动的广泛开展，体现了共青团工作在经济领域的逐步深入。”[②]“学雷锋树新风”活动是 80 年代最有影响力的青年思想教育主题活动之一，是继 60 年代学雷锋活动之后最有力的青年思想教育活动。“学雷锋树新风”活动的开展扭转了当时的社会风气，涌现出了一批“学雷锋树新风模范青年”，青少年的面貌焕然一新，社会风气得到了根本好转。

中国共产主义青年团第十一次全国代表大会紧紧围绕“四化”建设提出了青年团组织今后一段时间的工作任务，更加清晰明确地指出青年团组织应该发挥自身的特殊功能，把全国的青年紧密地团结在团组织周围，为建设“四化”奉献自己的青春。青年团组织要在各个领域做“四化”建设的突击队；教育青年学习文化科学知识，让青年成为“四化”建设的合格人才，通过开展各种实践活动成长为良好社会风气的带头者；加强团组织的自身建设，提高青年团组织的战斗力；改进团组织的工作方法，团结青年，积极为青年服务，让共青团组织成为密切联系青年群众的坚强核心。

共青团十三届三中全会到五中全会分别就“加强团的建设”“跨世纪青年文

---

① 团中央青运史档案馆编著：《改革开放三十年共青团工作纪事》，中国青年出版社 2009 年版，第 95 页。

② 团中央青运史档案馆编著：《改革开放三十年共青团工作纪事》，中国青年出版社 2009 年版，第 125 页。

明工程”“跨世纪青年人才工程”等任务进行了详细的阐述。“加强团的建设”主要从抓好青年服务体系的建设和基层组织的巩固、调整、发展两个方面来展开。“跨世纪青年文明工程”主要从“青年文化园”“青年文明号”和“青年志愿者”三个方面展开。“跨世纪青年人才工程”主要从“推广普及新知识新技能”“培养合格的青年劳动者”“培养开创21世纪大业的生力军”“造就优秀的青年科技和经营管理人才”四个方面展开。实施这些工程，为广大青年成长为现代化建设的中坚力量提供了很好的平台和发展机遇，是青年团组织在中国跨世纪发展过程中引领青年成长、引领青年成才的职责所系，也是党和政府联系青年、团结青年和教育青年的重要平台，真正起到了教育青年、引领青年、服务青年的作用。

21世纪是我国社会主义市场经济发展的关键期，共青团组织也迎来了新的发展机遇期。2003年7月和2013年6月，共青团分别召开了第十五次和第十七次全国代表大会。期间，共青团组织在继承中创新，在探索中寻求共青团组织发展的新方式、新途径，组织功能得到了全面的释放和发展，开创了共青团工作的新局面。引导教育青年，做好青年思想政治教育工作，是共青团组织的根本职责。共青团组织开展了不同的主题教育活动：认真开展了邓小平理论、“三个代表”重要思想和科学发展观的理论学习；以重大活动、重大节日和重大事件为契机开展了主题鲜明的教育活动；以社会实践为平台，开拓了青年思想教育的新途径；以改革开放和现代化建设中涌现出来的先进青年典型为样本，激励无数优秀青年脱颖而出；面对青年思想观念、社会构成、行为方式的多样化，面对青年所处时代的经济利益格局、社会生活方式以及就业岗位的多样化，面对青年所处时代的全球化、网络化和多元化以及国际形势的复杂化，共青团组织按照党的要求，注重研究新情况、发现新问题，创造性地开展工作。在这个过程中，当代青年始终坚持中国共产党的领导，树立了走中国特色社会主义道路的信念，凝聚了实现中华民族伟大复兴中国梦的力量，为成为中国特色社会主义事业的合格建设者和可靠接班人做好了思想准备。共青团组织成功实现了由革命型政党助手向执政党助手的转变，充分发挥了党联系青年群众的纽带作用，扩大了党执政的青年群众基础，成为国家政权的坚强后盾。总体来看，共青团组织政治参与功能的核心地位没有改变，但政治参与的形式发生了巨大变化。

2.青年组织的经济参与功能

经济体制的改革促进了共青团事业的发展，也拓宽了共青团联系青年、服务青年和引导青年的视野，开阔了共青团组织的工作思路。1989年成立了中国青少年发展基金会(该基金会由共青团中央组建)。该基金会积极开展了以“希望工程”命名的救助农村贫困失学儿童活动，在社会各界和海外人士的支持下，

“希望工程”获得了巨大成功，成为团中央的品牌项目。与此同时，相继出现了由共青团中央组建的中国青年旅行社、中日青年友好交流中心等一些团办经济实体，这些经济实体根据各自特点开展了一系列经营活动，在经济效益和规模上取得了重要突破。这些实体的出现促使共青团组织直接进入经济建设主战场，使一批有才华的青年脱颖而出，同时也增强了共青团的经济实力。在以经济建设为中心的指导思想的影响下，共青团组织的经济参与功能进一步显现。社会主义市场经济逐步建立后，在经济发展的各个领域也逐渐看到共青团组织的身影；共青团组织逐渐融入经济建设中，充分发挥了突击队作用，在解决青年群体就业、促进青年组织经济参与方面发挥着核心作用。

共青团组织经济参与主题活动如表 3-4 所示。

表 3-4　　共青团组织经济参与典型主题活动一览表

日期	经济参与活动主题	效果
1979 年 3 月	在全国青年中开展“争当新长征突击手”活动	到 1981 年，县级以上表彰的“新长征突击手”达 100 多万人
1982 年 5 月	全国农村青年学科学、用科学经验交流会	涌现出许多靠科学种田致富的青年
1983 年 4 月	在全国青年职工中开展“五小”智慧杯竞赛活动	实现“五小”成果 40 多万项，为国家和企业创造经济效益上亿元
1984 年 1 月	在全国农村开展“一团两户”①活动	这项活动使广大农村青年开阔了眼界，找到了致富门路，学到了致富技术，走上了致富之路
1985 年 1 月	在全国农村开展“两户一体”②活动	农村青年商品经济意识越来越强，越来越多的青年脱离农村产业，走向其他生产领域
1985 年 2 月	创办中国青年企业管理者协会	为青年管理人员搭建了快速成长的平台，为共青团组织工作延伸了手臂
1985 年	东西互助活动	促进东部城市的先进技术、人才和信息与西北、西南地区的资源相结合，取得了良好的社会效益
1985 年	为重点工程献青春活动	充分调动了青年的积极性和创造性，极大地促进了重点工程建设
1985 年 6 月	实用技术培训活动	这项活动推动了传统农村生产结构的调整和商品经济的发展，使一大批青年通过实用技术走上富裕之路

① “一团两户”是指勤劳致富报告团和发展青年专业户、科技示范户。

② “两户一体”是指青年专业户、青年科技示范户、青年经济联合体。

续表

日期	经济参与活动主题	效果
1987 年	脱贫致富"小开发①"活动	这项活动促进了共青团组织农村工作的开展，也为共青团组织经济参与提供了新途径
1988 年 8 月	培养"青年星火带头人"活动	这项活动促进了共青团组织经济参与方式的转变，特别是依靠科技进步和提高劳动者素质意识的转变，使团的经济参与功能进入了新的发展阶段
1989 年 9 月	"青春在旅游业中闪光"的主题活动	活动激发了旅游业中广大青年的工作热情，提高了他们的业务素质，同时也收到了较好的经济效益
1990 年 1 月	首届青工技术大赛	此次活动为青年人提供了展示技术才华的舞台，也丰富了共青团组织经济参与的形式，促进了和青年的沟通交流，体现了共青团的青年工作的一种形式创新
1994 年 1 月	青年岗位能手	"九五"期间，该项活动培养了大量的青年岗位能手和各行业、各工种的青年技术带头人，为国家储备了大量的青年技术人才
1996 年 1 月	中国杰出青年农民评选活动	该活动树立了一批立足农村、艰苦创业、勇于创新、奋发有为的青年农民典型
1999 年 1 月	青年创新创效活动	通过创新创效实践，青年职工的创新意识和创新能力得到明显提高
2000 年 3 月	青年企业家西部行活动	该活动配合"西部大开发"战略的实施，丰富了共青团参与西部大开发的形式，为东部青年企业家提供了新的事业发展空间

从表 3-4 来看，共青团组织践行了"党有号召，团有行动"的宗旨，经济参与活动适应了当时经济发展的需要、青年人的需要和青年组织的需要，极大促进了当时的经济发展。但 1994 年以后，共青团组织新开展的经济参与主题活动相对较少，这与我国企业经济关系市场化、企业行为自主化导致的企业共青团组织的号召力逐渐削弱有关；也与我国青年跨地区、跨行业、跨所有制流动日趋频繁，很多青年团员游离于团组织之外，工作对象难以确认和实现有效管理有关。

3. 青年组织的文化参与功能

共青团组织坚持用先进的文化教育青年、引领青年、凝聚青年，倡导文明的

① "小开发"是指：办小农场、小牧场、小林场、小果园、小渔场、小加工厂、小运输业、小建筑业、小服务业、小矿业。

社会风气，在促进社会主义和谐社会建设中展示了当代青年风采。我国政府没有设置管理青年事务的专门机构，因此，共青团组织承担着教育青年、引导青年、凝聚青年和服务青年的任务。当前及未来国家之间的竞争在某种程度上是青年之间的竞争，青年在实现中华民族伟大复兴的进程中肩负着重要的责任和使命。广大青年只有坚持中国特色社会主义文化的基本立场，青年文化才有正确的发展方向，共青团组织的文化参与功能才能得到体现。共青团组织自成立之日起就是中国主流文化的积极倡导者和传播者，在民主革命、社会主义建设、改革开放的各个历史时期，共青团组织都用主流文化教育青年、引导青年、凝聚青年和团结青年。改革开放以来，共青团组织对团干部、团员和普通青年开展了中国共产党执政党理论体系、中国特色社会主义制度体系以及中国特色社会主义道路体系等方面的主流文化的宣传。共青团组织充分利用自己的组织优势，对在校大学生以及企业、城市和农村等地青年群体进行有效、多层次、立体式的主流文化传播，也形成了多种文化品牌(见表 3-5)。

表 3-5　　共青团组织青年部分文化品牌建设情况

起始时间	品牌栏目	发起单位	文化主题
1998 年 1 月	乡村青年文化节	共青团中央	激发农村青年热爱祖国、热爱家乡、建设社会主义新农村的内在热情
2004 年 6 月	“青春中华”中国青年文化周	共青团中央	弘扬民族精神，致力振兴中华
2004 年 10 月	“青春中华”中国青少年读书周	中宣部、团中央	传承中华文化，立志学习成才
2004 年 10 月	“青春中华”中国青年服装时尚周	中宣部、团中央	弘扬中华服饰文化，引领青年时尚潮流
2004 年 11 月	“青春中华”中国青年欢乐节	团中央，中共海南省委、省政府	青春中华，欢乐海南
2004 年 11 月	全国青年时代风采电视大赛	团中央、全国青联	学习、创造、奉献
2004 年 8 月	“感动中国”青少年网络短信作品大赛	团中央、全国青联	祝福祖国 感动青春
2005 年 11 月	中国青少年发展论坛	中国青少年研究会	青少年成长发展重大问题
2006 年 6 月	“我与祖国共奋进”青年文化广场	团中央、全国青联	我与祖国共奋进

续表

起始时间	品牌栏目	发起单位	文化主题
2014 年 3 月	“青年好声音”网络文化行动	团中央	网络空间唱响青春正能量
2014 年 5 月	“向上・向善”中国青少年微电影大赛	团中央	向上，向善

实践证明，广大青年高度认同党和政府改革开放 40 多年所走的中国道路，亦为中国所取得的辉煌成就欢欣鼓舞，更加坚定了走中国特色社会主义道路的信念，广大青年在中国特色社会主义文化建设中发挥生力军作用。用中国共产党执政意识形态形成的主流文化武装青年、教育青年，培养社会主义合格者和接班人，确保社会主义后继有人，是共青团组织本质职责所在。

4. 青年组织社会参与功能

经历了社会主义革命、社会主义建设和改革开放各个历史时期的发展，共青团组织已经形成了全方位参与的发展格局。只有把不断拓宽联系青年的渠道、提升组织青年的能力、提高服务青年的水平、满足维护青少年权益的要求作为实现社会参与功能的重要途径，才能更好地促进共青团组织融入社会治理中，才能履行好、完成好党赋予共青团组织的根本任务。党的十七大报告指出：“支持工会、共青团、妇联等人民团体依照法律和各自章程开展工作，参与社会管理和公共服务，维护群众合法权益。”①根据社会发展中青年群体出现的一些问题，特别是青年问题社会化和社会问题青年化的发展趋势，结合工作实际，共青团组织加强了公共服务职能的建设，从解决青年发展最关心的问题入手，建立了各种服务平台，构建了多层次的青年社会事务服务体系，拓宽了青年的心理诉求和价值诉求的形式和渠道。共青团组织在社会服务方面还有更广阔的平台和空间。

多年来，共青团组织在社会参与方面探索出了很多模式和方法，形成了很多工作品牌，为促进社会和谐和青年发展做出了重要贡献。我国青年志愿服务从无到有，从小到大，逐渐形成了专业化、职业化、长期化的发展格局，取得了令人瞩目的成绩。1994 年 12 月 5 日，中国青年志愿者协会的成立标志着共青团组织的志愿服务进入制度化轨道。20 多年来，中国青年志愿者从最初 1993 年 12 月的 2 万人发展到 2013 年 12 月规范注册的 4043 万人；服务领域从最初的“京广线开展为旅客送温暖志愿服务”到目前的“社区服务、扶贫济困、助老助

① 《胡锦涛文选》第 2 卷，人民出版社 2016 年版，第 636 页。

残、西部开发、大型活动、环境保护、抢险救灾、社会管理、文化建设、海外服务等领域”;组织机构从共青团组织发展到行业系统、企事业单位和高校系统的青年志愿者协会或者青年志愿者联盟。截至2013年年底,“团组织在全国各省(区、市)、主要行业系统以及所有市(地、州、盟)、2763以上的县(市、区、旗)和2000多所高校建立了青年志愿者协会,并建立了13万个志愿服务站(基地),形成了比较完善的志愿服务组织体系”①。青年志愿服务在各种项目活动中形成了自己的品牌(见表3-6)。

表3-6　青年志愿服务品牌建设情况

起始时间	品牌栏目	志愿服务领域	服务效果
1994年7月	大中专学生志愿者暑期文化、科技、卫生“三下乡”活动	深入农村和受灾地区开展文化、科技、卫生服务,推广农村实用技术等活动	引导青年学生认识国情、了解社会,在服务农村经济建设和社会发展中全面提高了素质
1996年9月	中国青年志愿者扶贫接力计划	中西部地区的教育、农业科技推广、医疗卫生	缓解了中西部贫困地区人才缺乏的困境,提高了当地教育等方面的水平;广大青年志愿者增长了才干,自身素质得到了提高
1998年6月	研究生支教团	西部中小学教育	中西部贫困地区基础教育得到快速发展,培养出了知国情、讲奉献、高素质的复合型青年人才
1999年6月	保护母亲河“中国青年志愿者绿色行动营计划”	开展植树造林、沙漠治理、水污染整治、清除白色垃圾等环保志愿服务活动	建设5700多个示范工程,吸引5亿多人次青少年参与各类生态环保实践活动,凝聚更多建设美丽中国的青春力量
2002年6月	中国青年志愿者海外服务计划	集中在亚洲、非洲、拉丁美洲的汉语教学、体育教学、医疗卫生、信息技术、农业技术、土木工程、工业技术、经济管理、综合培训、社会发展等方面	增进了中外友好关系,产生了积极的国际影响,树立了负责任大国形象,开辟了援外工作新途径,培养了大批优秀青年

① 共青团中央、中国青年志愿者协会:《中国青年志愿者行动20年报告》,《中国青年报》2013年12月5日。

续表

起始时间	品牌栏目	志愿服务领域	服务效果
2006 年 4 月	社区志愿服务和谐行动	社区扶贫帮困、就业援助、老年帮扶、残疾人救助、青少年教育、群众文化、科学普及、医疗卫生等服务	满足了社区居民的需求，为构建和谐社区做出了贡献；广大青年积极参与社区建设和社区服务，凝聚了青年群体参与社会和谐建设
2010 年 5 月	共青团关爱农民工子女志愿服务行动	在全国城乡广泛开展学业辅导、亲情陪伴、自护教育、爱心捐赠等志愿服务	为青年农民工切实解决了实际问题
2015 年 2 月	青年志愿者服务春运“暖冬行动”	围绕引导咨询、秩序维护、重点帮扶、便民利民、应急救援等五个方面开展服务	展示了青年志愿者的风采，志愿者在社会实践中增长了才干，传递了社会正能量，收到良好的社会效果
2015 年 4 月	中国青年志愿者护水志愿服务行动	深入学校、社区、企业、乡村，广泛宣传开展人人节水行动	青年群体的节水、护水意识明显提高，志愿服务受到赞誉

从以上志愿服务的品牌活动来看，活动内容涉及社会领域多，覆盖面广，影响大，社会反响好，为社会进步、经济发展和民生改善做出了积极贡献。从青年志愿者的参与效果来看，自 2001 年实行正式注册制度以来，青年志愿者参与人数年年递增，职业范围逐步扩大，专业化趋势明显增强，青年社会精英和青年领袖逐渐增多。“经过各级共青团 20 年坚持不懈的努力，‘奉献、友爱、互助、进步’的青年志愿者精神成为广大青少年与社会各界普遍接受的主流价值和生活时尚。”[①]广大青年在参与社会实践中，了解了中国国情、社情和民情，在服务和奉献中向人民学习、向实践学习，促进了广大青年综合素质的全面提高。特别是经过社会实践的砥砺磨炼，青年志愿者有了更明确的世界观和人生观、价值观，他们用实际行动践行和传播社会主义核心价值观，其中涌现出一大批党代表、“五四青年奖章”获得者、“感动中国年度人物”、全国道德模范等优秀青年，青年志愿者的思想引领和示范作用得到青年的广泛认同。从社会效益来分析，青年志愿服务为解决“党政关注、社会急需”的社会领域问题提供了范式，为解

① 共青团中央、中国青年志愿者协会：《中国青年志愿者行动 20 年报告》，《中国青年报》2013 年 12 月 5 日。

决社会中的青年问题提供了思路，在解决社会关注问题方面取得了积极成效，为促进和谐社会建设、促进社会文明、倡导社会新风尚等方面发挥了政府不可替代的作用。从共青团组织的社会参与功能分析来看，共青团组织能够很好地把政治参与功能运用到社会参与当中，强化了社会参与功能，实现了政治功能的有效转化，体现了社会发展的时代特征，也充分展示了共青团组织作为党的助手和后备军的组织力量。共青团组织通过高度社会化的志愿服务实现了对当代青年的有效引导和青年工作的有效覆盖，增强了共青团组织对社会各界青年的凝聚力和吸引力，为组织在新时期的发展、增强共青团活力提供了解决路径。共青团组织的志愿服务为青年组织参与社会治理、解决社会矛盾和社会难点问题探索出了很好的工作模式。

5.青年组织的国际参与功能

改革开放以后，我国共青团组织国际参与事业全面恢复。与改革开放前30年不同的是，我国共青团组织的国际参与随着国际格局的演变、对外政策和国家经济制度的变迁发生了全面、深刻的变化。以意识形态斗争议题为主的国际参与渐渐退出历史舞台，青年组织的文化、体育、艺术等交流逐渐增多；以东西方对抗为主的青年学生运动时代已经结束，第三世界政治性青年组织逐渐衰退，非政治性的青年组织大量涌现，青年组织国际参与的格局发生了根本性的改变。1985年，来自五大洲46个国家和12个国际组织、国际机构的61个代表团(包括中国代表团)，共计370人参加了在北京等地举行的“亚太地区青年友好会见”活动。此次活动也标志着我国青年组织在新时期国际参与工作的全面开始。以此为开端，我国青年组织的国际参与实现了由意识形态斗争参与为主向政治、经济、文化等全方位参与的转变。20世纪90年代以后，我国共青团组织适应经济体制改革的新要求，国际参与功能进一步凸显。青年组织开始积极开展双边或多边组织活动，特别是积极参与联合国的有关青年议题活动。1995年12月，联合国大会通过了《到2000年及其后世界青年行动纲领》。为了积极落实《纲领》的决议，共青团组织积极开展各领域务实合作，取得了多项合作成果。主要涉及的领域包括：青年就业创业、青年环保、消除青年贫困、青年志愿服务、青少年健康、青年人力资源开发、青少年权益保护、青年信息等。落实联合国青年议题是中国共青团组织全方位、开放性实施国际参与的媒介。我国共青团组织的国际参与逐渐形成了双边、多边、全方位和多领域的开放参与格局。

改革开放后30年的国际参与是在经济全球化背景下的全方位的国际参与，这是由经济全球化、信息化和网络化及我国经济社会发展现状决定的。因此，我国共青团组织的国际参与脱离不了时代背景。在全球化和互联网的推动下，很多青年社会组织与国外民间组织建立了合作机制，开展项目合作，取得了积极成果。2002 年,"中国青年志愿者海外服务计划"正式启动和实施,标志着我国的青年志愿服务开始走出国门。此次活动派遣了 5 名志愿者首次赴老挝开展中文教学、英文、计算机、医疗等方面的志愿服务,获得了成功。

第二节 改革开放以来青年社会组织功能的发展脉络

在社会主义革命和建设时期,中国共青团组织始终占据青年组织的核心地位,任何一个青年组织都无法与之抗衡,其组织影响力深深烙在每一位中国青年的心中。改革开放以后,以市场需求为主导的体制逐步建立,一些新兴青年社会组织大量涌现,吸引了大批青年加入其中。青年社会组织的功能也逐渐由单一的社会参与向政治参与、经济参与、文化参与、国际参与等方面转换。青年社会组织功能的实现与我国青年组织功能的实现紧密相连,因此了解清楚青年社会组织的发展历史,青年社会组织功能发展的历史脉络也就清晰可见。

一、改革开放以来青年社会组织的发展脉络

改革开放以后,随着经济体制的不断变革,许多青年从体制中的"单位人"逐渐变为社会组织中的"社会人"。青年群体的价值取向、生活方式和结构层次也都呈现一些新的特征。青年群体的流动性成为这个时代的显著特征,由此也带来了很多青年问题和青年的社会问题,青年社会组织因此而蓬勃发展。20 世纪 80 年代中期,商品经济进一步发展,改革开放进一步深化。在农村,集体经济已转向个体经济,乡镇企业蓬勃发展,冲击着城市工业格局。在城市,国有企业开始试点租赁制、股份制和承包经营责任制等多种形式,私营企业、外资企业和个体工商户的出现打破了城市原有的工业格局。在此背景下,各种利益阶层开始出现,多种文化思潮也冲击着青年的传统文化价值取向,物质利益与精神追求已成为青年心中博弈的对象;青年群体的多维诉求开始出现,基于不同利益和需求的青年社会组织也应运而生。在城市,围绕经济建设和企业改革的青年社会组织和青年协会相继建立,如 1985 年成立的青年企业管理者协会,就是为适应当时的经济体制改革、改善企业经营管理、适应企业现代化而成立的具有官方性质的青年组织。该组织以及各省市成立的相应的青年组织在企业管理改革、促进"四化"建设方面发挥了重要的经济功能。在大学,"文学热"席卷整个校园,文学社团、诗社遍地开花,有的地区还成立了大学生文学联合社团,在那里,同学们感受到了青春的活力。80 年代出现的校园文学社团促进了民间文学社团的发展,对当代文学的发展以及社会文化都产生了深远的影响。由于各种社团和组织的存在,大学里面的各种兴趣协会也是大学生竞相加入的组

织，校园社团和青年组织成为校园文化的一道靓丽风景线。农村经济体制改革给农村带来了前所未有的生机，乡镇企业的崛起给农村经济发展注入了新的活力。农村的青年种植协会、青年养殖协会以及乡镇企业协会伴随着农村经济改革的进一步深化而开始起步，大部分青年协会得到了各级团组织的支持和引导。这一时期是青年社会组织逐渐发展的时期，在以经济建设为中心的总目标下，青年社会组织在社会的经济建设、文化建设方面发挥了重要作用。

社会主义市场经济的建立和快速发展，引发了青年群体思想意识以及价值取向的深刻变革，政府需要解决青年最直接、最关心、最现实的需求。在此背景下，青年社会组织开始迅速发展。以青年自组织、网络社团及各专业协会为代表的青年社会组织迅速成长，以服务青年为主的青年社会组织大量涌现，其中包括在民政部门注册的合法的青年组织或青年社团，也包括大量的所谓的“青年自组织”和没有注册的以大中学生为主的活动性青年社团。这些青年组织结构松散、组织目标各异、形式多样，在一定范围和领域内对青年形成了较强的吸引力，在教育青年、引领青年文化、服务青年、凝聚青年、参与社会经济建设和社会建设方面发挥着政府不可替代的作用，已成为社会经济发展中不可忽视的重要力量。

在共青团的十七大报告中已经不使用“青年自组织”的概念，“青年社会组织”成为共青团的正式用语。“注重加强对青年社会组织的联系、服务和引导。要了解把握青年社会组织的信息和动态，加强联系沟通，为青年社会组织开展活动提供信息、阵地等方面的服务并开展工作项目合作。”[①]青年社会组织已成为共青团组织、全国青联组织之外非常重要的青年组织。

新兴的青年社会组织已成为共青团组织工作的重要对象，合作和竞争是两个组织之间的基本关系。对于青联组织来说，与青年社会组织更多的是合作关系。其主要原因有以下几点：一是青联组织的主要工作职责就是做好青年爱国统一战线工作，最大限度地团结海内外各族各界青年坚持走社会主义道路，为实现中华民族伟大复兴的中国梦凝聚青年群体力量。二是青年社会组织已经是青联组织的一个组织界别，已成为青联组织中的一员。青联组织联系青年社会组织是自己的职责所在，也是组织发展目标共同指向使然。三是从现实的青年群体日益多样的思想观念、不断分化的群体结构和复杂的利益格局来看，做好青年爱国统一战线工作成为非常紧迫和重要的任务。而青年社会组织是青年群体最喜爱的青年组织之一，加强与青年社会组织的合作能够最大限度地团

① 秦宜智：《高举团旗跟党走 奋力实现中国梦——共青团十七大报告》，《中国青年报》2013 年 6 月 18 日。

结青年群体，从政治吸纳、经济参与、文化引领、社会参与等多方面进行组织渗透和整合，扩大青联组织的影响力。青年社会组织在与青联组织合作的过程中也能够赢得青联组织的资源支持，增加青年社会组织的社会认可度，从而为青年社会组织的发展创造良好的社会环境和外部氛围。

有关学者也对青年社会组织与共青团组织之间的关系进行了研究。黄婷婷指出："对共青团而言，对青年社会组织的基本态度应当是合作与融合，在青年群众工作领域应视其为竞争对手，在参与社会领域应视其为合作伙伴。应当以扶持、帮助青年社会组织的方式来实现对青年社会组织的引导、融合、同化。既要尊重青年社会组织的主体地位和平等的身份，又要探索多种形式、渠道和途径的介入，并且这种介入应当是非强制的、受欢迎的。"[①]有的学者指出，共青团组织拥有天然的外部资源优势，青年社会组织可以通过和共青团组织的合作，拓展青年社会组织资源整合和对外联络的能力。还有的学者认为，共青团组织应从单一的政治功能向多功能的青年社会型组织转型，最大限度地扩大党的青年群众基础。从专家的观点来看，共青团组织和青年社会组织是一种合作关系。

从共青团组织发展的现实情况来看，共青团组织在新的历史时期遇到了很多困难：很多青年群体游离在共青团组织之外；青年社会组织大量出现，共青团组织吸引青年群体的能力降低；共青团组织本身的"机关化""行政化""贵族化"和"娱乐化"没有得到根本的改善；在国内外环境发生了较大变化的情况下，共青团组织还没有找到适应环境的途径。从现实情况来看，共青团组织加强与青年社会组织的联系已成为共青团组织实现自身发展的必然之路，也是青年社会组织生存的需要。两者应是一种服务、引导、合作和竞争关系。

共青团组织应做好对青年社会组织的服务和引导工作。青年社会组织的出现是一种不可逆转的潮流，也是青年群体实现自己精神价值的重要平台，深受青年人的喜爱。面对来势汹涌的青年社会组织，共青团组织应认真分析青年社会组织的发展和运行规律，利用自身天然的政治资源优势、人力资源优势和物质资源优势，为青年社会组织的发展提供资源保证和优质服务。共青团组织的服务和引导有助于青年社会组织的生存，也有助于共青团组织的自我革新和发展。对青年社会组织来说，接受共青团的引导和服务有利于青年社会组织发挥政治参与和经济参与功能，特别是在解决青年就业方面发挥特有的优势；对于共青团组织来说，引导和服务于青年社会组织为共青团组织开展工作拓展了手臂和空间，为自己联系青年群体拓展了渠道，更是为发挥自己的政治参与功

① 黄婷婷：《我国青年社会组织发展趋向探析》，《中国青年社会科学》2016年第1期。

能、经济参与功能、文化参与功能和社会参与功能构建了新模式，为共青团组织实现自身内部改革提供了新的契机。

共青团组织和青年社会组织也是合作和竞争关系。共青团组织和青年社会组织的合作是双方组织发展的利益要求，两者之间的竞争是组织生存的要求。从组织合作关系来看，共青团组织要通过青年社会组织寻求和扩大联系青年群体的渠道，借此赢得广大青年群体的组织认同、理念认同和政治认同，完成共青团组织的最重要政治使命，使得共青团组织的政治性始终是组织发展的核心基因。从组织竞争关系来看，赢得青年群体的信任、认可乃至追随，都是两个组织生存发展的重大课题。在经济社会转型时期，产生了大量游离于各种组织之外的青年群体，这些"无组织"的青年群体是社会发展的不稳定因素。政府会壮大青年社会组织，激发社会发展活力，实现"无组织"青年群体的"再组织化"。对于共青团组织来说，赢得青年群体是其组织的政治使命。因此，青年成为共青团组织和青年社会组织共同争夺的对象；共青团能否成为青年社会组织的核心组织不是行政命令能够推动的，而是在与青年社会组织的竞争和合作中自动生成的。

二、改革开放以来青年社会组织功能的发展脉络

（一）"计划经济为主，市场调节为辅"时期的青年社会组织功能

这一时期的青年社会组织功能依附于共青团组织，青年社会组织还没有找到自己的发展路径。改革开放后，以共青团为核心的青年组织充分发挥了其政治功能优势，利用其特殊的政治地位，培育和发展了以共青团为核心的外围青年社会组织，这些组织带有明显的政治色彩，接受共青团管理，在改革开放初期的社会风气扭转、"四化"建设方面发挥了青年突击队的作用。因此，这个时期的青年社会组织的功能基本上是共青团组织功能的进一步强化，青年社会组织还没有具备独立的社会参与功能。

（二）社会主义商品经济体制时期的青年社会组织功能

20 世纪 80 年代中期以后，青年社会组织开始兴起，青年社会组织的经济、文化及社会参与功能开始显现。在经济参与功能方面，农村集体经济解体的同时，需要合作互助来解决农业方面的若干问题，各种农村青年协会组织的出现为促进农村经济发展做出了贡献；城市中各类青年社会组织的出现，一方面有力促进了非公有制经济组织的发展，另一方面也对青年群体的就业做出很大贡献。在文化参与功能方面，青年社会组织对青年群体的文化价值取向产生了重大影响，大学里面的各种协会和社团成为校园文化的重要传播者，青年社会组织的文化参与影响力开始显现。在社会参与功能方面，以志愿服务为核心的青

年社会组织开展了形式多样的志愿服务，为探索社会组织参与社会管理提供了思路。这一阶段的青年社会组织功能还处于萌芽阶段，其组织功能的影响力还非常弱小，并没有引起政府和社会的高度关注。

（三）社会主义市场经济体制时期的青年社会组织功能

在社会主义市场经济体制建立和完善的过程中，青年群体所处的单位体制的衰微促使青年社会组织快速发展。“从调研数据来看，青年社会组织成员中，在校学生所占比例最高，达26.8%，非公有企事业单位员工所占比例位居其次，占 23.3%，如果加上自雇佣者和无业人群，从职业构成的角度来说，体制外青年所占比例最高，达到 34.2%。由于高校学生处于非就业状态，因此，如果考察青年社会组织中处于就业状态的成员构成，体制外就业青年约占 54%。”[①]这一时期，青年社会组织功能得到全面发展，主要有两方面原因：一方面是得力于青年社会组织本身的成长力，特别是来自青年群体的吸引力。社会主义市场经济体制的建立以及世界多极化、经济全球化和信息化的到来深度影响着青年的世界观、人生观和价值观。这一时期，青年群体强烈感受到了来自传统文化的“内力牵引”和外来文化的“外力牵拉”，感受到了物质生活满足后的精神困惑和内心迷茫，感受到了网络环境下思维方式的快速转换所带来的种种疑惑。这一时期，改革开放的范围进一步扩大，社会经济快速发展，由此引发了社会结构的变化以及社会需求的变化。这一时期，青年群体需要找到能够体现自己生活方式、思维方式和行为方式的舞台，需要找到展现自己个性特点、发挥自己特长和实现自己个人价值的场所。另一方面是得力于共青团和全国青联组织的大力帮助。中国共青团和全国青联组织是青年组织的一种特殊形式，其组织功能也属于青年组织功能发展的范畴，但还具有一些特殊的属性。其特殊性在于共青团组织和青联组织发展于特殊的体制背景和时代背景，具有中国特殊的政治基因。可以看出，青年社会组织吸引了大批体制外青年，共青团组织和青联组织必将受到影响，其组织功能也会因此发生拓展和延伸。因此，青年社会组织的功能与共青团组织和青联组织的功能存在着一定的关联性，这种关联性不是单方面的联系，而是双方互相需要的必然结果。

总起来说，青年社会组织功能发展历史虽然较短，但经历了一个从无到有、从小到大、从单一到复合的渐进过程。青年社会组织的政治参与、经济参与、文化参与、社会参与和国际参与功能伴随着社会主义市场经济体制的逐步完善而全面发展起来。

---

① 刘俊彦主编：《青年与青年社会组织》，中国青年出版社 2014 年版，第 6 页。

第四章　改革开放以来我国青年社会组织功能及其实现状况

改革开放以来，特别是在中国经济社会全面快速发展、社会加速转型和社会组织大量涌现的背景下，我国青年社会组织呈现多样性的发展态势，青年自组织、青年草根组织以及各种青年社团组织蓬勃发展。这些青午社会组织都是我国改革开放和社会主义市场经济推动下的时代产物，是社会组织发展不可阻挡的潮流。有关青年社会组织的界定没有统一的说法，但可以肯定的是，青年是青年社会组织的主体，青年社会组织也是社会组织的一种形式。我国青年社会组织在联系青年、凝聚青年、服务青年方面发挥着越来越重要的作用。青年社会组织在政治参与、经济参与、社会参与、文化参与和国际交流等方面取得了重要成就，但也遇到了发展困境。

第一节　改革开放以来我国青年社会组织取得的成就

改革开放以来，中国社会经济的发展引发了青年群体对经济体制改革以及整个社会发展的关注，特别是伴随经济全球化、网络化和信息化时代的到来，青年群体通过青年社会组织走上全面参与的道路，青年社会组织功能得到全面发展。党的十八大以来，党和政府高度重视青年社会组织功能的发展，希望青年社会组织能够在实现中国梦的征程中团结和凝聚青年群体。青年社会组织也积极发挥自己的参与功能，紧紧把握当代青年运动的时代主题，主动适应经济社会发展的深刻变革和青年群体的时代需求，为党联系青年群众发挥了桥梁和纽带作用，在组织功能参与方面取得了重要进展。

一、政治参与功能：青年社会组织找到了政治参与路径

青年社会组织发展历史较短，其组织参与的起点是社会领域。“改革开放以前的青年参与是以有组织的政治参与为主的，青年参与的历史汇成了我国青年运动的历史。一方面，早期的青年参与大多是在党团组织的领导下有组织地进行的，而没有太多的青年个体为了个人的利益（包括政治的、经济的、文化的）而进行的参与行为。他们表达和争取的不是整个社会的利益，就是青年作为群体（而非个体的）的利益。另一方面，早期的青年参与主要是一种政治参与。”① 可以看出，我国青年组织的政治参与有着独特的条件和历史背景，社会的发展形势和时代背景促使青年组织必须以政治参与为核心，通过政治参与实现组织的发展。青年社会组织发端于社会领域，但面对我国政治体制的现实需要和国情，脱离政治参与或远离政治参与都无法使青年社会组织长久生存下去，因此青年社会组织必须在政治参与领域找到自己的发展路径。“当组织面临变化的环境时，它若想生存，就必须减弱它对最初职责的承诺。当组织趋于成熟时，它就不拘泥于自己的一套。”②

（一）引领青年社会组织实施政治参与是共青团组织实现政治参与的需要

政治参与功能是共青团组织的核心功能。无论社会如何发展，时代如何变化，共青团组织充分发挥其政治参与的核心功能不能改变。在新的历史时期，面对青年群体复杂的情况，共青团组织积极向农村青年、城市青年、企业青年和大学生群体宣传党的方针、政策和路线，坚定了青年跟党走的决心和意志，巩固了党的青年群众基础，出色地完成了党交给的任务。“尽管共青团组织定位和属性不会发生变化，但是其具体职能、工作重心在不同历史时期有所不同，必须根据党政工作中心和经济社会发展大局加以调整。”③因此，在新的历史时期，共青团组织积极参与经济建设、社会治理、文化活动及国际参与活动，不但没有削弱共青团的政治性功能，反而提升了共青团组织在青年群体中的地位和声望，为经济社会建设汇聚了青年力量。共青团组织功能的拓展是组织自身适应时代变化的要求，也体现了共青团组织的一种责任担当。

团结和凝聚青年是重要的政治任务。共青团组织是在中国共产党领导下

---

① 田科武：《中国青年参与：历史与现实》，《青年研究》1994 年第 1 期。

② ［美］理查德·斯科特、杰拉尔德·戴维斯：《组织理论：理性、自然与开放系统的视角》，高俊山译，中国人民大学出版社 2011 年版，第 30 页。

③ 伍复康：《社会治理中共青团组织价值的新发展》，《中国青年政治学院学报》2014 年第 3 期。

成立的先进青年组织，在中国政党体制和青年群体心目中占有重要位置，其作为党的助手和后备军的核心地位不会动摇。因此，青年社会组织必须在共青团体制背景下寻求生存之道，与此同时，共青团组织也要在新的时代背景下寻求团结青年的新路径。必须看到，青年社会组织的迅猛发展与共青团组织自身发展困境相互交织。青年社会组织的发展会加速共青团组织的自我改革，也促使共青团组织积极探索如何联系青年社会组织以完成扩大执政党政治基础的使命。青年社会组织功能实现不可能脱离共青团组织的体制背景，“对共青团而言，对青年社会组织的基本态度应当是合作与融合，在青年群众工作领域应视其为竞争对手，在参与社会领域应视其为合作伙伴。应当以扶持、帮助青年社会组织的方式来实现对青年社会组织的引导、融合、同化”①。

引领青年社会组织实施政治参与是共青团组织的政治任务和责任。以共青团为核心的中国青年组织积极参与我国的政治建设，巩固和扩大了党执政的青年基础，取得了重大成就。青年社会组织虽然不是政治性的青年组织，没有任何政党背景，但不能说青年社会组织不具备政治参与功能；与此相反，政治参与也是青年社会组织的重要功能，这关系到青年社会组织的发展方向，也关系到青年社会组织如何体现政治性的问题。青年社会组织发展历史短，对政治参与的认识肤浅，实践经验不足，因此作为党的助手和后备军的共青团组织必须责无旁贷地担负起引导青年社会组织积极参与政治建设的重任。

（二）引领青年社会组织实施政治参与是共青团组织职责所在

1. 共青团组织政治参与功能理论引领的示范性

共青团组织的政治参与形式随着时代的变迁也有所不同。从理论参与形式的视角来看，共青团组织有一条清晰的政治参与脉络，在组织章程、组织制度、组织结构和组织建设方面与共产党组织要求实现了意识形态同源、组织目标同构、组织机构同型的理论逻辑。从建团到共青团第十七次全国代表大会召开，共青团组织章程及共青团的任务总共进行了 14 次修改。在 1928 年修改团的章程中，第一次把“服从中国共产党的章程和纲领”写入团的章程。1949 年通过了新的团组织章程。团章程规定：“中国新民主主义青年团是在中国共产党领导下，坚决地为新民主主义彻底实现而斗争的先进青年的群众组织。”②这两

① 黄婷婷：《我国青年社会组织发展趋向探析》，《中国青年社会科学》2016 年第 1 期。

② 秦云：《共青团历次全国代表大会简介》，《历史教学》1964 年第 6 期。

次团章修改的最大变化就是团的工作由“在中国共产党的指导下”变为“在中国共产党的领导下”。中华人民共和国成立后的共青团组织已经基本完成了理论上的完整政治参与程序。从共青团历次全国代表大会上的工作纲领和团章的变化可以分析出，坚持中国共产党的领导，团结和教育引导全国各族青年热爱伟大祖国，为祖国贡献自己的青春力量，是共青团组织理论引领的永恒主题，体现着理论引领的清晰脉络。

从中国共青团工作的理论指导形式来看，其政治参与内容始终与党的十八大以及十八届二中、三中、四中、五中、六中全会的主题思想、工作部署高度吻合。共青团在理论上的政治参与程度决定了其实践中的政治参与的深度和广度。共青团组织在引导、动员和培养青年人政治参与热情、为青年提供政治参与渠道、代表青年参与公共政策及青年政策制定、维护青年利益等方面发挥了青年社会组织不可替代的作用。

当前，大部分青年社会组织结构松散，人员构成复杂，制度规范欠缺，组织章程简单，既没有上级主管部门，也没有在相应部门登记，尚未进入政府管理的视野。青年社会组织中的青年群体习惯了自由、多样性的文化环境，对单一、刻板的政治意识形态的灌输方法不感兴趣，对政治参与保持着若即若离的状态。因此，需要共青团组织承担更多的责任和义务。从目前的情况来看，共青团组织能够全面宣传党的基本理论、路线和方针政策，特别是结合自己的理论发展实际，从青年社会组织章程、组织规章制度等方面对青年社会组织加以引导，从制度层面加强青年社会组织对我国政治体制、社会制度和社会道路的政治认同。共青团组织还需要从青年社会组织的发展实际和青年的实际需求出发，针对不同的青年社会组织和青年群体实施不同的理论引领策略，实现青年社会组织从政治参与的理论认同到政治参与的理论自觉。

2. 共青团组织政治参与功能组织引领的示范性

从组织章程、组织制度、组织结构、组织经费来源以及组织领导等方面来看，共青团组织在中国政治生态中有着特殊政治地位，与中国共产党有着特殊的紧密关系。在组织机构方面，其理论逻辑与中国共产党的组织机构逻辑是同型的：有一套从中央到基层的共青团组织系统；设有共青团代表大会、共青团中央委员会、共青团总支部委员会、共青团支部等，这些都是与党的组织系统相一致的组织体系。共青团组织作为一个政党型青年组织，全面参与了中国的政治进程，并在不同历史时期发挥了不同功能。随着改革开放的不断深入，在新的历史时期，共青团组织在践行社会主义核心价值观、实现中华民族伟大复兴的中国梦的进程中，其政治参与功能更是不可替代。青年社会组织刚刚起步，在社会资源、社会环境和平台建设等方面都需要共青团组织的帮助，共青团组织应抓住这个有利时机，通过构建枢纽型组织或者同心圆组织实现对青年社会组织的组织引领。

3. 共青团组织政治参与功能行动引领的示范性

传统的青年政治参与表现为在中国共产党的领导下的中国共产主义青年团各级委员会对青年进行政治身份确认、民主意识的培养和青年政治权利的维护。在新的历史时期，共青团组织“融入式”的政治参与功能凸显，核心功能进一步增强，为青年社会组织政治参与发挥了示范引领作用。

2013 年，中国共产主义青年团第十七次全国代表大会的胜利召开，标志着共青团组织政治参与迈入了新时代。目前，共青团组织培养青年人政治参与热情的途径发生了深刻变化，适应了当前青年的特点和社会的环境变化：在内容上更趋向于吸引青年、服务青年和引领青年；在语言上更加贴近青年实际、贴近青年特点；在动员载体上更趋向于青年人喜好的现代多媒体；在路径上避免了自上而下的命令式传达，转向了组织之间的互相交流和融通。自 2011 年以来，根据当代青年学生群体的特点和时代要求，团中央在全国范围内开展了“与信仰对话”大型主题宣传活动，如“万场党史报告进校园”“校园人生分享会”“与时代同行”“飞 Young 中国梦”等系列活动。这些活动“一方面契合了青年学生追求崇高精神、确立人生信仰的内在愿望，另一方面采用贴近青年学生平等对话的互动交流方式，提高了活动的参与度”①。有研究表明，各级各类共青团微博所发布的内容主要有以下四类：一是哲理类微博；二是时政类微博；三是引导类微博；四是服务类微博。“总体来看，各级团组织通过新媒体平台实现和广大青年的沟通和交流，鼓励年轻一代共青团员发出自己的声音。充分拓宽了广大团员青年的意见表达渠道，也使得共青团组织更好地覆盖和服务广大青年。”②随着我国民主化进程的不断推进，共青团组织为青年不断拓展政治参与的渠道。入党、入团是青年实现政治参与的主渠道。有数据表明，中国共产党和中国共青团是对青年最有吸引力的政治组织，也是实现青年政治参与的重要载体（见图 4-1、图 4-2）。

① 黄丹羽：《与信仰对话 飞 Young 中国梦》，《中国青年报》2013 年 5 月 3 日。

② 酒曙光、张涛主编：《中国梦与当代青少年发展研究报告》，天津社会科学院出版社 2014 年版，第 198 页。

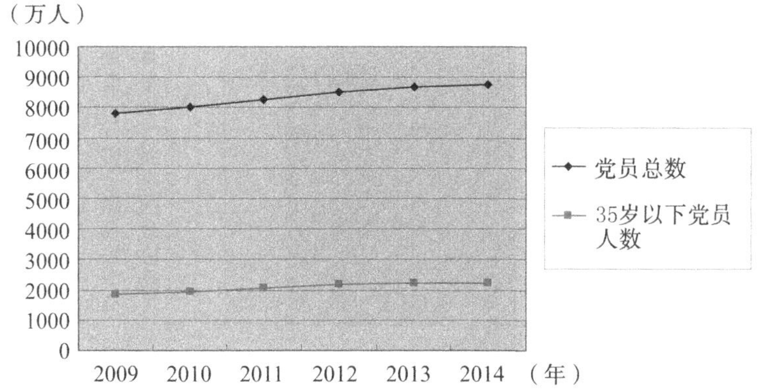

图 4-1 2009～2014 年全国党员人数与青年党员人数趋势对比

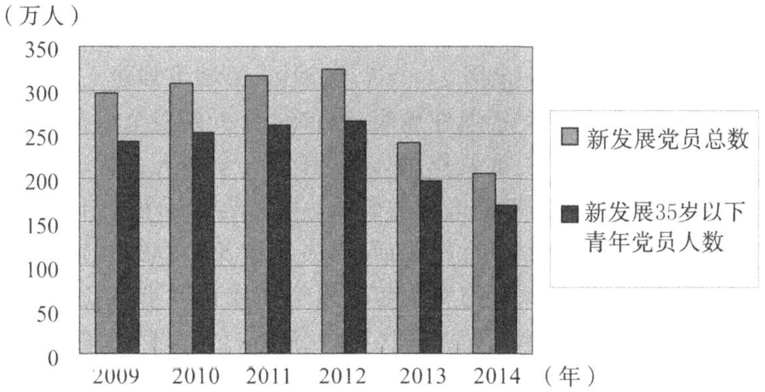

图 4-2 2009～2014 年全国新发展党员人数与新发展 35 岁以下青年党员人数对比

从图 4-1 和图 4-2 可以分析出，35 岁以下青年党员人数逐年增加，在每年发展的新党员中，35 岁以下青年党员人数占有相当大的比例。这些数据充分说明，青年入党的热情非常高，也可以说，青年把入党作为政治参与的重要渠道。

共青团组织代表参加各级人民代表大会和政治协商会议，为组织实现政治参与提供了广阔舞台。在第十二届全国人民代表大会的代表中，“有‘80后’代表 74 名，还有 2 名‘90 后’代表”①。政协会议同样表现出这一特点（见图 4-3）。

① 《十二届全国人大代表构成特色分析》，http://news.xinhuanet.com/2013lh/2013-03/01/c_124404601.htm。

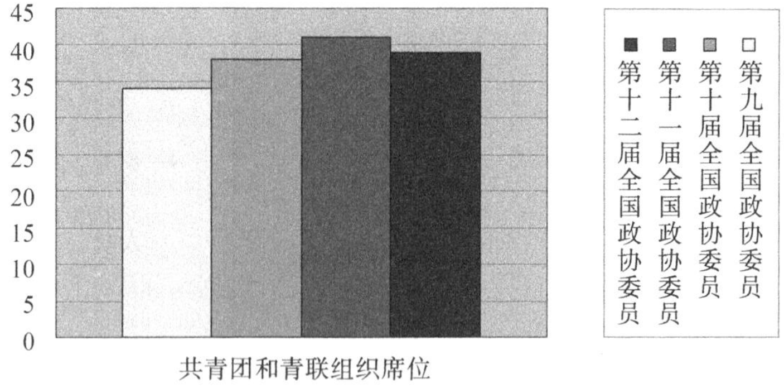

图 4-3　第九届至第十二届全国政协委员共青团和青联组织席位对比

维护青少年权益是共青团组织政治参与的重要内容。共青团组织建立的“12355 青少年服务台”在青少年心理服务、法律服务、青少年家庭教育等方面开展了多种多样的特色活动。全国 31 个省、自治区、直辖市都建立了“12355 青少年服务台”，该平台为引导青年理性地表达诉求，分析典型个人案例，及时收集和整理青少年的信息发挥了重要作用。“共青团与全国人大代表、全国政协委员面对面”活动是反映青少年普遍利益诉求，引导青年有序参与政治的一项重要制度安排。团中央每年都举行相关活动，主题涉及“互联网与青少年健康成长”“青年就业创业”“社会教育与青少年健康全面成长”“丰富新生代农民工精神文化生活”“我国的未成年人保护现状和亟待解决的问题”等等。自活动开展以来，团中央部署地市以上的团组织要按照要求在各级“两会”召开前普遍开展“共青团与全国人大代表、全国政协委员面对面”活动，活动主题切合本省的实际和青年群体的实际情况。如广东共青团开展的“与人大代表、政协委员面对面”的主题涉及“外来务工青年融入、青年就业创业、未成年教育、企业文化打造、义工组织与队伍发展”等。实践证明，这一项活动是青少年群体理性表达利益诉求的重要渠道。从政治参与形式来看，共青团不是部分地政治参与，也不是有选择性地政治参与，而是“融入性”政治参与。共青团组织经过 90 多年的发展，始终与党同心、与党同行，“不愧为党的忠实助手和后备军，不愧为党联系青年的牢固桥梁和纽带，不愧为中国特色社会主义建设事业的生力军”①。

青年社会组织应该认真借鉴共青团组织政治参与的形式，激发青年群体的政治参与热情，加快团组织和党组织建设，扩大执政党的青年群众基础，这也是

① 刘云山：《在中国共产主义青年团第十七次全国代表大会上的祝词》，《青年与社会》2013 年第 6 期。

青年社会组织政治参与的最重要成果。

（三）青年社会组织“间接式”政治参与取得的进展

随着中国特色社会主义建设不断向前推进，青年发展的社会政策日臻完善，青年政治参与渠道明显增多。在社会发展过程中成长起来的其他类型的青年社会组织成为青年政治参与的重要渠道和重要平台。

毫无疑问，政党型青年组织在政治参与中发挥着决定性作用，但经济类、服务类、文体类和国际合作类的青年组织也发挥着政治参与功能。目前，除了自上而下的传统青年组织，如共青团、全国青联、全国学联、共青团所属的青年组织以及在民政部门正式注册的青年组织外，还有自下而上的新兴青年社会组织，这些组织都是在改革开放以后发展起来的。特别是近几年，青年社会组织的数量迅速增长，参与人数众多，覆盖领域广泛。这些数量庞大的青年社会组织群体包括以网络为主要平台，以某种共同利益或兴趣爱好或相同地域文化背景形成的大大小小的青年自组织；还有不以营利为目的、主要开展公益性活动或互益性活动的非政府青年组织、非营利青年组织以及青年社团等等。新兴青年社会组织是近些年来伴随网络的普及而发展起来的，从目前青年社会组织的发展实际来看，其呈现出以下特点：一是数量多。“据估算，全国稍具规模的青年自组织至少在 200 万个以上，参加的青年约有 1 亿人。”[①]二是参与面较广、涉及领域多。调研数据表明，青年社会组织的成员包括政府机构工作人员，国有企事业单位、非公事业单位职工以及在校学生，青年社会组织类型包括环保、志愿服务、扶贫、公益服务、学术及维权等多个领域。三是深受青年喜爱。在中国青少年研究中心 2011 年进行的“共青团发展状况”问卷调查中，“有 68.5%的青年表示‘非常愿意’和‘比较愿意’加入青年自组织，有 22.9%的青年认为‘青年自组织的活动更具有活力’”[②]。综合以上三方面的分析来看，青年社会组织在青年和社会中的影响力日益扩大，基本涵盖了除政党型青年组织外的其他所有青年社会组织类型。本书就以青年社会组织为基本研究对象，对青年社会组织的各种类型的政治参与进行整体的概括性研究。

第一，青年参与青年社会组织缺乏与政治参与相关联的因素。从表 4-1 的调查数据可以看出，青年社会组织的政治参与因素缺乏相应的群众基础。

---

① 安国启、邓希泉主编：《新世纪中国青年发展报告（2000～2010）》，光明日报出版社 2012 年版，第 103 页。

② 安国启、邓希泉主编：《新世纪中国青年发展报告（2000～2010）》，光明日报出版社 2012 年版，第 106 页。

表 4-1　　青年参与社会组织的主要原因①

原因	百分比(%)
共同的理想和追求	39.90
工作需要	18.10
交朋友	24.40
为社会贡献一份力量	44.90
增长知识	25.40
兴趣爱好	21.90
获得一个展示自我的舞台	18.40
锻炼提高个人能力	27.70
获得服务	3.20
其他	1.50

第二,青年社会组织的类型缺乏与政治参与的相关因素。从表 4-2 中可以看出,青年社会组织以公益服务类和兴趣类为主,维护青年权益类的青年组织只占很小比例。

表 4-2　　青年社会组织类型分布情况②

类型	百分比(%)
兴趣类	20.40
职业类	8.70
公益服务类	48.50
学术类	4.90
维权类	2.50
联谊类	5.10
环保类	5.00
其他	4.80

第三,青年社会组织的注册登记、经费来源、活动内容等都缺乏组织的政治

① 参见刘俊彦主编:《青年与青年社会组织》,中国青年出版社 2014 年版,第 5 页。
② 参见刘俊彦主编:《青年与青年社会组织》,中国青年出版社 2014 年版,第 6 页。

参与因素。从有关调查的数据来看，多数青年社会组织并未进行注册登记，真正登记注册的青年社会组织实际上不到1/10。青年社会组织登记注册少的原因是多方面的：一是部分青年社会组织并没有得到政府的支持，注册遇到障碍。二是不注册也并不影响青年社会组织的活动。青年社会组织的活动主要涉及青年组织内部事务，对于社会或者政府来说，相关程度不大。“从总体上看，青年社会组织经费来源排在前三位的依次是：通过赞助获得经费，参加活动成员实行AA制，会费；所占比例分别是40.0％、37.3％、30.9％。政府资助的比例较低，占22.1％。”[①]政府资助经费少说明青年社会组织参与政府的活动较少，政府还没有很好地挖掘青年社会组织的政治参与功能，青年社会组织对政治参与还缺乏认识。青年社会组织的类型、经费来源也充分说明了其多是兴趣爱好类、职业群体类和志愿服务类组织，成员参与活动也完全靠自觉、自愿，没有很强的约束力，活动内容也远离政治内容。

青年社会组织在形式上缺乏与政治参与相关的因素，在内容上也很难体现出青年政治参与的活动主题。在很多情况下，青年社会组织被认为是远离政治参与的松散组织，不会在青年人的政治参与中发挥作用。所以，青年社会组织起初的发展并没有得到政府、共青团组织、专家和学者的重视。但是随着自身的快速发展，青年社会组织积极参与一些社会公益活动，积极参加救灾志愿服务、重大体育赛事和重大活动志愿服务。如在2008年北京奥运会、2010年上海世博会、2014年南京青奥会等重大活动中，中国青年表现出了良好的精神风貌，受到国内外专家和学者的高度赞誉，青年社会组织从中发挥了重要作用。青年社会组织带领青年关注社会各领域的发展，特别是对符合国家根本利益的重大政治事件，表现出了极大的政治热情、冷静的政治心态和鲜明的政治立场。在我国社会结构、利益格局发生重大变化的背景下，社会需要社会组织的支撑，党和政府也需要社会组织的支持。党的十七大提出建设“服务型政府”，十八大提出建设“服务型政党”，这在某种程度上切合了社会组织的政治需求。“青年社会组织作为社会中的一种结社力量，逐渐发展壮大后，可以在某种程度上制约公权力，促进政治民主化。”[②]

青年社会组织的政治参与不同于共青团组织的“融入式”参与，也不同于青联组织的“参政式”参与，而是“间接式”参与。这种“间接式”参与丰富和拓展了青年政治参与的主题及途径，维护了青年利益，满足了青年需求，保障了青年社会组织的可持续发展。青年思想和行为的稳定是社会稳定的重要内容，这也是

---

① 刘俊彦主编：《青年与青年社会组织》，中国青年出版社2014年版，第14页。

② 刘俊彦主编：《青年与青年社会组织》，中国青年出版社2014年版，第34页。

青年社会组织政治参与的重要贡献。中国青少年研究中心在《“十五”期间中国青年发展状况与“十一五”期间中国青年发展趋势研究报告》中指出:“随着改革开放不断深化、中国特色社会主义现代化建设的全面发展和社会政策的日臻完善,青年的政治参与机会及渠道显著增多。在这样的背景下,青年通过有效的自组织来开展同国家根本利益结合的主题活动,影响社会公共政策制定,进而拓宽自身参政途径,进行自身政治参与,进而追求并保护个人及社会公共利益,已经成为一个时代的显著特点。”①

二、经济参与功能:青年社会组织扩大了经济参与的广度和深度

《2005年世界青年报告》指出,青年人在经济和文化方面与全球化进程有着巨大的关联;他们最灵活,也许最能够适应和利用新的机会。青年参与经济的形式有多种多样,如就业、消费、投资理财、创业等形式。就业是青年参与经济的基本形式,创业是体现青年经济参与功能的重要形式。引导青年参与经济是青年社会组织开展组织活动的重要形式。在我国社会经济快速转型的背景下,青年社会组织的经济参与为青年的发展提供了广阔的空间,也促使组织的自身发展和功能拓展。青年社会组织的经济参与深度扩大,在许多领域都有青年社会组织的足迹。

(一)青年社会组织成为共青团重要的经济参与合作伙伴

1.共青团组织和青年社会组织经济参与的互补性

共青团组织是政治性青年组织,但在以经济建设为中心,构建和谐社会,实现中国梦的执政理念下,共青团组织必须考虑青年的现实价值追求和生活现实,因此通过经济参与方式来吸引、教育和引导青年成为当前共青团组织发展的重要途径。共青团组织目前参与经济缺乏制度性安排,还没有相关经济参与的体制机制,对参与什么、参与到什么程度、参与效果的评价并没有具体的规定和职责划分,因此对共青团组织的经济参与功能的发挥产生了影响。相比而言,青年社会组织的经济参与就不需要很多的条条框框,事实上,为青年人创造更好的就业环境和创业环境是青年社会组织的另一重要功能。因此,共青团组织可以借助青年社会组织实现自己的经济参与功能,弥补自己的经济参与劣势;同时,青年社会组织也可以充分利用共青团组织的优势,弥补自己的劣势。一是共青团组织可以为青年社会组织提供政府购买社会服务项目,提高青年社会组织的就业能力和经济参与程度。二是共青团组织为青年社会组织提供服

---

① 中国青少年研究中心课题组:《“十五”期间中国青年发展状况与“十一五”期间中国青年发展趋势研究报告》,《第二届中国青少年发展论坛暨中国青少年研究会优秀论文集》,2006年。

务培训项目；特别是在创业方面，青年社会组织通过平台建设能够为更多青年群体提供创业机会。三是青年社会组织要积极依靠共青团组织的政治优势获得更多的经济资源。四是青年社会组织依靠共青团组织的资源优势迅速扩大组织经济参与的深度和广度，提升组织的内生性发展动力。

2. 共青团组织和青年社会组织经济参与的互补途径

近年来，我国政府、企业、共青团组织和青年社会组织采取了多种形式解决青年就业问题，取得了较好的效果。同时政府鼓励青年自主创业，为青年自主创业开辟多种渠道，制定了相关政策。相关研究表明，我国青年创业人数整体呈现上升趋势。全球创业观察组织的年度《全球创业观察报告》显示了中国创业活动指数的变化趋势。报告显示，"2003 年，我国参与创业活动的人员年龄主要集中在 25～44 岁"[①]，"2006 年，18～34 岁占全部创业活动人员的 18.34%，创业人员年轻化成为我国创业活动的一个显著特点"[②]。2015 年 1 月，清华经管学院发布了《全球创业观察报告(2014)》，该报告的主题是中国青年创业报告。该报告从青年创业的年龄阶段、教育程度、创业动机、资金来源、创业收入、创业满意度、创业质量等诸多方面进行了详细分析。"青年成为创业的主力军。而'80 后'是青年创业者的主体，创业活动最为活跃。'80 后'创业者的早期创业活动指数为 21.34%，'90 后'创业者的早期创业活动指数为 14.32%。"[③](见图 4-4)

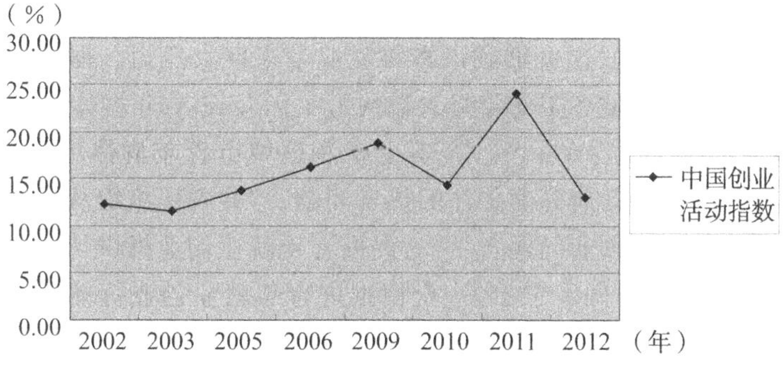

图 4-4　中国创业活动指数对比[④]

就业、创业关系到青年的社会化进程，也是重要的青年社会问题。在解决

① 转引自姜彦福：《全球创业观察 2003 中国及全球报告》，清华大学出版社 2004 年版，第 21 页。

② 清华大学经管学院中国创业研究中心：《全球创业观察中国报告》，《中小企业管理与科技(下旬刊)》2008 年第 6 期。

③ 清华大学经管学院中国创业研究中心：《全球创业观察报告(2014)》，《致富时代》2015 年第 3 期。

④ 参见清华大学经管学院中国创业研究中心：《全球创业观察中国报告(2002～2012)》，清华大学出版社 2013 年版，第 23 页。

青年就业和创业问题上，一方面，共青团组织积极拓展自己的功能，开展经济参与工作；另一方面，青年个体在经济参与的领域实施“再组织化”，成立相应的青年社会组织，以组织的形式参与经济建设，进行组织的经济参与。

(二)共青团组织经济参与功能增强，为青年社会组织提供了广阔的经济参与空间

共青团组织的经济参与形式主要有两种：一是建立自己的直属企业，直接开展经济活动，二是充分发挥共青团组织的优势，为青年或者青年社会组织的经济参与提供服务。改革开放以后，共青团建立了自己的直属企业或者协会，拓宽了自己的经济参与的路径。如1980年成立中国青年旅行总社，1993年成立中国青年实业发展总公司，1994年成立中国青年实业发展促进会，2005年整合成立中青国际(香港)有限公司，2008年成立中国青年创业就业基金会等。“改革开放以来，团办实业得到了进一步的发展，不仅为团组织服务和推动经济建设做出了贡献，为团的工作延伸了手臂，提供了物质依托；而且也为培养和锻炼一批既懂政治又懂经济、既了解宏观经济运作又善于微观管理的跨世纪青年人才，开辟了一条有效的渠道。”①除了建立自己的直属企业以外，共青团组织始终围绕党的经济建设中心任务，遵循青年运动规律和青年特点，开展了大量的经济参与活动，卓有成效。

进入新世纪以后，我国农村大量剩余劳动力迅速向城市聚集和流动是城市化进程中的一大特点，这也给城市青年就业带来巨大压力。据统计，“目前，在城市外来人口中，进城务工青年总人数约为1亿人，占青年群体总量的30%，占城市外来人口总数的70%”②。大学生就业是城市青年群体中另一个突出问题，也是各级党委和政府高度关注的热点问题。“共青团组织从青年最关心、最直接、最现实的就业创业问题入手，为促进青年就业创业提供切实有效的服务，从青年就业创业的不同需求出发，全面推进青年就业创业行动、青年就业促进计划、青年创业国际计划、大学生就业见习行动、‘工岗’快递行动、‘千校百万’进城务工青年培训计划、进城务工青年发展计划、青年成长社区计划，推出了一批青年创业小额贷款项目，新建了一批青年创业见习基地和青年创业孵化基地，从培训、融资、技术和经营等方面为青年就业创业提供支持。同时还加强城市青年就业创业服务中心建设，为青年就业提供阵地支持。”③共青团组织开展

① 《姜大明同志在中国青年实业发展促进成立大会上的讲话》，http://www.law-lib.com/fzdt/newshtm l/22/ 20051223201900.htm。

② 安国启主编:《当代城市共青团工作研究报告》，中国社会出版社2009年版，第46页。

③ 安国启主编:《当代城市共青团工作研究报告》，中国社会出版社2009年版，第47页。

的这些经济参与活动，极大地缓解了城市青年群体的就业压力，满足了青年切身诉求，为青年群体实现就业和创业发挥了重要作用。

农村青年的就业、创业也是共青团高度关注的一项重要问题。共青团组织结合农村青年流动性大，青年群体和大学生返乡创业逐渐增多及青年就业、创业服务体系薄弱等特点，大力开展工作创新，积极开展以青年和青年组织为主的相关经济参与活动。为加快构建新型农业经营体系，培养农村现代农业青年骨干，共青团组织实施了农村青年创业致富“领头雁”培养计划。计划在普遍开展创业小额贷款、实用技能培训等工作的基础上，用5年时间培养100万名带头人。共青团组织还积极实施“大学生返乡创业行动”“农村青年电商培育工程”“农村青年创业就业行动计划”“农村青年科技特派员创业行动”，开展“乡村好青年”的评选、“全国农村青年致富带头人”的评选，举行“中国青年涉农产业创业创富大赛”“送金融知识下乡活动月”等活动。共青团组织着眼于农村青年工作、农村问题及现代农业的要求，开展的农村经济参与活动取得了积极成效，为新农村建设做出了积极贡献。

这些年来，共青团组织坚持开展经济参与活动，是全面履行团的基本职能，进一步发挥组织青年、引导青年、服务青年、维护青少年合法权益、发挥好作为党和政府联系青年群众桥梁和纽带作用的必然要求。共青团组织经济参与活动直接回应了当代青年的价值诉求和生活诉求，也为青年社会组织的经济参与提供了广阔平台和空间。

（三）青年社会组织的经济参与深度逐渐扩大，拓宽了青年群体经济参与的途径

青年社会组织的经济参与功能主要体现在两个方面：一是直接参与功能，二是间接参与功能。直接参与经济建设即成立相应的青年社会组织，以组织的形式参与经济建设。农村青年社会组织的经济参与多数属于直接参与的模式。以家庭联产承包责任制为重点的农村经济体制改革，使农村发生了历史性巨变，但随着生产方式的局部调整，单靠个体很难在市场经济环境下有很大发展，“合作社”“产业协会”“合作经济组织”成为农村经济发展的新亮点。在各级团委的支持和帮扶下，各类青年合作社、青年产业协会和青年合作经济组织应运而生，这些组织涉及种植业、养殖业、加工业、运输业、采石采砂业等领域，初步形成了“建一个组织，兴一地产业，活一方经济，富一批青年”的发展格局。类似的农村青年社会组织也很多：有全国性的统一组织，如“中国农村青年致富带头人协会”，下设民营企业家分会和农村青年经纪人分会；也有省一级的农村青年社会组织，如“河南省青年农民专业合作社联合会”“浙江省青年星火带头人协会”；在地（县）市级也有各种不同的农村青年社会组织。黑龙江省海伦市团委积极主动建设农村青年经济合作组织，通过依托团员服务区、主导产业、农村青年能人建设农村青年经济合作组织，这些合作组织已成为农村经济发展中最具有生机和活力的组织载体。

城市青年不同于农村青年。城市青年所处的外部环境、交流沟通的渠道及掌握信息的途径等各方面都优于农村青年，因此城市青年社会组织类型多样，组织成员的素质较高，呈多样式发展趋势。总体来说，城市青年社会组织可分为“兴趣爱好类、职业群体类以及公益类服务”三种形式。这三类青年组织虽然不直接参与社会的经济建设，但是从解决青年的就业角度和为政府提供有偿服务的角度来看，这些青年社会组织也是间接地参与了社会经济发展。特别是近年来，互联网的快速发展改变了传统城市青年组织的结构模式，也改变了城市青年社会组织的经济参与模式。以互联网为平台的创业类青年社会组织大量出现，符合时代的发展方向，因此这一类青年社会组织参与经济会对我国经济发展产生不小的影响。

经济参与是人类总体活动的一部分，也是组织生存的基本保障。经济类青年社会组织数量在我国呈上升趋势，特别是新型青年社会经济组织增多，这也是我国经济转型和社会发展的必然趋势。

三、文化参与功能：青年社会组织成为主流文化的重要传播者

由地缘、趣缘、业缘和网缘形成了各种类型的青年社会组织，这些青年组织的文化参与程度对青年的价值取向和整个社会青年主流文化的发展方向也会产生重要影响。青年社会组织从无到有、从弱到强、由点到面、由单一领域到多个领域的发展昭示了青年社会组织的文化参与路径，因此青年社会组织的文化参与可以定位为非主流、边缘性文化参与，也可以定位为亚文化的参与，但这种亚文化参与也可能成为主流文化参与的助手或者反抗者。

（一）共青团组织文化参与功能的影响

1.共青团组织是中国青年文化的积极引领者

共青团组织的文化参与是共青团开展青年工作的应尽职责，对引导青年文化主流发展方向发挥着重要而不可替代的作用。我国青年组织的特殊构成决定了我国青年组织文化参与的特殊性，我国青年组织的发展历程也是我国青年组织文化参与的历程。作为党的助手和后备军、国家政权的重要社会支柱、党和政府联系青年的纽带和桥梁，共青团组织所传递的文化是政府、社会和这个时代倡导的文化。因此共青团组织的文化参与就是主流文化的参与。

2.共青团组织积极整合和引领青年文化

中国的政治结构和制度安排决定了青年的文化建设要突出中国共产党执

政的主流意识形态，由共青团组织整合和引领青年文化成为必然选择。近年来，青年文化呈现多元发展趋势，多元化发展的青年文化作为一种既定的力量对青年的生活和社会活动产生着制约和影响，这种影响可能是积极的、传播正能量的，也可能是消极的、传播负能量的。因此，共青团组织须广泛接触和了解各种青年文化内容，为社会认可的青年文化提供展示平台，实现共青团组织的主流文化与青年多元文化的良性互动，达到整合和引领青年文化的目的。近年来，各级共青团组织积极推进中国青年文化行动，培养了一批青年文化人才，创造了一批文化精品，赢得了广大青年的认可，共青团组织在壮大青年文化产业、引领青年文化潮流方面取得积极进展。因此，“共青团如果能够通过整合青年文化而实现对青年的价值引领的话，那么青年就有可能更加认同共青团，从而为新的历史时期共青团权力的有效实现奠定基础”①。

3.共青团组织创新文化参与的模式和途径

共青团组织以为青年办实事、解决实际问题为切入点，积极适应新媒体时代的要求，用青年人的思维逻辑阐述重大理论问题，用青年人喜爱的方式开展文化活动，在做好党政机关、事业单位、国有企业、学校等传统领域的青年文化工作的同时，积极探索新社会组织、新经济组织及新兴媒体从业人员等青年群体的文化引领工作。从模式上看，共青团组织实现了文化参与的三个转变：由传统的政治性的理论灌输和文化运动方式转变为用青年的思维和行为逻辑渗透主流文化，由青年文化必须服从共青团组织文化发展方向转变为共青团组织引领青年文化发展方向，由共青团组织本身的文化本位转变为共青团组织为青年文化搭建活动平台。共青团组织实现了文化参与途径的三个创新：积极用新媒体开展青年文化参与活动，用文化艺术形式渗透主流文化，用项目化方式引领青年文化。

（二）青年社会组织成为主流文化传播的重要参与者

青年社会组织形成于具有共同文化基因的公共交往圈。青年社会组织都有自己可表征的文化符号、组织标志和活动内容，可以说每个青年社会组织本身的存在就是文化参与的一种形式。由于每个青年社会组织在成员、项目、活动内容等方面具有很大差异性，因此组织本身的文化参与具有先天的多元性和差异性。“有调研数据表明青年社会组织主要有公益类和兴趣类两大类型，二者合计约占青年社会组织总量的七成。”②

第一，青年公益组织积极引领青年志愿、创业文化。应该说，有一部分青年

① 郑长忠：《在整合多元中实现对青年的价值引领》，《中国青年政治学院学报》2012年第4期。

② 刘俊彦主编：《青年与青年社会组织》，中国青年出版社2014年版，第6页。

群体在某一领域的文化表达仅限于"宅文化""幻文化"和"私文化",但是也有一些青年群体,他们充满了青春活力,富有青春气息和创造力,在市场经济大潮中影响着社会发展,推动着社会变革,青年公益类社会组织就是其中之一。青年公益类社会群体涉及领域非常广泛,如文化类公益组织、服务类社会组织及创业类组织等等。青年公益类社会组织成员热心社会公益事业,具有奉献精神,倡导用爱心和行动参与社会,影响青年。目前,青年公益组织的公益创业活动得到了青年的积极响应,成为互联网时代青年文化的一道亮丽风景线。创业文化已成为青年的主流文化,青年公益类社会组织发挥了积极的引导作用。"青年公益创业的兴起,具有双向功能。一方面是青年发展与成才获得新机会,另一方面是青年对社会创新的新贡献、新作为。"①青年社会组织引领志愿文化和创业文化,给社会带来新的活力,推动了青年文化的健康发展。

第二,文化艺术类、兴趣类青年社会组织引领青年流行文化。青年流行文化是市场经济和网络时代不可或缺的一种文化现象,也是青年文化发展的必然。"青年流行文化的发展和传播主要表现在'同伴文化',即由年龄、地位、兴趣爱好大体相同的人群关系构成,其流行范围主要集中在不同的青年个体之间。"②文化艺术类、兴趣类青年组织正是以参与青年流行文化作为动员、聚合和展示自身组织力量的方式。其表现出的青年群体流行文化有着"个性化"和"小众化"特点,具有代表性的有"高跷街舞团""欧洲电影俱乐部""滑板一族""穴居一族""动漫一族""都市快闪客""都市抱抱团"等等。虽然这一类青年社会组织人数并不庞大,但却是青年流行文化的策源地,他们也会利用网络深度参与青年流行文化。

"在一个法制健全的民主化的社会中,青年的参与方式应该是多种多样的,既有政治上的参与,也应有经济上的参与、文化上的参与。而且不同的参与方式解决不同的问题。"③当代青年的生长环境发生了深刻变化,青年的需求更加多元化,青年的个性发展更加突出,同一现象中的不同价值判断更加明显,因此当代青年的文化参与形式和内容更加丰富多样。

四、社会参与功能:青年社会组织成为社会参与的重要主体

当前,我国青年问题社会化、社会问题青年化现象日益凸显。青少年的教育问题、就业问题、青年流动人口管理难度增大问题等等都成为当今社会管理

① 刘俊彦主编:《青年与青年社会组织》,中国青年出版社 2014 年版,第 114 页。

② 陆玉林:《什么是"青少年流行文化"》,《中国青年研究》2003 年第 2 期。

③ 田科武:《中国青年参与:历史与现实》,《青年研究》1994 年第 1 期。

的重点。从某种程度上讲，社会治理在很大程度上就是青年的治理。青年稳定则社会稳定，青年发展则社会发展，青年和谐则社会和谐。鼓励青年积极参与社会治理，青年社会组织大有可为。

（一）共青团组织与青年社会组织开展合作

20 世纪 80 年代，在欧美发达国家实施“小政府、大社会”的政府治理模式、强调多元治理主体的背景下，有关社会参与的研究开始兴起。党的十六届四中全会提出“建立健全党委领导、政府负责、社会协同、公众参与的社会管理格局”。党的十七大报告提出了经济、政治、文化、社会建设“四位一体”新的治国理念，加快推进以民生为重点的社会建设。报告还指出要重视社会组织建设和管理。有关专家指出，社会组织具有提供服务、反映诉求、规范行为的积极作用，把它们的作用利用好、保护好、发挥好，有利于降低政府社会管理成本，有利于增强公民的社会认同感。应支持各类社会组织承担社会事务，参与社会管理和服务。[①] “党的十八届三中全会提出了全面深化改革的总目标，即完善和发展中国特色社会主义制度，推进国家治理体系和治理能力现代化。推进国家治理体系和治理能力现代化，需要我们推进社会治理创新，促进社会组织发展，注重运用法治方式，实行多元主体共同治理。”[②]以共青团为核心的青年组织是青年群体的联合体，在青年组织参与社会治理方面发挥着重要作用。因此，共青团组织应与青年社会组织积极开展合作，共同应对青年的社会问题和社会中的青年问题，这样有助于社会主义和谐社会的构建，也有助于提升社会治理能力和水平。

（二）共青团组织助推青年社会组织实现社会参与

共青团组织以服务青年为核心，凝聚青年开展社会参与活动。在行为模式和管理机制上，传统的共青团“组织机关化”倾向比较突出，主要存在脱离青年需求、对青年的吸引力和凝聚力不强、不适应经济社会发展变迁等问题。近年来，共青团组织不断探索吸引青年、凝聚青年的工作机制、方法和路径，其中最重要的变化就是在工作理念上实现了从管理青年向服务青年的根本转变，从服务政府向服务社会的转变；在动员和组织青年的形式上也实现了从政治动员向社会化动员的跨越，实现了青年从被动地参与社会向主动地参与社会的转变。共青团组织为青年提供了切实可行的社会参与途径和方式，符合青年要求，为青年参与社会解决了后顾之忧，也获得了青年参与社会的心理依从和情感认

---

①　参见吕家麟：《对以改善民生为重点的社会建设六大任务的解读》，《广西社会科学》2008 年第 10 期。

②　赵白鸽：《发挥社会组织作用 推进社会治理创新》，《人民日报》2014 年 4 月 15 日。

同。首先，为青年参与社会提供平台。共青团组织根据社会需求提供志愿服务基地，这些基地为青年志愿者提供教育培训、业务咨询服务，并为参加边远地区志愿服务的青年志愿者提供人身保险服务等；同时，开展“希望工程”、大中专学生“三下乡”、保护母亲河等志愿服务活动，为青年提供了多种选择平台。青年志愿者可以根据自己的意愿选择适合自己的志愿项目实现社会参与。其次，为青年参与社会提供优质服务。共青团组织与青年形成良性互动，维护青年的合法权益，将各类青年团结在自己的旗帜下。如各级团组织创建“青年就业创业服务基地”，开展“寻找最美青工”“青年职工大讲堂”“大学生自强之星”评选活动，“三走”体育健身活动，“寻找乡村好青年”活动，得到了广大青年的积极响应，取得了很好的社会效果。

（三）共青团组织以“枢纽型”服务组织为核心，引导青年社会组织实现社会参与

通过青年社会组织把广大青年团结起来，既是适应青年日益多样化的组织需求和利益诉求的需要，也是共青团组织团结凝聚青年的必然渠道。近些年来，共青团组织通过建立“枢纽型”服务组织，为青年社会组织提供孵化基地，建设交流平台，牵线政府购买社会服务项目，推动青年社会组织职业化和专业化发展。这些举措进一步激发了各类青年社会组织参与社会的活力。“近两年，广东全省新建成 1005 家亲青家园孵化基地和青少年服务阵地，新注册 235 家社会组织，凝聚 4838 个青年社会组织，累计培训 1.8 万名社会组织骨干。”①

（四）青年社会组织逐渐成为社会参与的重要主体

社会参与功能是青年社会组织的核心功能。由于青年社会组织类型多样，组织结构复杂，管理体制都存在很多差别，因此在社会参与的形式上也有所不同，但参与内容大致相同。这些内容包括社会公益活动、志愿服务、教育服务、医疗服务、慈善活动、文体艺术活动等等。“随着经济发展，各类青年社会组织发展迅速，规模有所扩大，作用不断深化。像在‘5·12’大地震、潮汕水灾中，青年社会组织全方位参与，包括应急救援、卫生防疫、心理疏导；包括在协助政府排除和化解社会矛盾方面，一些社会组织在承担法律援助、纠纷协调等方面，借助自身民间性和灵活性，也起到积极作用。”②青年参与社会的热情不断高涨，领域不断延伸，不断发展壮大的青年社会组织适应了青年的这种需求，成为青年在家庭、单位之外表达自己内心需求和价值诉求的有效平台。

第一，青年社会组织积极为民生建设服务。青年社会组织致力于在与人民

---

① 丁凯：《在社会治理体系创新中发挥共青团生力军作用》，《中国青年报》2013 年 12 月 21 日。

② 丁凯：《在社会治理体系创新中发挥共青团生力军作用》，《中国青年报》2013 年 12 月 21 日。

群众生活密切相关的领域开展活动，力求为群众办好事、解难事、办实事，为群众排忧解难，其主要关注的领域包括：扶老助残、扶贫救助、医疗卫生、文体科普、服务“三农”、生态环保、法律援助。青年是社会文明进步、社会公平公正的积极推动者，青年社会组织作为社会参与的有效平台，受到了广大青年的青睐。一方面，青年社会组织的社会参与没有行政命令的强迫，也没有过多的政治束缚；另一方面，青年社会组织关注民生领域能够引起青年人参与社会治理的心理共鸣和情感认同。全国各地青年社会组织开展的民生建设服务丰富多彩，内容贴近民生实际，受到社会广泛关注。如共青团山东省委举办了两届山东青年社会组织优秀公益项目评选活动，吸引了大批青年社会组织参加，活动项目涵盖了关爱重点青少年、扶贫济困、环境保护、阳光助残等民生领域。“上海全市青年社会组织数量约 5000 个，社工服务在所有服务中的比例最高，占到 13.3%，其次是社区发展，占 10.37%。调查显示，除了社工服务和社区发展，在上海市青年社会组织开展的各项公益活动中，9.04%的组织进行了扶贫帮困活动，7.98%的组织开展了志愿服务，7.98%的组织开办了文化艺术类服务，7.45%的组织开展了联谊交友的活动。此外还有体育健身、养老敬老、环境保护、娱乐旅游、心理咨询等。”[①]随着社会转型的加快，民生领域的许多问题和矛盾会日益突出，青年社会组织的社会参与能力也会随着社会的需要、政府的重视、青年人的积极参与而逐渐提升，青年社会组织服务民生的价值也会得到体现。

第二，青年社会组织是社会治理的积极参与者。青年社会组织是社会组织的重要成员，它在解决青年的社会问题、调节社会矛盾、处理复杂的社会难点等方面有着天然优势。青年社会组织深度了解基层社会的民生、民意和民需，对基层社会的现状认识清晰，有弘扬社会公益的理念、帮扶困境青年的心理认同、就业创业的现实需要，因此，青年社会组织有着广泛的青年群众基础。组织领袖是青年社会组织发展的核心力量。他们多数是各行业和各领域的精英，有着深厚的专业背景知识，社会沟通能力强，视野宽广，能够找准社会参与的切入点和发展方向。

近年来，青年社会组织井喷式的发展引起了政府的高度重视，各级政府积极采取各种措施引导青年社会组织健康有序发展。如共青团广东省委打造以“好社会・亲情汇”为品牌的青年枢纽型社会组织平台。该平台由孵化培育、资源共享、公共服务、诉求表达四大平台构成，其目标就是建立与青年社会组织的对话机制，引导青年社会组织积极有序参与社会治理。共青团上海市委于 2008

① 沪青：《上海已有近 5000 个青年社会组织》，《人民政协报》2015 年 1 月 20 日。

年率先成立了全国第一家青年社会组织工作部。该工作部门专门服务于青年社会组织，逐步构建起了青年家园民间组织服务中心的团属社会组织平台，该平台成为青年社会组织的“孵化器”。“如今，‘青年家园’直接联系服务的青年社会组织已超过750个，相关的活跃会员逾10万人。受‘青年家园’的启发，上海的浦东、长宁、徐汇、杨浦、宝山、嘉定等区也相继建立‘青年公益服务支持中心’，形成了联系服务基层青年社会组织的小型孵化器。”[①]共青团杭州市委成立了青年公益社会组织服务中心，该中心针对青年社会组织中大量的公益类和互助类团队提供各种服务支持。

实践充分证明，青年社会组织参与社会治理已具备良好的内部和外部环境，青年社会组织已经成为社会治理改革的积极参与者和重要参与主体，成为维护社会和谐稳定的重要力量，为推动社会发展、进步提供了正能量。

五、国际参与功能：青年社会组织逐渐扩大了国际参与影响力

青年事务和青年参与问题的国际化由来已久，国际社会和国际组织对此进行过许多协调和探讨，特别是借助联合国组织的平台，有力地促进了青年组织的国际参与。1985年以“参与、发展、和平”为主题的“国际青年年”首次确定以来，联合国同国际社会及各国政府机构和非政府组织围绕国际青年事务开展了大量的国际合作，推动了各国青年组织的国际参与与合作。我国政府和青年组织为此开展了多种形式的活动，拉开了青年组织正式走上国际舞台的序幕。

（一）青年社会组织海外志愿服务领域和项目逐渐增多

近年来，我国非常重视青年社会组织的国际交流与合作。走出国门，服务海外的青年组织越来越多，影响越来越大，特别是在志愿服务领域获得国际高度评价。截至2014年，我国青年志愿者协会共向老挝等10多个国家派出608人参与海外志愿服务。海外志愿服务增进了国家间的友谊，彰显了我国负责任大国的形象，树立了良好的国际声誉。各级共青团组织为青年社会组织的国际参与牵线搭桥，搭建项目平台，有力地促进了青年社会组织参与国际交流活动。青年社会组织已形成共青团引导、项目支持、参与领域广泛、参与方式多样、参与主体多元的国际参与格局。涉及经济、文化、旅游、环保、艺术等多个领域；参与方式包括论坛、联欢会、研讨会、培训班、艺术节等；参与主体包括青年志愿服务组织、环保志愿组织、企业青年领袖等。

---

① 许晓青：《上海青年社会组织蓬勃发展，担起公益责任，传递正能量》，《新华每日电讯》2014年2月25日。

(二)青年社会组织的国际双边、多边交流继续扩大

在双边交流领域，开展了中俄青年交流年、中印青年交流年、中欧青年交流年、中美青年交流项目、中非青年联欢节等活动，交流领域涉及艺术、科学、教育。交流的议题包括全球流动与经济发展、环境和气候的变化、全球化和网络一代、社区建设与公共参与、科技与生活等领域。在APEC、金砖国家、东南亚国家联盟、上海合作组织等重要的区域组织中也都有相应的青年组织参与多边交流。

第二节　改革开放以来我国青年社会组织功能及其实现面临的问题

改革开放以来，虽然青年社会组织功能的实现取得积极进展，但总体来看还存在着诸多问题，影响着青年社会组织功能的发挥。

一、青年社会组织功能实现的影响因素

在新的历史时期，共青团组织发展受到内外部环境的影响，组织功能及其实现面临着诸多困境：政治参与功能核心地位受到干扰，社会参与还没有找到更有效的路径，文化参与还没有得到青年群体的完全认同，经济参与也没有相应的政策体系和制度支撑，国际参与的内容还需要进一步丰富。这些发展困境对青年社会组织功能的实现产生不小的影响。

随着我国改革开放和市场经济的进一步发展，青年群体的生活方式、就业岗位、价值取向日益多元化，形成了不同的青年群体，如新经济组织、新社会组织、城市农民工青年群体、城市自由职业青年群体等体制外青年群体。其政治参与热情低，途径少，体制性障碍大，有很多新经济组织、新社会组织既没有团组织，也没有党组织，从制度上缺乏政治参与的保障。由此可以看出，必须加强青年群体多样化的研究，探索青年群体多样化的政治参与之路。

我国共青团组织的政治参与功能总体上能够得到充分的发挥，但是在社会发展的新时期，农村共青团等基层组织和青年社会组织的变化对共青团组织政治参与功能的发挥产生了重要影响。

第一，农村基层团组织涣散，吸引力急剧下降。有数据表明，近几年农村青壮年劳动人口持续减少，外出农民工持续增加。据估计，60%以上的外出农民工是青年农民工，这些青年农民工大部分是“80后”和“85后”(见图4-5)。

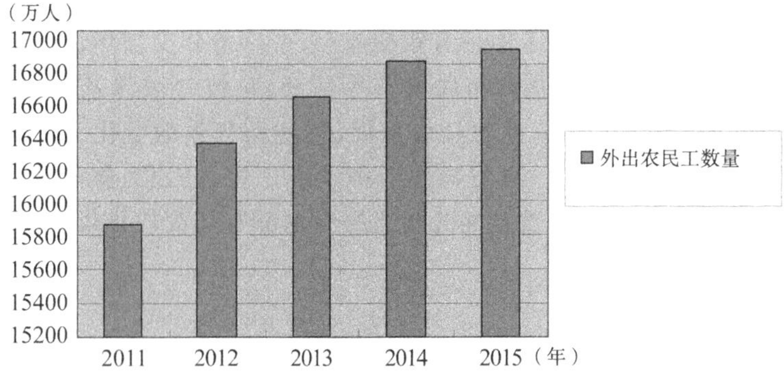

图 4-5　2011～2015 年外出农民工数量对比①

由图 4-5 可以估算出，每年大约有 1 亿青年农民外出打工，而且还有持续增加的趋势。在市场经济的大背景下，众多的农村青年从传统的农村经济和社会结构中挣脱出来，游离于城市和农村之间，形成了职业流动、身份流动和空间流动的非常庞大的青年农民工群体。在社会的流动中，青年农民工群体表现出价值取向多元化、职业选择扩大化、生活方式自由化的趋势。他们对自身价值实现的关注、对经济状况提升的关注、对自身利益维护的关注远胜于对团组织和社会政治参与的关注。从农村共青团组织的发展状况来看，有的团组织“名存实亡”，有的“名实俱亡”，有的徒有虚名；团组织管理制度不健全，活动少，经费少；团干部配备不及时、素质不高、工作不积极。共青团组织缺乏吸引和凝聚农村青年的组织活力，也影响了执政党对农村青年基础的巩固。但是“对于共青团来说，无论农村青年怎么转移，生产生活方式怎么转变，农村青年的基本面都在，农村领域的共青团工作还将长期是全团的重要领域，而且是最需要加强、最需要创新的关键领域”②。

第二，体制外青年群体和青年社会组织迅猛发展，共青团组织的感召力受到挑战。城市青年群体主要由体制内青年群体和体制外青年群体组成。体制内青年群体主要是指传统意义上的机关、事业单位、国有企业、集体企业及学校的青年群体，除此之外的青年群体被称为“体制外青年群体”。针对体制内的青年群体开展工作是城市共青团各级组织的优势，而体制外青年群体的工作才是目前城市共青团工作的主要挑战。首先，体制外青年群体构成复杂，数量大，流

① 参见《2011～2015 年度人力资源和社会保障事业发展统计公报》，http://www.mohrss.gov.cn/SYrlzyhshbzb/zwgk/szrs/。

② 《秦宜智同志在全国农村合作组织共青团工作暨共青团农村工作会议上的讲话》，http://www.cryn.net.cn/ldjh/201404/t20140409_686479.htm。

动性强，组织难度大。体制外青年群体主要包括新经济组织、社会中介组织、民办非企业单位、私营企业、外资企业的青年群体以及青年农民工群体和自由职业青年群体等。这部分青年所处单位或所从事的职业都与传统组织体制和意识形态有很大差别，加之体制外青年的文化状况、职业素质、生活质量等方面存在的巨大差异性，共青团组织的活动很难实现有效覆盖，这给共青团实现组织青年、教育青年、引导青年的政治职能带来了巨大挑战。其次，青年社会组织的快速发展给共青团的感召力带来挑战。随着我国社会组织结构的变迁，越来越多的年轻人脱离了原有的体制束缚，开始参加以地缘、业缘、趣缘、网缘为纽带形成的青年社会组织或者社团。这些组织为青年参与活动、实现自身价值和自我需要提供了舞台，因其组织灵活、成本低、贴近青年、贴近社会实际、贴近现实的优势，吸引了数以千万的青年参与其中。而共青团组织制度相对比较僵化，活动内容基本依靠从上到下的层层布置，缺乏多样性，也没有有效的应对策略。在复杂的国际国内政治形势背景下，面对青年社会组织的蓬勃发展，共青团组织的政治主导作用和优势受到了前所未有的挑战。

第三，大学生网络自组织的发展使学校团组织的影响力受到挑战。网络已成为大学生活不可或缺的组成部分，微博、QQ群、人人网、微信、博客等成为大学生之间进行沟通和交流的重要平台，也是大学生课余生活的重要活动空间。在虚拟网络上，大学生基于共同的兴趣爱好、地缘关系、学术交流、专业等组成大学生组织，这些组织自主成立、自我管理、自行发展，被称为“大学生网络自组织”。大学生网络自组织对于提高大学生的学习、工作效率，提高沟通交流能力等起到了积极的促进作用，但是其网络语言及其传达的理念、思想极大地左右着青年群体的思维方式和观点。因此，共青团组织在大学生中的教育影响受到前所未有的挑战。

第四，共青团组织在新形势下体制创新不足，组织结构变化不能适应政治参与的新形势。作为中国共产党领导的先进青年组织，政治参与是共青团的首要职能。但是面对新形势下青年群体和青年社会组织发生的巨大变化，共青团组织在工作中还是沿用传统的模式和方法，体制创新不够。共青团组织逐渐失去原有的“体制性资源”，而“体制外资源”补充不足；原有的组织动员方式失去优势，新的动员和引导青年的方式还没形成；原有吸引青年的组织形式没有了吸引力，而新的青年社会组织已经对青年形成“围猎之势”。这需要共青团组织在体制上进行革新，以适应新时期组织政治参与功能的发展。

同时，共青团组织的经济参与缺乏制度性安排。共青团组织是政治性青年组织，但在以经济建设为中心，构建和谐社会，实现中华民族伟大复兴中国梦的执政理念下，共青团组织必须考虑青年的现实价值追求和生活现实，因此通过经济参与方式来吸引、教育和引导青年成为当前共青团组织发展的重要途径。但共青团组织目前还没有相关经济参与的制度安排，对参与什么、参与到什么程度、参与效果的评价并没有具体的规定和职责划分，因此对共青团组织的经济参与功能的发挥产生了影响。

青年群体之间的互动及青年群体与社会的互动构成了青年组织文化的传播路径。作为青年文化参与的重要平台和主要路径传播者，青年组织就要担负起引领青年文化的相应责任。在全球化、网络化、多元化的发展背景下，青年文化的具体内容正在生成，但共青团的文化引领遇到了不少阻力，既受到来自社会组织青年群体及网络组织青年群体的干扰和影响，也受到青年亚文化参与的冲击。共青团组织是主流文化的传播者，是青年文化的引领者，但是面对青年文化传播渠道的多样化、个性化、大众化、“青春化”的发展趋势，依然采用传统固定手法，形式单一，内容虚化，缺乏有效的应对手段，大有阵地丧失之感。特别是越来越庞大的新兴青年社会组织，不仅参与到经济领域、社会领域，而且还对青年文化领域产生重要影响。共青团组织如何在大众文化和青年流行文化中体现权威主导，如何应对网络青年组织的文化发展，是不可回避的一个现实问题。

共青团组织社会参与功能存在着“组织困境”“参与困境”和“资源困境”。中国的经济发展和社会转型促进了中国青年的大流动：有区域性的流动，由农村向城市流动，由经济落后地区向经济发达地区流动；有产业性流动，由农业流向非农业产业，由制造业流向服务业；也有体制之间的流动，组织之间的流动；等等。青年群体的流动热潮有力地促进了经济社会发展，也在很大程度上提升了青年群体的生活质量和精神追求。然而在流动的背后存在着许多隐患，暗藏着一系列深层次的社会问题。青年的流动性给共青团组织带来组织建设、组织影响方面的诸多问题，形成了“组织困境”。没有组织建设和影响力，共青团组织很难开展相关社会参与活动，也很难获得一些青年社会问题的相关资料。共青团组织在自身体制转型、社会治理理念更新方面还存在不足，还没有完全找到适应创新社会治理的发展思路，形成了“参与困境”。共青团组织在社会志愿服务、社会公共服务等方面取得了很多成绩，但在社会资源整合、资金来源、人才使用等方面缺乏稳定的来源渠道，经常处于资源枯竭和“饥渴”状态，形成了“资源困境”。

在国际参与方面，我国青年组织坚持以青年事务为主题，积极开展同联合国、各国青年组织及青年事务部门的广泛合作，逐渐构建了开放、共赢、多边主体参与的合作舞台。“当前，各种政治性、民间性和社会群体性的青年团体及青年组织已经成为国家外交舞台上一支重要而活跃的力量。”[①]但我们必须看到，“从西方国家对社会主义国家进行的和平演变战略到中亚地区迭起‘颜色革命’的指向，从历任国家元首与相关政策的执行者、推动者的相关言论与政策实施，从西方国家进行全方位渗透的手段、特征及其实际后果，都可以看出西方国家意识形态的重点一直并且正在逐渐聚焦对象国的青年和青年组织”[②]。因此，我国共青团组织的国际参与面临着意识形态渗透严重、国际参与安全意识不足的挑战。西方国家对我国青年进行的全方位渗透从来没有停止过，而且渗透手段日益多样化，呈现“多管齐下”的渗透态势。互联网、资助非政府组织、文化产品出口、青年学术交流、教育交流及宗教传播等都是外国对我国青年和青年组织进行渗透的方式和途径。因此，共青团组织要有明确清晰的意识形态斗争准备和抵制思想，防止西方青年组织借交流活动之名，行意识形态渗透之实。

总之，共青团组织积极参与我国的政治建设、经济建设、文化建设、社会建设和国际交流，充分发挥了青年组织的参与功能，取得了重大成就：扩大和巩固了党执政的青年基础，引领青年、教育青年跟党走；帮助青年寻找创业和就业途径；积极引领青年认同和践行社会主义核心价值观，融入社会主流文化；引导青年开展社会志愿服务，积极参与社会治理；积极参与国际青年事务，扩大了我国青年的国际影响力。毋庸置疑，我国共青团组织功能发展取得了巨大成就，但也必须看到，在新的国际格局背景下，在我国经济社会发生深刻变革的背景下，共青团组织功能实现存在诸多困境，也对青年社会组织功能实现产生了重要影响。

二、青年社会组织功能实现的制度安排缺失

从政治参与的视角来分析，青年社会组织缺乏政治参与的制度安排。青年社会组织的蓬勃发展已是不可逆转的历史潮流。青年社会组织吸引了成千上万的青年加入其中，但是对于这些青年社会组织的管理和引导还比较欠缺切实可行的措施和办法，青年社会组织的政治参与缺乏制度安排和体制内组织引导，一些青年社会组织的政治参与还处在“迷茫”和“失联”状态。这对于青年社会组织来说可能不会有什么损失，但是从长远来看，共青团的影响力必将受到极大挑战，中国共产党的青年群众基础必将受到影响。

---

① 石国亮：《青年国际政治研究的新范式——意识形态视野中的青年和青年组织》，人民出版社2007年版，第83页。

② 石国亮：《青年国际政治研究的新范式——意识形态视野中的青年和青年组织》，人民出版社2007年版，第128页。

从经济参与的视角来看,青年社会组织的经济参与存在体制性障碍。从世界各国青年社会组织的发展状况来看,青年社会组织在解决青年就业问题、促进社会经济发展方面发挥着重要作用。我国青年社会组织发展比较晚,对其认识程度也不一样,还缺乏对其经济参与的制度性规范。如在青年社会组织的注册、资金的筹措、组织管理等方面还需要进一步理顺并实现制度化。

从文化参与的视角来看,青年社会组织文化参与的形式缺乏规范。慈善类、公益性、志愿服务类青年社会组织以其组织成员强烈的社会责任感、奉献精神赢得了社会的认可和赞誉,为整个社会传播了正能量。青年社会组织的文化传播活动对推动大众文化发展、促成良好社会风气的形成具有重要的示范作用。然而青年社会组织的不规范性和组织成员构成的复杂性决定了并不是所有的青年社会组织都具有传递正能量的潜质和组织功能。一些青年社会组织受到组织管理者错误的价值观念和政治主张的影响,甚至有国内外敌对势力的背景而表现出不同的文化参与形式,我们绝对不可低估其破坏力。青年社会组织的文化传播同样受到青年文化和市场需求所左右,在不良的青年文化需求和市场需求的影响下,一些青年社会组织背离组织初衷而走向价值失衡,甚至走向社会反面的道路。鉴于青年社会组织类型的复杂性、组织模式的松散性、组织运行网络化的特点,我们更要关注其网络文化参与的形式和内容。总之,青年社会组织的特殊形式给青年文化参与带来机遇,更带来诸多挑战和参与困境。

从社会参与的视角分析,青年社会组织缺乏社会参与的制度性建设。青年社会组织的快速发展不过十几年的时间,但却是社会参与最具有活力、最具有发展空间的新生力量。青年社会组织在社会参与的过程中,受到来自自身组织成长的制度化建设、社会参与制度体系建设、外部体系建设等方面的制约。从自身组织成长来看,青年社会组织的成长周期一般是5年左右,造成这种现象的原因有组织经费少、参与渠道有限、组织专业化不强、组织本身缺乏制度化约束等等。从社会制度体系建设来看,我国对社会组织参与社会建设的认识起步较晚,没有相关制度和政策支持。从外围环境来分析,青年社会组织还没有得到政府、社会民众和广大社会青年群体的完全认可,没有形成相应的制度体系。因此,需要综合力量来破解青年社会组织实现社会参与功能的困境,需要党和政府、共青团组织和全体青年的共同努力。

从国际参与的视角分析,青年社会组织缺乏有力的制度支撑。我国青年社会组织国际参与安全意识不够。“我国青年组织和青年社团的发展已经进入了一个国际化、全球化的新时代。”[①]目前，我国青年社会组织开展国际交流的平台逐渐增多，各种区域型、国际型的青年组织论坛为青年组织国际参与搭建了很好的平台，青年组织国际参与取得了很好的效果。但参与交流的青年组织主要以共青团组织、青联组织为代表，民间的青年社会组织国际参与较少，这也避免了很多国际参与的不稳定因素。但是，随着我国青年社会组织逐渐走上参与国际青年事务的舞台，青年社会组织需要独立地与国外非政府青年社会组织、慈善组织等开展业务交流与合作。现阶段，青年社会组织的国际参与缺乏强有力的制度支持，规模小，资金不足，政府支持不够，缺乏专业人才，制约着青年社会组织进一步拓展国际空间。

① 安国启、邓希泉主编：《新世纪中国青年发展报告（2000～2010）》，光明日报出版社 2012 年版，第 106 页。

第五章　我国青年社会组织功能及其实现面临的机遇与挑战

改革开放以来，我国青年社会组织获得了千载难逢的发展机会，发展的趋势不会减弱。在全球化、信息化的背景下，我国青年社会组织面临着新的发展机遇与挑战。外部经济社会发展环境、共青团组织的引导及青年社会组织自身发展状况都会对其功能的实现和拓展产生深远影响。

第一节　青年社会组织功能及其实现面临的机遇

在新的历史时期，互联网和全球化深度发展，国家创新社会治理体系建设，“大众创业，万众创新”的时代背景及共青团组织功能的实现都为青年社会组织功能的实现提供了难得的发展契机。

一、互联网和全球化的深度发展为青年社会组织功能的实现带来机遇

青年社会组织是社会组织的重要组成部分，在社会发展的各个历史阶段，特别是改革开放以来，其功能发生了深刻变化。全球化的时代背景和参照体系及互联网的沟通媒介为青年社会组织参与经济、政治、文化和社会治理等提供了前所未有的契机。青年社会组织功能变迁代表着政治、经济、文化、社会和国际交流的变迁，青年社会组织成为新一代年轻人建构自己身份的主要标志。中国青年社会组织的蓬勃发展离不开全球化的逐渐深入和互联网的普及，因此，组织结构和功能变迁始终没有脱离全球化和互联网的基因，并会随着全球化和互联网的发展而不断变化。

二、创新社会治理体系为青年社会组织功能的实现带来机遇

党的十八届三中全会通过的《中共中央关于全面深化改革若干重大问题的决定》指出，“要解放和增强社会活力”，要“创新社会治理体制”，“改进社会治理方式”，“激发社会组织活力”。青年社会组织将会迎来新的发展黄金期。

“大众创业，万众创新”为青年社会组织功能的实现带来机遇。创新创业精神是青年人的优秀品质之一，青年群体是走在时代最前沿的开路者。在国家“大众创业，万众创新”的时代背景下，青年群体是创新创业的生力军。但青年人创新创业需要政策引导、平台支撑，更需要精心呵护，只有这样，青年人的创新创业动力才能不断被激发。

青年群体创新创业为青年社会组织功能的实现提供了思路。青年人创新创业需要政府的大力支持和引导，但是青年人的创新和创业最基本的还是来自于青年本身的动力和需求。青年群体对创新创业有自己的想法和豪情壮志，特别是在现代信息社会，青年群体通过现代化的信息手段，开展线上或者线下活动，有些活动是具有企业性质的，有些则是娱乐性质的，还有些是公益性质的。但不管青年群体参加什么性质的青年社会组织，创新创业的精神品质都是值得称赞的。有些创造活动虽然不直接产生经济效益，但是所产生的社会效益也是不可低估的。因此青年社会组织为广大青年提供了更为广阔的创新创业平台，这个平台能够让各领域的青年人才实现创新创业梦想。“上海益优青年服务中心推出的‘赶碳号’项目，通过开发桌面游戏、网络漫画、低碳实践、自然体验等多样化的互动体验服务宣传环保，以青少年喜闻乐见的形式推广公益。”①青年社会组织应该紧紧围绕国家“大众创业，万众创新”的政策，结合自己的特点为青年群体提供创新创业平台，促进自己组织功能的深入发展。

三、共青团组织的深刻变革为青年社会组织功能实现带来机遇

“当前，青年社会组织繁荣兴起，规模不断扩大，作用持续增强，影响力不断提升，成为当代青年实现自我发展、全面发展的重要载体，成为社会组织领域的一股不容忽视的新兴力量，并对共青团与青年的关系以及共青团的组织体系和工作格局产生重要影响。”②共青团组织是青年社会组织功能实现的不可逾越的组织环境。对共青团组织而言，青年社会组织的出现既是机遇也是挑战；对青年社会组织而言，共青团组织自身不断变革也给青年社会组织带来机遇。

---

① 马慧娟：《青年社会组织：一个“若隐若现”的庞大群体》，《中国青年报》2014 年 7 月 13 日。

② 石国亮、王玲雪：《青年社会组织发展的政策环境与政策建议》，《中国青年研究》2015 年第 2 期。

共青团组织是青年社会组织功能实现的重要资源。在中国社会的发展过程中,共青团组织充分发挥广大组织成员的聪明才智,出色地完成了国家在革命、社会主义建设和改革开放各个历史时期赋予的重任,起到了主力军和先锋队的作用。共青团组织在全球化和互联网背景下的组织结构和功能也逐渐发生变化。共青团的组织结构和功能逐渐变化的动力来自很多方面,其中青年的变化是最主要原因,而全球化和互联网浪潮是推动青年不断变化的重要因素。城市共青团组织的街道区域化组织建设,农村共青团组织的乡镇大团委建设,高校共青团组织的社团建设等组织结构的改变都与全球化和互联网的发展有着密切关系。共青团组织以政治性功能为主向经济功能、文化功能、社会管理功能及国际交流等综合功能的逐渐变迁也与此有关。由此可以看出,青年社会组织要真正生存下去,充分发挥自己的组织功能,就必须充分利用共青团的组织资源,这是共青团组织功能拓展的需要,也是青年社会组织解决资源匮乏问题的需要。

共青团组织自身改革将助推青年社会组织成为社会治理的重要参与主体。"社会治理体系改革的核心问题是处理好政府与社会的关系,需要政府主动向社会放权,更好地发挥社会力量在管理社会事务中的作用,改变'大政府、小社会'局面,建立有活力的'大社会',逐步走向社会公共治理。"[①]也就是说,社会治理要充分发挥政府的管理作用,也要发挥社会组织、企事业单位和公民的参与作用,政府把不该管的事全部放给社会力量来治理。而共青团组织所从事的领域大都在社会领域,如志愿服务、慈善活动、应急救援、心理疏导等方面,共青团组织与社会治理有着天然联系。进一步发挥自己的社会参与功能,在社会治理参与主体中获得一席之地,是为党和政府分担重任的政治责任,也是共青团组织解决生存困境、谋求组织自身发展、提升组织竞争力的必然要求。在经济社会深刻变革和转型的时代,共青团组织面对新的组织生态环境,应充分利用社会治理体系创新的机遇,充分发挥共青团组织政治、经济、文化、社会和国际参与功能,为青年群体提供广阔的平台和空间,凝聚青年智慧,为社会治理注入青年力量,为实现国家治理体系现代化贡献青春和热血。可以说,"共青团组织创新理念、创新工作,围绕'改进社会治理方式'、'激发社会组织活力',寻求工作的着力点,将是一次难得的历史机遇"[②]。青年社会组织应充分利用共青团组织加强和拓展社会参与功能的机遇,发挥自身的优势,积极参与创新社会治理体系建设,利用共青团的组织优势成为创新社会治理的重要参与主体,实现青年

① 丁凯:《在社会治理体系创新中发挥共青团生力军作用》,《中国青年报》2013年12月1日。

② 丁凯:《在社会治理体系创新中发挥共青团生力军作用》,《中国青年报》2013年12月1日。

组织发展的双赢。

四、青年社会组织功能实现面临的机遇

社会主义市场经济的发展促进了青年社会组织的发展。从民间组织、草根组织、青年自组织发展到青年社会组织组织形态的不断创新，既有外部环境的助推，也是组织自身不断发展和成长的结果。青年社会组织发端于改革开放初期，成长于中国社会转型的重要历史阶段，特别是在网络化、全球化和城市化的大背景下，青年社会组织在自身组织结构和组织活动内容上都迎来新的发展机遇。

组织结构的合理性是决定一个组织能否长远发展的关键因素。青年社会组织起源于草根组织。大部分青年社会组织不注重本身的组织结构建设，特别在影响组织结构的核心要素方面往往是缺位的。首先是组织制度的缺位。基于青年群体的业缘、趣缘和地缘关系成立的青年社会组织，决定了其组织的随意性和自发性，也决定了组织发展的短暂性。大部分青年社会组织既不在政府部门登记，也不在政府的视野范围之内，其组织内部缺乏相应的管理制度，无法构建制度框架下的组织结构。“从总体上看，青年社会组织的制度建设还比较落后，平均有 31.3%的青年社会组织建立了各项制度。其中已登记比未登记的组织在制度建设方面更为健全，平均比例为 38.4%、24.3%。”[①]因此，有相当比例的青年社会组织的组织制度相当松散。其次是人才缺位。青年社会组织的主要成员多以兼职为主，组织成员的精力、专业技能和敬业精神等方面还不能满足组织发展的需要，特别是组织成员的流动周期短、稳定性差，这些因素加剧了组织结构的不稳定性。最后是经费缺位。作为社会团体，青年社会组织要开展一些活动，但捉襟见肘的活动经费限制了活动范围、内容和效果。缺乏资金是青年社会组织面临的最为严重的问题。而社会公众对青年社会组织认识片面，影响了其资金的筹措，进而影响了青年社会组织自我管理、自我运作、自我发展，也影响了青年社会组织的组织运行。总体来看，这三点是影响青年社会组织组织结构建设的重要问题。问题往往蕴含着重要的发展机遇。对于青年社会组织来说，共青团组织是能够解决也是愿意帮助解决上述问题的重要组织力量；同时，共青团组织需要借助青年社会组织的发展摆脱目前的发展困境，这也是青年社会组织难得的发展机遇。青年社会组织可以和共青团组织构建枢纽型组织关系、同心圆组织关系，充分利用共青团组织的资源优势解决青年社会组织的制度建设、人才匮乏和资金缺口问题。

---

① 刘俊彦主编：《青年与青年社会组织》，中国青年出版社 2014 年版，第 17 页。

青年社会组织参与社会活动的领域非常广泛。“调研显示，在上海市青年社会组织开展的各项活动中，9.04％的组织进行了扶贫帮困活动，7.98％的组织开展了志愿服务，7.98％的组织开办了文化艺术类服务，7.45％的组织开展了联谊交友的活动，此外还有体育健身（7.18％）、养老敬老（5.05％）、环境保护（4.79％）、娱乐旅游（4.72％）、心理咨询（4.26％）、对外合作（2.66％）、民办中小学（2.39％）、政策、法律咨询与服务（1.86％）、医院与康复中心（1.86％）、展览（1.86％）、职业与成人教育（1.6％）、行业服务与协调（1.06％）、学术研究（1.33％）等方面，即便是就业与再就业服务、防灾救灾、车友会所占比例较低（1.06％）的青年社会组织也都有涉及。”①参与社会治理是青年社会组织的核心工作。青年社会组织在参与社会治理方面取得了一定的进展，扩大社会参与领域，做大做强社会治理品牌项目，是新时期青年社会组织功能发展的重要方向。

第二节　青年社会组织功能及其实现面临的挑战

青年社会组织是近些年才发展起来的社会组织。青年社会组织在发展的过程中有很多机遇，但也遇到了很多挑战。

一、青年社会组织功能实现的外部环境挑战

资源配置方式的转变影响着青年社会组织功能的实现。经济社会的深刻变革将更加突出市场配置资源的重要作用。青年主要通过市场获取所需资源，对青年社会组织资源配置的依赖程度减少，青年群体参与组织的积极性也就受到不同程度的影响。青年社会组织还没有形成通过市场促进组织功能实现的政策体系、制度安排和活动品牌，这对青年社会组织功能拓展势必产生影响。

社会运行机制的变化影响着青年社会组织功能的实现。“小政府，大社会”是社会运行机制的发展走向。面对新的社会运行机制的变化，青年社会组织需要对原有运行机制进行重构，以适应市场化、社会化的工作需求。青年社会组织功能实现也会因组织运行机制的调整受到影响。

社会组织格局的变化影响着青年社会组织功能的实现。青年社会组织对青年的影响逐渐扩大已成为不争的事实，共青团组织如何与青年社会组织共同发力，发挥组织参与功能，团结、教育和引导青年群体服务于社会，这些都是共青团和青年社会组织必须面对的时代课题。

---

① 童潇：《青年社会组织参与城市社会治理：演进、特征与推进路径》，《中国青年研究》2015 年第 8 期。

二、青年社会组织功能实现的外部组织挑战

共青团组织体制创新不足影响着青年社会组织功能的实现和拓展。改革开放以来，共青团虽然不断地进行改革和创新，但面对青年群体生活方式的多样化、工作形式的多层次和价值观的多元化的总体形势以及青年社会组织的大量涌现的现状，共青团组织团结青年、凝聚青年和引导青年的任务仍格外艰巨。特别是青年社会组织的大量出现，使得大量青年群体从体制内的共青团组织向体制外的青年社会组织转移。共青团组织如何在新的形势下赢得青年群体，实现对青年社会组织的资源整合，这是共青团组织面临的重大课题。从目前共青团组织与青年社会组织的关系来看，共青团组织还没有找到与青年社会组织的相处之道。共青团组织要么对青年社会组织形成一种管理与被管理、控制与被控制、服务与被服务的简单关系，要么就是若即若离的关系。解决问题的关键在于共青团对传统体制进行彻底的革新，使其符合组织运行规律。共青团组织的体制创新绝非一朝一夕之事，这对青年社会组织的发展是个重大挑战。

三、青年社会组织功能实现的自身制约因素

青年社会组织创新不足制约自身发展。青年社会组织理论创新不足影响了组织功能的实现。青年社会组织是近些年才发展起来的社会组织，还没有系统的理论支撑，还没有探索出组织可持续发展的内在规律。因此，青年社会组织需要在新形势下探索出符合世情、国情、青年群体实际情况的理论，以此指导自己的实践。

青年社会组织实践创新不足给组织功能实现带来挑战。从这些年的实践效果来看，青年社会组织功能发展取得了一定的效果，但对于青年多元化需求，城市青年、农村青年、大学生青年的意识形态的引领等诸多方面还缺少创新做法，特别是在互联网时代，青年社会组织还需要在“互联网＋青年群体”“互联网＋组织活动”等诸多方面进行探索和创新。青年社会组织功能拓展需要符合当下的时代背景，运用先进的网络手段和切实可行的工作方法，这些都要在实践中不断摸索和创新。

青年群体的新特点给青年社会组织功能实现带来挑战。“30多年来，中国社会处于急剧的变迁过程中，中国改革开放的社会历史既形成了这一代青年特定的人生经历，同时也展现出其特有的现象和问题。无论是在社会制度层面的教育、就业和家庭，还是作为文化部分的价值观、生活方式和社会心理，社会在这些方面的各种变迁都会在当前青年的行为、态度以及由此所形成的青年现象

与青年问题中留下痕迹。”[①]中国青年群体呈现出复杂、分层、多元的特点，这些青年群体的特点是社会发展变迁的必然结果。不同特点的青年群体聚集在“两新”组织中，青年社会组织功能的发展变化还不能适应这些青年群体的要求，也没有根据这些青年群体的特点找到工作的切入点。因此，分析当代青年群体和职业结构的新特点是进一步探索青年社会组织功能实现的逻辑起点。

① 风笑天:《社会变迁背景中的青年问题与青年研究》,《中州学刊》2013年第1期。

第六章　我国青年社会组织功能及其实现的国外镜鉴

国外青年组织是工业化社会的产物，为工业化社会的发展发挥了重要作用。在现代社会，国外青年组织功能随着经济全球化、信息化和文化多元化的进一步发展而发生变迁。“在现代社会，国外青年组织功能总体上开始转向服务社会、促进青年发展，突出体现在社会、文化、政治、经济等方面。”[①]国外青年组织功能都具有本国特色，对国外青年组织功能进行梳理，从中得到借鉴和经验，有助于我国青年社会组织找准定位，促进我国青年社会组织健康发展。

第一节　国外青年组织发展概况

自工业革命诞生以来，青年就登上了历史舞台。三次工业革命对人类社会的经济、政治、文化、军事、科技产生了极其深远的影响，也极大影响了人的社会化发展进程。青年的社会化经历了以青年客体为主单向社会化向以青年主体为主双向社会化过程。在国际政治经济形势不断发生变化的背景下，青年群体与社会的双向互动所表现出来的积极和消极行为对社会产生了巨大的影响。特别是犯罪青年群体、文化反叛青年群体、政治激进青年群体、宗教信仰青年群体的“造反”和社会运动表现出的巨大能量引起了国外政党和政府的高度重视。国外青年组织也在工业革命不断演进，政治、经济、社会、文化不断发展的进程中发展和成长，青年组织已成为国外政党和政府高度关注和重视的社会力量之一。

① 陈烯、练庆伟：《国外青年组织功能发展透视》，《中国青年政治学院学报》2010年第2期。

一、国外青年组织的基本特征与类型

自青年组织的典型代表德意志大学生协会1815年6月诞生以来，国外青年组织的地位和功能不断得到提升和扩大。虽然世界各国的青年组织各具特色，但它们都呈现出青年组织的基本特征。

（一）国外青年组织的基本特征

第一，组织成员是青年群体。与其他社会组织相比，成员的年轻化是青年组织的最基本特征。青年的年轻化一方面体现在年龄段上，另一方面体现在同辈性特征上。关于青年群体的年龄阶段，国际组织有自己的规定，各个国家根据自己的国情和实际情况也有不同的规定。联合国把青年年龄阶段定为15～24岁；世界卫生组织规定14～44岁为青年群体；联合国教科文组织则规定14～34岁为青年群体。俄罗斯将14～30岁的群体定为青年，南非把14～35岁的公民定义为青年，英国青年人的年龄阶段为18～34岁。我国对青年群体的定义也不一样，共青团规定14～28岁为青年群体，而青年联合会成员是18～40岁。由此可以看出，年龄阶段只能作为青年群体的一个形式上的标准，并没有科学的依据和统一的认定准则。青年的同辈性特征主要是指青年群体身心发展和社会化的一致性特征，属于同一代群体，也就是青年组织的成员在日常生活方式、价值取向、社交途径等诸多方面呈现相似性特征。

第二，组织目标基本相似。国外青年组织的产生、发展、壮大的过程与本国的政治、经济发展和社会进步是相一致的。国外青年组织基本经历了三次工业革命、两次世界大战、经济危机、资本主义经济快速发展、经济全球化和信息化的浪潮等重要阶段，各国青年组织目标，无论是政治意见的表达、消遣娱乐的主张、青年权益的维护还是服务青年成长等方面都与这些背景密切相关。如2005年之后，俄罗斯成立的“纳什”“青年近卫军”等青年组织，其主要目的是为避免重演俄罗斯周边国家出现的“颜色革命”事件。这些青年组织的成立与统一俄罗斯党的政治主张有着紧密关系。

第三，组织结构趋向于非正式化。国外的政党和政府几乎都有自己主导的组织结构严密、法律框架完整的大型青年组织。如“非国大青年联盟”是南非曼德拉参与创建的、最著名的青年组织，很多非国大领袖都曾是非国大青年联盟的重要成员。[①] 但随着全球化、信息化浪潮的到来，各国青年需要更加灵活多样、符合他们业余兴趣、职业兴趣和各种爱好的组织平台，他们不再拘泥于原有的正式组织，而希望加入形式多样、休闲、实用的非正式青年组织。因此，基于

① 参见龚爱国、徐艳玲：《“金砖四国”青年组织联系凝聚青年的路径》，《中国青年研究》2014年第3期。

青年人的地缘、情缘、趣缘、网缘形成了不计其数的青年非正式组织。随着大量的非正式青年组织的出现，青年组织的内部结构会趋向简单化、扁平化，原有的青年组织内部结构也会发生变革和重构，以适应青年人的需要。

第四，组织运行机制突出自主性。国外的青年事务机构负责信息的搜集、人员的培训、政策的制定和项目的发布等工作，不干涉青年组织的运行机制。这不仅是青年组织直接乐于服务于青年的举措，而且还是充分调动青年组织自主发展积极性的重要举措。美国的“童子军”(The Boy Scouts of America)是美国最大的青年组织，该组织的管理成员主要是志愿者，针对较高层次的管理，则聘请专职人员。

第五，组织经费来源多元化。国外青年组织的经费来源渠道多元，有政府资助、企业赞助、组织募捐、会员会费等形式。俄罗斯的“《国家支持青少年社会组织法》规定，拥有独立法人资格，个人会员超过 3000 名，运行时间不少于 1 年的青年组织，可以被列为国家级社会组织，享有国家专项资助”①。

第六，组织服务专业性和针对性强。国外青年组织服务专业化较强，每个青年组织都有自己的服务范围和标准。“神圣印度青年协会(Divine India Youth Association)是印度非宗教、非政治和非政府青年组织，该组织关注印度教育、健康以及青年理想方面的问题，帮助他们在青年阶段作出人生重要选择。”②“自然保护联盟”是德国最大的环保非政府组织，该组织致力于国家的环境保护等方面的工作。

(二)国外青年组织基本类型

国外青年组织有着自己本土化的组织发展体系和较为系统的管理模式。各国都有数量庞大的青年群体，拥有不同兴趣、人生目标、生活方式和价值取向的青年群体需要不同的组织去整合。因此国外青年组织呈现价值多元化、组织类型多样化的状态。各国对青年组织的分类标准、视角和功能定位不一样，国外青年组织类型也没有统一的尺度。从活动领域来看，德国将青年组织分为九类，包括政治型青年组织、文化类青年组织、宗教类青年组织等；印度则分为非政府组织、非营利组织、政党型青年组织、学生青年组织及宗教类型青年组织等。虽然国外青年组织类型多样、五花八门，但从青年组织功能的视角，青年参与政治、经济、文化、社会及国际交流方面的事务活动领域及作用来看，青年组织的类型可以概括为政治型青年组织、经济型青年组织、文化娱乐型青年组织、

① [俄]奥列格·雷日诺夫：《1991 年以来俄罗斯青年社会组织的发展与变迁》，《中国青年研究》2003 年第 3 期。

② 龚爱国：《印度青年组织社会功能透视及启示》，《社会科学家》2015 年第 3 期。

社会志愿服务型青年组织、社会公益型青年组织、宗教型青年组织、国际青年组织等等。

二、国外青年组织在政党和政府管理中的地位

从实践来看，国外青年组织的萌芽、发展、壮大与国外政党的发展和社会的进步是相契合的。在社会发展的各个时期，基于自身的利益需求，国外各种类型的政党都不得不重视青年以及影响越来越大的青年组织，特别关注与自身利益相关的政党型青年组织，在制度安排、经费资助、活动空间和服务方面给予青年组织充分支持和帮助。

（一）国外政党高度重视青年组织工作

国外不少政党非常重视青年组织并加强对青年组织的领导，其目的不仅是为本政党培养后备人才、赢得青年的支持，也是巩固自己执政地位、维护社会稳定、促进社会发展的重要手段。这其中的诱因有以下几点：

第一，国外政党政治革命需要青年及青年组织。“如果说，在英国资产阶级革命和法国大革命时期，李尔本、丹东、马拉、罗伯斯比尔等青年政治家还只是以资产阶级革命派或民主派的面目出现在政治舞台上而没有形成一个有组织的青年群体的话，那么，到 19 世纪 30～40 年代，以青年知识分子为主的青年团体已经比比皆是。”[①]在欧洲早期革命运动中，青年组织扮演着重要的角色。著名作家海涅参加的“青年德意志”，具有激进民主性质的捷克大学生“斯拉夫同盟”，奥地利青年学生成立的“争取自由斗争同盟”等青年组织是在这一时期比较有代表性的青年组织。“随着无产阶级和资产阶级矛盾的上升，青年工人在无产阶级队伍不断壮大的基础上，先后建立起自己的组织，其中最具特色和最有代表性的是比利时的‘青年近卫军’。青年近卫军的活动得到了比利时工人党的重视，并给予帮助和支持。它是国际青年工人的第一个组织，它在国际青年运动史上占有重要地位并发挥了重要作用。”[②]

从 20 世纪初到 20 世纪中叶，在工人阶级政党的帮助下，各国青年相继建立了青年组织，青年组织运动已经从经济斗争转向较为成熟的政治斗争。由参加过俄国革命的各种青年组织组成的苏联列宁共产主义青年团于 1918 年 10 月 29 日创立，它是苏联群众性政治组织，是苏联共产党的积极助手和后备军。在俄国十月革命的影响下，伴随着社会主义政党和工人运动的发展，欧洲和亚

---

① 薛晓建：《浅析欧洲早期青年工人运动的几个问题》，《中国劳动关系学院学报》2007 年第 6 期。

② 薛晓建：《最早的青年工人组织——比利时青年近卫军的历史作用》，《中国劳动关系学院学报》2010 年第 6 期。

洲一些国家相继成立了青年组织，这些青年组织开展了反对帝国主义、军国主义和争取民族独立的大规模青年运动。这些青年运动为国外各政党加快实现自己的执政目标发挥了重要作用。“胡志明共产主义青年团”是越南共产党领导下的先进青年政治组织，该组织创建于 1931 年 3 月，被称为“越南共产党可信赖的预备队”，在动员广大青年积极参加民族解放战争中发挥了重要作用。

第二，国外政党巩固自己政权的需要。国外政党巩固自己执政地位的一个重要手段就是建立和发展青年组织，将青年组织作为自己执政的桥梁和纽带，不断加强对广大青年的组织和引导，从青年组织中培养自己的青年领袖和接班人，把青年团结在自己周围，并影响青年的社会化和政治化进程，从而巩固自己的执政地位。

“以青年为主力军的反政府组织，在塞尔维亚、格鲁吉亚、乌克兰和吉尔吉斯斯坦等俄罗斯周边国家取得‘颜色革命’成功之后，俄罗斯的反政府青年组织引起了普京政府的高度警惕。为防止俄罗斯成为“颜色革命”的受害者，2005 年之后，俄罗斯成立了‘纳什’‘青年俄罗斯’‘青年近卫军’‘我们国家’‘新人’等青年组织。实践证明，这些青年组织不仅成功阻止了所谓的‘颜色革命’，而且还极大地巩固了统一俄罗斯党在青年人心目中的地位，在后来的总统选举中已经表现出政治的成熟。”[①]“纳什”是俄罗斯为防止发生“颜色革命”成立的最大的政党型青年组织，吸收了大约 12 万追随普京的年轻人，这些年轻人大部分是在校大学生和青年知识分子。该组织在 2011 年支持总统选举的游行中表现尤为出色。

在美国，具有宗教背景的青年社会服务组织随处可见，其中基督教青年教会（YMCA）最具有影响力，而具有政党背景的青年组织较少。但是美国的两大政党都有自己的青年组织。美国的共和党青年组织有“青年共和党人”和“大学共和党人”。青年共和党人是成立最早也是对美国共和党贡献最大的青年组织，从美国第一任总统到美国历任共和党总统的竞选，都有该组织强有力的助选背景。大学生共和党人主要是由美国大学生组成的青年组织。美国共和党为了赢得 2012 年总统大选，特别成立了“交叉路世代”（Crossroads Generation）组织，该组织想通过活动把青年选民拉回到共和党这边，但是此次活动最终没有取得预期效果。“青年民主党人”（YDA）是美国民主党领导的青年组织，也是由青年人担任领导的美国最大政党型青年组织。该组织致力于动员 36 岁以下青年人参与总统选举的过程，通过点对点模式建立了可靠的民主党青年选民联盟，以此来凝聚联系青年选民，并与青年建立了长期稳定的关系。美国的两个

① 龚爱国、徐艳玲：《“金砖四国”青年组织联系凝聚青年的路径》，《中国青年研究》2014 年第 3 期。

政党都充分利用自己的青年组织招募会员，培养和训练青年，一方面促进了青年的成长，另一方面也扩大了两党在各自青年人中的社会影响力。

为了加强对青年组织的控制，密切与青年人的联系，法国社会党成立了一个名为“青年社会党人运动”的青年组织。法国社会党“每年都会组织成立夏季学校，通过培训、组织各种活动，创办青年杂志，邀请社会党的精英和专家给青年社会党人发表演讲，从而赢得青年，扩大党的群众基础”①。法国社会党党章还明确规定了该青年组织的内部规章制度的制定须经社会党全国理事会的审批。2012年，法国社会党为了赢得大选，还成立了“法国社会青年运动”等青年组织，通过资助青年活动来赢得青年对选举的支持。法国社会党能够赢得2012年大选与青年组织的努力有着密切关系。

英国工党和保守党都积极培育自己的青年组织，“青年工党”和“未来保守党”是分别隶属于英国工党和保守党的青年组织。这些政党一方面充分利用青年组织的特殊功能帮助本党拉选票，另一方面在青年组织中积极培养政治骨干和政治精英，以便巩固和延续自己的执政地位。原英国首相卡梅伦39岁就担任保守党领袖，这也是保守党重视青年组织发展的成功案例。

面对美国的长期封锁和东欧剧变的重大影响，古巴共产党也在各方面巩固和加强了自己的执政地位。古巴共产党高度重视青年干部的培养，选拔德才兼备的年轻领导干部进入各级领导岗位，确保革命和国家建设后继有人。“古巴共产主义青年联盟”是古巴先进的青年组织，古巴的很多高级领导干部都来自该青年组织，它已成为古巴共产党的后备军和强有力的政治助手。

第三，国外政党促进社会建设、维护社会稳定的需要。促进社会建设、维护社会稳定日益成为各国政党普遍关注的问题。20世纪中叶以来，随着青年自我为中心的意识的逐渐加强，青年参与社会发展的热情也逐渐高涨，越来越多的基于共同兴趣爱好和价值取向而建立的青年组织开始出现。面对青年群体的多样性和不同青年群体的多样化需求，国外政党加大对青年组织的支持力度，让更多的青年组织群体参与社会政治生活。

法国青年信息中心是接受政府拨款的青年组织，青年信息中心的工作人员的薪水也由政府直接拨款。信息中心的主要功能就是为青年提供各种信息咨询服务，为青年提供各种交流和义工活动，为青年提供就业及职业规划等方面的辅导。法国青年信息中心的这些免费活动对解决青年面临的困惑和困难发挥了重要的作用，在法国青年社会事务处理中占有举足轻重的地位。

“印度政党制度属于典型的多党制，党派之间差异很大，结构也较复杂，数

① 郑賨：《法国社会党如何联系民众》，《领导科学论坛》2014年第2期。

量之多也属世界罕见。印度共产党的青年组织中包括全印学生联合会和全印青年联合会，而印度国大党下属的青年组织则有青年国大党和全印学联。印度青年社团(Youth Popular Association)是印度共产党(马列)的青年组织。激进青年联盟则属于印度共产党的青年组织。其他主要政党虽然没有直接领导比较有影响的青年组织，但是各党派都开始重视青年和青年组织在各党派发展中的重要地位。印度各政党在新形势下加大了对青年组织的领导，注重维护青年的权益，有针对性地帮助和解决青年的就业、教育和娱乐等诸多问题，因此赢得了青年对政党的支持。”①青年问题的解决极大地促进了印度社会的稳定和发展。

(二)国外政党和政府注重青年组织的制度安排

国外政党和政府充分认识到青年在国家以及实现政党执政及政府施政方面的重要作用，充分利用各种条件促进青年组织的发展，以实现政党执政、维护社会稳定和促进社会发展的目的。

印度政府认为，青年不是一个简单同类群体，青年因生活的地区和环境、家庭的社会经济地位以及个人的生活方式不同而存在很多差异。因此，政府在《国家青年政策(2003 年)》的基础上，出台了《国家青年政策(2012 年)》。

“截至 2000 年，联合国 185 个成员国中有 164 个国家指定了专门负责协调全国青年事务的政府机构，其中 73 个国家还制定和实施了全国性的青年行动计划，大大加强了政府对青年事务的影响。”②

(三)国外政党和政府重视青年组织的经费资助

国外政党和政府都充分认识到青年是国家在未来的国际竞争中立于不败之地的重要力量。因此，在青年组织的发展问题上也都表现出较为积极的姿态，许多国家还采取了有力措施，将青年组织纳入政府机构，加强对青年组织的引导和管理，让青年组织成为社会发展总体规划的重要组成部分，旨在激励和带动青年人在社会发展中做出更为积极的贡献。芬兰 85 个全国性政党都向自身的青年组织拨付经费，积极支持其所开展的各项活动；俄罗斯“青年近卫军”部分经费由统一俄罗斯党拨给，其余通过项目合作的方式向政府青年事务主管部门申请。

(四)国外政党和政府重视拓展青年组织的活动空间

在全球化、信息化时代的背景下，仅靠政党执政理念的宣传还不能满足不

---

① 龚爱国:《印度青年社会功能透视及启示》,《社会科学家》2015 年第 3 期。

② 张华:《从〈到 2000 年及其后世界青年行动纲领〉看当今世界青年事务的发展》,《中国青年政治学院学报》1998 年第 10 期。

同层次青年群体的多样性需求。国外政党根据本国的实际情况，充分运用政治手段和非政治手段，为青年提供符合青年特点、满足青年需求的发展空间，以此来增强对青年的吸引力和凝聚力。

马来西亚巫统青年团目前的青年党员占党员总数的35%以上，在巫统内部的组织和联系党外青年的工作中发挥着重要作用。

新加坡人民行动党以民众联络所青年团为平台，为团员提供各种活动与培训项目，从而获得青少年的广泛支持。

（五）国外政党和政府高度重视青年组织的服务工作

为青年提供优质的服务是各国政党和政府赢得青年支持和认同的重要手段和途径。成立专门服务青年的机构是了解青年需求、满足青年需要的重要平台。从国外政党和政府服务青年的机构类型来看，有青年咨询中心、青年信息中心、青年工作事务部、青年中心及青年研究机构等各种形式的服务青年的机构，这些机构都有专门的工作职责、内容和范围，并有政府的经费支持。新加坡专门服务青年的机构是“民众联络所青年团”；瑞典社会民主党通过青年团和大学生联合会为青年提供服务；比利时专门成立青年中心、青年组织、青年事务咨询及青年工作办公室等青年事务管理机构；巴西成立国家青年特别事务办公室和社会青少年研究组来服务青年研究和青年工作；墨西哥革命制度党成立革命青年阵线和全国社会民主青年联合会，国家行动党成立“青年行动”青年组织，民主革命党成立“左翼青年”青年组织，这些组织是墨西哥三大政党团结青年、服务青年、组织青年的协调机构。

第二节　国外青年组织功能现状及发展趋势

在国家发展的不同历史阶段和不同历史时期，国外青年组织会呈现不同的组织功能。随着青年组织的规模不断发展壮大，其影响力也不断提升，涉及领域不断拓宽，组织功能也不断得到拓展。

一、国外青年组织功能现状

国外青年组织功能实现了从娱乐、教育功能到政治、军事功能再到志愿服务、社会公益、文体娱乐功能三个阶段的有效过渡。要对国外青年组织的功能有一个总体的分析和梳理的话，需要从青年的政治、经济、文化、社会和国际参与等方面进行总结和归纳，因为这些方面基本囊括了青年活动的基本范围，也是青年组织参与活动的内容。因此本书从政治参与、经济参与、文化参与、社会参与和国际参与功能等方面对国外青年组织功能的现状进行阐述。

(一)政治参与功能现状

早期的青年组织特别是20世纪初的青年组织基本上完全从属于党派政治,这与当时世界范围内的民族、民主革命和各阶级及国家之间的战争相关联。当时成立的青年组织完全融入到政治斗争中并且发挥了重要的政治作用。如1918年苏联创立的“列宁共产主义青年团”是苏联典型的群众政治组织,成为苏联共产党的助手和后备军;意大利创立的“大学生法西斯团”,日本创立的“青年团联盟”,德国创立的“希特勒青年团”等青年组织都是以政治参与的形式参与到军事化斗争中去,成为各党派夺取政权的重要力量。

进入21世纪以来,国际局势发生了巨大变化,青年组织不再像20世纪初那样完全从属于政党,但其组织的政治参与功能从来没有减弱过,都体现了国外政党维护社会稳定、政党执政的政治需求。首先,从青年组织参与方式与内容来看,组织青年参加示威游行、帮助政党拉选票、培养党派青年领袖、组织青年代表参与政府或者政党决策、通过网络组织青年表达政治见解等等都是青年组织政治参与的主要方式和内容。其次,从青年组织政治参与主体来看,青年组织政治参与主要是政治性青年组织占主导地位,其他类型的青年组织对政治参与并不感兴趣。一方面是组织成员对政治参与不感兴趣,另一方面是组织目标和发展方向也远离政治参与内容。墨西哥“革命青年阵线”是墨西哥革命制度党主要的青年组织,该组织的主要目标就是促使更多年轻人支持墨西哥革命制度党的选举及政治活动,为该党培养年轻革命干部等等。2012年,墨西哥革命制度党之所以重新获得执政,最重要的因素之一是掌握了青年的动态,得到了青年的支持。再次,从青年组织政治参与的途径来看,信息化、网络化时代的到来,促使青年组织的政治参与的形式也有所变化,传统的运动式、串联式的直接参与方式正发生悄悄变革。互联网成为青年组织联系青年的捷径,也成为各政党吸引青年关心政治、参与政党活动、宣传政党价值观和施政纲领、扩大政党在青年中影响力的重要平台和途径。因此,国外各政党型青年组织都积极通过互联网联系和凝聚青年开展政治参与活动。最后,从青年组织政治参与的目的来看,青年组织积极参与政治活动符合党派的政治利益,是青年组织成员寻求事业发展、实现人生价值的重要途径,也是青年组织实现组织发展和组织目标的重要平台。有研究表明,“俄罗斯最大青年政治组织‘青年近卫军’有16万名成员,其中有1人担任州长,4人为联邦委员会议员,10多人为杜马代表,120多人为立法委员会代表,280多人为各联邦区行政中心和政权代表机构成员。该组织成员还进入执政党的领导机构:5人是‘统一俄罗斯’党总委会成员,157人在党的地区政治委员会中工作,50多人进入地区政治委员会主席团,14人担任地区政治委员会中的副书记”[①]。

(二)经济参与功能现状

青年组织的经济功能不像政治功能那样能够得到国外各政党的高度重视，专家学者对此研究的也很少。但是从青年就业、社会经济发展视角来看，青年组织的经济功能同样值得高度重视。简单地说，经济参与功能就是青年组织为青年参与经济提供的服务及对社会经济发展的影响和作用。

国外青年组织通过提供社会服务可以获取经济收入和组织发展。进入新世纪以来，特别是近几年来，整个世界青年的就业前景并不乐观。国际劳工组织发布的《2014 年全球就业趋势报告》指出：“全球青年失业率在 2013 年达到 13.1%，是全球失业率的两倍多。中东、北非、拉丁美洲和加勒比海是青年失业最为严重的地区。”[②]该组织呼吁各国政府关注青年人的就业问题。青年就业问题关系到青年权益保护问题，也关系到社会文明的发展进程。因此，为青年提供就业机会和服务是青年组织维护青年权益的重要职责。国外青年组织的类型多样，不管是非营利青年组织、非政府青年组织还是青年社团组织，青年组织成立本身就为青年人提供了就业机会，同时通过开展各项青年项目也能为青年提供就业服务，以此来提高青年教育和培训水平，促进青年就业和创业能力，帮助弱势青年能够回归到主流社会当中。“印度的青年问题不可能完全由政府来解决，印度政府通过大力支持青年非政府组织的发展，为青年提供发展空间和就业机会，解决了社会的青年问题，也解决了青年的社会问题。”[③]

从青年组织对社会经济发展的影响和作用来分析，国外青年组织间接或者直接参与经济发展。国外青年组织（包括各种类型的青年组织）的身份和地位都受到法律的保护和认可，很多国家出台了相关政策鼓励青年组织的发展，如俄罗斯、印度、美国等等。除了制度安排以外，国外很多国家都为青年组织提供了较为宽松的生存环境，因此青年组织的活动范围涉及领域较为广泛。社会公共领域成为青年组织开展活动最多的领域，在这些公共领域里，政府通过购买服务的形式将项目承包给青年组织，青年组织完成社会公共领域的服务并获得相应回报。青年组织也可以和社会企业开展相关合作。“如‘Pratham’是印度最大的青年非政府组织，该组织致力于为印度贫困儿童提供素质教育。到目前为止，该组织已为数百万农村和城市儿童提供了系列教育。该组织确信在和政

---

① 王海峰：《走进普京“青年近卫军”总部》，《环球时报》2014 年 7 月 14 日。

② 《国际劳工组织：未来几年全球就业形势依然严峻》，http://gb.cri.cn/42071/2014/01/21/6071s4397833.htm。

③ 龚爱国：《印度青年社会功能透视及启示》，《社会科学家》2015 年第 3 期。

府的合作中能够实现儿童教育的大范围变化。该组织在实施'旗舰计划—Read India'时与8个邦政府签订了谅解备忘录，并且正在和几个城市的市政企业进行着密切合作。"[①]青年组织通过参与社会活动同样对社会的经济产生影响和作用，这样的经济参与可以看作青年组织的间接参与方式，对于解决青年的就业问题、政府的经济管理困难会起到积极的促进作用。青年组织参与经济的另外一种形式是直接参与经济政策的制定或者相关经济活动。这种类型的青年组织多数是企业的协会、商会或者非政府营利组织。如世界青年总裁协会组织（Yong Presidents'Organization）是由各国年轻的企业家组成的全球性网络组织，活动的主要议题与经贸、科技和金融有关。该组织为促进企业家之间的经济交流提供了平台。

国际劳工组织发表报告称，2015年的失业率依然呈增长趋势。有分析表明，青年人的工作能力不能满足市场需求是青年人失业的主要因素，因此应该从青年人的教育培训、就业指导、创业培训、技能培训及社会资助方面给予青年更多的服务和帮助。可以看出，国外青年组织在这方面会发挥自己的特长，这对青年的就业会起到积极的促进作用。

（三）文化参与功能现状

"青年文化总是在特定的社会空间中生存、变化和消亡，社会结构、社会变革、文化变迁、经济发展、意识形态等，都是这空间中影响和制约青年文化的因素。"[②]青年组织也会因国外各个国家的历史背景、政治体制、经济体制及意识形态等方面的不同有不同的文化参与表现形式。因此，很难把国外青年组织文化参与的现状进行逐个描述和阐述，只能从其形式各异的文化参与中汲取其中的共同点加以论述，因为"青年文化作为急剧变迁的现代社会中多种因素综合作用的产物，它的表现形式、价值取向和社会功能等方面都具有高度的复杂性、多维性和不确定性"[③]。

首先，国外青年组织积极开展文化参与活动。每个国家的青年组织都体现着每个国家的文化特色，而不同组织之间又有自己的组织文化。国外青年组织积极开展文化参与活动或在与社会的互动中展现本国青年组织的文化参与特色。青年组织的文化参与不仅是青年组织成员生活方式和价值取向的外在表现，而且还是社会各主体实现自己价值的重要媒介。因此国外青年组织积极开展文化参与活动是自己组织的价值需求，也是社会各方面主体共同作用的结

① 龚爱国：《印度青年社会功能透视及启示》，《社会科学家》2015年第3期。

② 陆玉林：《当代中国青年文化研究》，人民出版社2009年版，第12页。

③ 陆玉林：《当代中国青年文化研究》，人民出版社2009年版，第6页。

果。基于青年人共同兴趣、爱好和价值取向的青年非正式组织，因其自由、务实、灵活的组织形式深受青年人的喜爱，如各种青年派对、音乐沙龙、美术沙龙、户外俱乐部等青年非正式组织。像法国的斯特拉斯堡青年公民之家、里尔磨坊区“怪诞别墅”文化中心等青年组织都有自己的文化参与特色活动。有些青年组织则在企业、经济组织或政治团体的资助下开展活动。俄罗斯最大青年组织“纳什”每年夏季都会举办夏令营活动，包括体育赛事及音乐会等各种活动，而这种活动都由政府和企业出资赞助。

其次，国外青年组织用组织文化凝聚青年。青年组织的组织文化体现了青年群体在兴趣、爱好、生活方式和价值观等方面的高度一致，是维系青年组织生存和发展的内在力量。几乎每个青年组织都通过自己的组织名称、组织目标、组织结构、组织理念和活动内容来体现自己的组织文化特征。如美国的天主教青年组织的组织目标就是培养青年的思想品行和道德修养，组织活动内容是提供娱乐、宗教、文化及社交方面的服务。“2007 年成立的 Sammaan foundation 青年非政府组织被 Youth Ki Awaaz(青年之声)的网络组织评为印度青年非政府组织综合水平第一名，该组织致力于提高人力车夫的生活水平。该组织还为人力车夫提供贷款、事故保险、教育培训等各种服务，还为已注册的人力车夫的子女提供书籍，为他们的妻子提供如刺绣、缝纫等各种职业技术培训。”[①]

最后，国外青年组织逐渐成为推动青年文化发展的重要力量。“青年文化是青年群体文化，青年个体难以形成和推动青年文化的形成，只有依靠青年组织酝酿、产生、宣传和推动青年文化，才能促进青年文化的形成和发展。”[②]从中外青年文化的发展历史来看，青年文化的萌芽、形成和发展与本国的政治、经济、社会、文化、国际交往等有着复杂的关联。据统计，印度青年非政府组织主要涉及以下几个领域：动物保护、艺术文化、教育、环境、卫生保健、公众服务、文体和宗教等。“占据前五位的主导类型依次为：宗教(26.5%)、社区和社会服务(21.3%)、教育(20.4%)、体育和文化(17.9%)、健康(6.6%)。在农村主要以教育、宗教、牧区和社会服务、体育文化等类型为主，而城市则是宗教非政府组织最为活跃。但城乡之间的分布不同，在农村，教育、宗教、社区和社会服务、体育文化等类型为主导；而城市则以宗教为主导，其次是社区和社会服务，再则是文化艺术、教育等类型。”[③]“印度青年的宗教文化与宗教在印度人民生活中占有

---

① 龚爱国：《印度青年社会功能透视及启示》，《社会科学家》2015 年第 3 期。

② 石国亮：《青年国际政治研究的新范式：意识形态视野中的青年和青年组织》，人民出版社 2007 年版，第 66 页。

③ Sen Siddhartha, “Some Aspects of State-NGO Relationships in India in the Post-Independence Era,” *Development and Change*, 1999, Vol. 30, No. 2, p. 26.

十分重要的地位有关，在他们看来，没有宗教就没有生活。青年组织的宗教活动，进一步推动了印度青年宗教文化的发展和传播。”①美国是青年志愿服务比较成熟的国家，志愿服务精神已渗透到多数青年人心中，这与美国拥有比较规范的志愿服务的管理制度和激励政策有关，也与美国大量的青年志愿服务组织的存在有关，志愿服务组织的活动为青年志愿服务精神的传播发挥了重要作用。美国的青年志愿者组织有全国性的、地区性的，有社区志愿者组织，还有单位志愿者组织，而且每个青年志愿者组织都有自己的服务范围和工作目标，任何青年可以根据自己的特长随时加入自己喜欢的青年志愿者组织。“青年服务美国”(Youth Service America)是美国一家非常知名的非营利志愿服务组织，拥有数千个分支机构，致力于为15～25岁的青年人提供为国家服务、地区服务和全球服务的机会。像这样的青年志愿服务组织遍布美国各地。

(四)社会参与功能现状

青年组织的社会参与功能是青年组织最主要的功能之一，是青年组织得到社会认可和价值体现的重要依托。从实际效果来看，国外青年组织的社会参与功能得到了充分的发挥，为社会提供了优质的服务，解决了政府的很多难题。

国外青年组织的非营利组织、非政府组织、第三部门及青年社团都是社会参与的主要力量，这些组织在志愿服务、慈善捐赠、关注弱势群体、社区服务、解决特定社会问题(家庭暴力、艾滋病、青少年犯罪等)、环境保护等方面发挥了政府所不能替代的作用。各国政府都将社会福利事业、社会公益、公共服务及可持续发展等社会关注的问题向青年社会组织寻求辅助解决。从各国青年组织蓬勃发展的状况和青年组织参与社会的实践效果来看，青年组织已成为国外各政党和政府解决社会问题的重要主体之一。青年社会组织也把参与社会志愿服务、社会公益事业作为青年组织发展的平台和空间。“印度是非政府组织大国，其非政府组织活动十分活跃，非政府、非盈(营)利青年组织散布在全国各地，在印度社会管理的各个领域都有非政府、非盈(营)利青年组织身影，这些青年组织在印度社会管理中扮演着重要角色。印度政府充分发挥青年组织的作用，在政府关注的问题和涉及青年事务的各个领域(环境保护、社会发展、教育、就业、培训、健康、住房、反暴力等)都有相应的青年组织在发挥着政府所不可替代的功能。”②“星球青年组织”(Galaxy Youth Organization)是印度一家专门从事青少年教育的青年组织，该组织成立于2001年，致力于为低收入家庭经济背景的青少年和孤儿提供免费和平等的教育及各种文化活动。到目前为止，该组

① 龚爱国:《印度青年社会功能透视及启示》,《社会科学家》2015年第3期。

② 龚爱国:《印度青年社会功能透视及启示》,《社会科学家》2015年第3期。

织已经拥有9名教师，280名学生，受到当地家长和政府的欢迎。“阳光青年组织”(Sun Young Organization)是加拿大一家具有60年历史的慈善非营利青年组织，该组织的业务范围包括应急服务、犯罪预防、体育运动和娱乐及户外运动等内容。经过60多年的发展，该组织形成了以志愿服务为核心理念的服务体系和组织架构。该组织认为，对于一个社区和社会来说，没有志愿者是难以想象的。

(五)国际参与功能现状

在经济全球化、信息化、多元化的时代，各国青年组织之间互通有无，相互学习的内容不断扩展，彼此共同进步。各国青年组织的发展目标也逐渐向国际化方向发展，特别是在各国都比较关注的环保、公益、教育培训等领域，各国专业青年组织国际化参与功能逐渐加强，一些国家的青年组织已发展成为国际化的青年组织，跨国青年组织已经登上历史舞台，并在国际青年事务中扮演着重要角色。

“国际成就青年组织”是全球最大的非营利教育机构，该组织致力于青年人的就业、创业、理财教育和培训，目前已和全球124个国家开展了业务合作，并取得很好效果。“国际经济学商学学生联合会”(Association Internationale des Etudiants en Sciences Economiques et Commerciales)是全球最大的由学生领导的国际非政府青年组织，该组织致力于提升青年学生的领导力，为青年学生提供跨国商业实习和文化交流的机会，也为合作伙伴提供不同背景的青年人才交流、融合的平台。该组织目前与全球110个国家和地区的2100所大学建立了友好合作关系，海外实习和海外志愿者项目取得了显著成效。

二、国外青年组织功能的发展趋势

目前国外青年组织的政治、经济、文化、社会和国际参与功能都在各自领域发挥了重要作用。随着各国经济社会的进一步发展，青年组织功能也会逐渐发生变化，或者从这几项功能当中进行细分和拓展。从各国政治、经济、文化、社会和国际交流的整体发展趋势加之全球化、网络化及当前国际时局的发展现状来看，国外青年组织功能会呈现以下发展趋势：

第一，青年组织网络政治参与功能逐渐增强。国外政党高度重视青年组织政治参与功能的一个很重要原因就是要通过拉拢青年赢得选票。而从目前国外青年政治参与的现状来看，“青年人的政治冷漠成为西方新的‘社会病’：美国年轻人对流行文化的兴趣远大于对政府和政治的关注；‘政治精英化’让英国的草根阶级失落；‘无法超越的执政党和在野党的政治斗争’让韩国青年开始追捧毫无从政经验的学者；甚至在澳大利亚这样有强制投票制度的国家，青年人甘愿受罚也不愿意为投票而'浪费大好周末'。澳大利亚一家青年机构认为,失去政治热情并不是年轻人的错,而是西方政治体系的失败,也是政治家失去年轻人信任造成的。因此,吸引和拉拢年轻人成了很多国家政党和候选人最迫切的事"[1]。因此,国外政党会加大对青年组织的支持力度,以此来赢得青年对本党的支持。针对青年人热衷于网络的特点,很多国家政党通过网络社交媒体加强与青年组织的沟通,吸引青年对政党相关政策的认同和发表各种政治见解,因此网络媒体是今后西方国家政党吸引青年政治参与的重要途径。网络政治型青年组织也是国外青年组织的发展趋势,一方面互联网的普及为网络政治参与提供了必要条件;另一方面,西方国家的新闻言论自由为青年群体通过网络参与各种政治事务、发表各种见解创造了良好的氛围。

第二,国外青年组织解决青年就业问题的贡献日益突出。青年的社会问题很大程度上是青年的就业问题,解决青年的就业问题是各国解决青年社会问题的重要思路。国外青年组织参与社会治理的能力逐渐增强,志愿服务的专业性、针对性显著提高,购买社会服务的能力显著提升,因此吸引了大批青年加入青年组织,青年组织成为国外解决青年就业问题的又一重要渠道。青年组织吸引青年就业不仅减轻了青年的就业问题,帮助政府减轻了青年就业的压力,而且还大大地解决了青年的其他社会问题,为维护社会稳定发挥着重要作用。因此,青年组织促进青年就业的能力越来越得到各国的高度重视。

第三,国外青年组织文化传承和生成能力逐渐增强。国外青年组织形成的过程就是青年组织文化生成的过程。青年组织依靠自己特有的组织优势把本国传统文化、制度文化以及组织成员的文化进行整合、发展、继承和完善,形成了青年组织的强大文化优势,推动着青年组织向前发展和完善,也极大地影响了青年文化的发展潮流。国外优秀青年组织的成长与青年组织的文化继承有着紧密联系,很多国家的青年组织历史悠久,形成了自己独特的组织文化并对青年一代产生了极其深远的影响。如"基督教男青年会"(The Young Men's Christian Association, 简称 YMCA)经过 100 多年的发展,已成为世界上最大和最有影响力的青年组织之一,是西方社会最大的社区服务组织。从发展历程来看,其组织文化的传承和不断生成发挥了重要的作用,使得目前组织的活动内容发展到青少年教育、家庭社区服务、住宿、文化、餐饮、培训及环境保护等诸多方面。俄罗斯的青年组织"纳什"虽然成立较晚,但该组织的"爱国主义""强国意识"文化得到了广大青年的认同和政府的肯定。

第四,国外青年组织的社会参与形式呈现多样化趋势。国外青年组织在传

[1] 张旸等:《青年政治冷漠成西方"社会病"》,《环球时报》2011 年 9 月 19 日。

统的环保、志愿服务、慈善捐赠等领域的社会参与功能不断得到加强，而且参与国际环保、志愿服务和慈善捐赠的业务也不断扩展，其他形式的社会参与功能呈现了多样化发展趋势。一方面，国外非正式青年组织增多。非正式青年组织多数是青年自组织，青年自组织属于草根组织，成员来自于青年最基层。这些青年主体意识强，倡导新的和多样化的生活方式，努力适应新的社会思潮，组织充满了发展活力。自组织开展青年活动成本低，贴近青年实际，贴近社会的需求，形式多样，因此受到青年和社会的欢迎。青年自组织社会参与开始转向青年权益的维护、关注弱势群体、反映青年诉求、提高青年休闲质量等方面。另一方面，国外青年组织呈现小众化和区域化发展趋势。小众化和区域化的发展源于社会信息化、文化多元化和青年生活方式多样化的环境，源于青年组织专业化的发展方向以及青年组织的共同兴趣、爱好和价值取向，因此这种小众化的青年组织能够更加灵活地开展社会参与，能够更好地开展专业性的区域服务和志愿性质的社区服务等等。

第五，国外青年组织国际参与平台逐渐增多。随着全球化进程的加快，青年组织之间的国际交往逐渐增多，相互之间的交流学习和影响逐渐加深，为青年组织提供交流的平台也逐渐增多。青年组织之间的交流平台呈现多种层次的发展趋势：有国家之间的平台，如“中俄青年组织交流合作洽谈会”；有国家与区域之间的交流平台，如“中欧青年组织发展论坛”；有区域之间的交流平台，如“亚欧政党青年组织领导人论坛”“亚太经合组织青年节”等；有国际交流平台，如“国际青年组织论坛暨友好城市青年交流营”“国际青年组织项目交流洽谈会”；等等。世界各国青年组织越来越重视青年组织之间的交往，在交流和交往中实现资源共享、相互学习、共同发展，国际参与已成为各国青年组织不断拓展和演进的重要途径。各国政党、政府和区域组织越来越意识到青年组织在推动国际事务当中的重要作用，积极通过青年组织开展青年外交，以此推动国家之间、区域之间的进一步深化合作，这也是各国和区域组织为青年组织提供平台的重要原因之一。

第三节　国外青年组织功能实现的启示

国外青年组织以其独特的组织优势和引导青年优势，在各国的政治、经济、文化、社会和国际交流等诸多方面发挥了政府不可替代的作用，引起了国际社会的广泛关注。国外青年组织的发展对我国青年社会组织功能的实现具有重要参考价值和借鉴意义。

一、引导青年社会组织积极进行政治参与

以共青团为核心的青年组织从诞生的那一刻起就与政治参与有着天然联系，引领青年社会组织开展政治参与已成为共青团组织的本质体现和职责所在。但随着我国社会的全面快速发展，共青团组织的政治参与功能面临衰退的危险，共青团组织需要不断创新形式，引领青年社会组织积极开展政治参与活动。

（一）强化共青团组织的政治参与功能

国外各政党都有自己的青年组织，从制度安排、青年政策、活动经费和各项优惠政策方面给予青年组织特别的优惠和照顾。实践也充分证明，青年组织为各政党成功竞选或者巩固政权立下了汗马功劳，例如美国民主党的青年组织"青年民主党人"，共和党的青年组织"青年共和党人"和"大学共和党人"；英国工党和保守党的青年组织"青年工党"和"未来保守党"；统一俄罗斯党的青年组织"纳什""青年俄罗斯"等青年组织。国外政党在不断加强对青年组织的领导，引导和教育青年忠于自己的政党。

近些年来，在国内和国际社会发生巨大变迁的大背景下，国内青年的发展日趋务实和多元化。青年人热衷于网络组织、自组织，很多青年虽保留团员身份但已经远离组织活动。由于体制转型和自身发展还没有适应新时期青年的发展需求，因此共青团组织引导青年政治参与的能力逐渐弱化，共青团组织在青年心目中的影响力和号召力在减弱。在新时期，共青团组织更要突出政治参与的功能。首先，共青团组织应深刻认识新时期青年特点和青年社会组织特点。在传统组织优势、体制优势的基础上，开展贴近青年、解决青年实际问题的活动，用实际行动赢得青年的认同和喜爱。要认真研究青年社会组织所需、所求，为青年社会组织的发展提供优质的服务，用潜移默化的形式赢得青年社会组织的政治认同。其次，要做好青年精英的政治参与工作。青年精英是中国未来社会发展领航者，因此共青团要做好大学生、企业青年精英及青年领袖的政治参与引领工作，通过多种途径和渠道做好他们的政治参与动员。最后，要完善共青团组织的政治参与引领功能定位。新时期的共青团组织参与社会发展的方方面面，但一定要突出自己的政治参与功能，创造性地开展工作，寻求符合时代发展、青年群体认同、青年社会组织自愿的政治参与之路。

（二）引导青年社会组织有序实施政治参与

我国青年社会组织很多制度还不完善、不健全，因此青年社会组织的发展还处于摸索阶段。虽然青年社会组织出现较晚，却吸引了成千上万的青年参与其中，做好青年组织成员的政治参与工作是共青团组织及社会各界的共同责

任。共青团应在青年社会组织的活动平台、资源服务、人才培养等方面给予大力支持，做好青年社会组织的组织骨干和领袖的引导工作，通过共青团和社会的共同努力，使青年社会组织成为可覆盖、可协同、可影响的正能量组织，使其能够有序地开展政治参与活动。

二、规范青年社会组织的社会参与功能

参与社会建设是青年社会组织的天然优势。大量的公益性、志愿性青年社会组织能为社会提供多种多样的志愿服务、满足青年的多样化需求。但青年社会组织应该在规范环境下运行，这样才能确保组织的正常发展，造福社会。“印度社会组织很发达，虽然没有专门监管非政府组织的机构，但是有一套系统的法律法规对其运作进行调整、监督和管理。”①俄罗斯颁布了许多有关青年和青年组织的法案，有力地促进了本国青年组织的发展。而我国目前颁布的相关法规和制度文件数量少、层次不高，新旧制度还不配套，“还没有专门的、全面的、严谨的关于社会组织管理的社会组织法，使得社会组织的设立、性质、地位、作用及功能等没有完全明确、规范，缺乏相关的行业自律环境”②。因此，我国应该加快社会组织的立法，从政策体系和制度上规范青年社会组织的社会参与功能。

三、提升青年社会组织参与社会治理的能力

国外青年组织在参与社会治理中发挥了重要作用，实现了与政府的优势互补、对政府和市场的有效监管，有效弥补了对政府用于社会发展方面资金的不足，解决了弱势群体和民生领域的难点问题。“在巴西，社会组织不仅服务于教育、卫生保健、文化娱乐等国民需要，也是一股重要的、不断增长的经济力量，还为政治和社会生活做出重要贡献。”③在新的形势下，青年社会组织的蓬勃发展为共青团组织参与社会治理提供了前所未有的契机。共青团组织要主动联系、帮助、引导青年社会组织积极参与社会治理，为青年社会组织提供人力、物力和财力的支持，提升青年社会组织参与社会治理的能力。青年社会组织参与社会治理能力的提升将会对解决青年的社会问题、社会中的青年问题及民生问题和维护社会稳定发挥积极作用。

---

① 龚爱国：《印度青年社会功能透视及启示》，《社会科学家》2015 年第 3 期。

② 刘俊彦主编：《青年与青年社会组织》，中国青年出版社 2014 年版，第 35 页。

③ 刘俊彦主编：《青年与青年社会组织》，中国青年出版社 2014 年版，第 39 页。

四、培育具有本国特色的国际型青年社会组织

改革开放以来，中国青年组织国际参与机会增多，与许多国家青年组织开展了业务合作、项目洽谈和文化交流，但这种形式多是官方的，真正民间青年社会组织开展的国际参与合作很少，即使开展也没有什么影响力。可以说，到现在为止，中国还没有形成具有国际影响力的青年社会组织，这与我国青年社会组织发展缓慢、组织活动内容有关，也与其国际化参与意识不足有关。从国外影响力较大的青年社会组织发展来看，悠久的历史是它们实施国际参与的天然优势，具有吸引力的组织活动内容则是它们开展国际参与的长足动力。国际上比较有影响力的跨国青年组织开展的活动主要涉及青少年教育、培训、环保、慈善、妇女儿童权益、动物保护、青年创业及专业志愿服务等方面。比较有影响力的青年社会组织有基督教青年会、“童子军”等等。

中国的经济实力、国际地位及对外开放程度为青年社会组织的国际化创造了良好的外部环境；全球化的深度发展，网络化、信息化的充分发育为青年社会组织国际化提供了交流媒介；国家治理体系的构建、群团组织的转型发展为青年社会组织国际化提供了发展思路。在此背景下，加速培育我国青年社会组织国际化的出路在于合作和守正。一方面，要认真研究知名国际青年社会组织的发展历程、活动内容、国际化发展优势和存在的问题，开展与这些知名跨国青年组织的合作和交流，通过合作让中国青年社会组织有机会“走出去”，学习和借鉴他国的成功经验，加速青年社会组织的国际化步伐。另一方面，要坚持中国特有的文化内涵和民族特色。各国青年组织的活动内容涉及民生、环保、慈善等领域，国外在这些领域已经非常成熟而且实现体系化，要使新建的青年社会组织在这方面走向国际化还相对较难。所以，青年社会组织可以通过具有中国特有文化内涵和特色的文化、体育、社会服务等活动来拓展国际发展空间，如武术协会组织、书法协会及针灸推拿等专业协会组织。这些组织的活动内容具有中国特色，但缺乏国际化的推广策略。因此，培育具有中国特色的青年社会组织是青年组织走向国际舞台的必由之路。

第七章　我国青年社会组织功能的发展趋势

青年社会组织由单一的功能向多元功能的演变是适应社会发展的必然要求，是符合时代发展不可逆转的潮流，是青年社会组织自身发展的不可逾越的路径。不管共青团组织遇到什么样的发展困难，共青团组织是中国青年群体的核心这一地位不可动摇。在某些功能领域，共青团组织会与青年社会组织进行有机的整合，实现组织功能的共同发展。青年社会组织功能也会随着社会的变迁、制度体系的变化及青年社会组织自身生存的需要而不断变化。

第一节　共青团组织引领青年社会组织功能实现的必然性

在我国社会加速转型的背景下，青年社会组织呈现爆发式增长，越来越多的青年群体加入青年社会组织，青年社会组织已成为吸引青年的重要组织，这势必影响共青团组织对青年的吸引力。共青团组织只有不断创新工作机制、工作模式和方法，主动联系、服务青年社会组织，才能引领青年社会组织功能的实现，才能够实现团结青年、凝聚青年、服务青年的重任。从共青团组织的体制、功能实现的资源优势和青年社会组织功能发展状况来看，共青团组织引领青年社会组织功能实现是一种必然趋势。

一、共青团组织引领青年社会组织功能实现的必要性

（一）共青团组织体制天然优势使然

在 90 多年的发展历程中，共青团组织坚持根据党和经济社会发展的大局不断调整自己的工作重心，特别是在青年社会组织蓬勃发展的背景下，共青团组织承担着引领青年社会组织发展的职能。共青团组织凭借自己的政治优势和组织优势，使得引领青年社会组织发展成为必然。首先是共青团组织的政治

优势。“共青团是把党和青年群众联系起来的桥梁纽带，肩负着联系青年群众、巩固和扩大党执政的青年群众基础的政治责任。坚持中国共产党的领导和执政地位，坚持‘一切为了群众、一切依靠群众和从群众中来、到群众中去’的党的群众路线，坚持‘代表广大青年、赢得广大青年、依靠广大青年’和‘关注青年、关心青年、关爱青年’的党的青年群众观，决定了共青团组织在党、团和青年三者密切关系中的定位，无论社会如何发展、时代如何变化，共青团作为党的助手和后备军，作为党领导的先进青年的群众组织和党联系青年的桥梁纽带的作用和地位是不变的。”①这种天然的政治优势就必然要求共青团组织承担起引领青年社会组织发展的政治责任。其次是共青团组织的组织优势。“共青团中央组织部公布的全国团内统计最新数据显示，截至2015年(年)底，全国共有共青团员8746.1万名，共有基层团组织387.3万个，其中，基层团委28.9万个，基层团工委2.3万个，团总支21.5万个，团支部334.6万个。”②从现实情况来看，“无论这个组织当前的凝聚力和战斗力状态如何，它客观上是中国的一个现实政治力量和社会力量，影响着中国政治和社会的发展”③。因此，从组织发展来看，共青团组织有着严密的组织体系、完整的组织结构和大量的组织成员。虽然青年社会组织的出现吸引了大批青年群体，但在经济发生深刻变革和社会加速转型的背景下，共青团组织可以调整自己的组织方式和形式，适应青年成长的规律，适应时代的发展规律，不断加强和改进引领青年群体的途径和方法，通过拓展共青团的社会参与功能、经济参与功能来实现对青年社会组织功能的组织引领。面对当代青年政治意识不断淡化的趋势，共青团组织引领青年社会组织的社会参与功能会成为团结和凝聚青年的新突破口。

(二)共青团组织功能资源优势使然

进入新世纪以来，我国经济社会发生了巨大变化，这种意义深远的变化深刻影响着广大青年群体。青年群体在新的历史时期呈现新的特点：青年群体流动性大，思想多样务实，注重自身价值的实现，维权意识增强，受互联网的影响越来越大。面对青年群体新的发展形势和特点，共青团组织的“融入式”政治参与必须加强。“高水平的政治参与总是与更高水平的发展相伴随，而且社会和

① 伍复康：《社会治理中共青团组织价值的新发展》，《中国青年社会科学》2014年第3期。

② 共青团中央组织部：《截至2015年，全国共有8746.1万名共青团员》，《中国青年报》2016年5月4日。

③ 吴庆：《新常态下的组织转型——2015年中国共青团发展趋势研究》，《中国青年社会科学》2015年第2期。

经济更发达的社会，也趋向于赋予政治参与更高的价值。”[①]在此背景下，青年社会组织的“间接式”政治参与也会逐渐受到重视，共青团组织政治参与的资源优势会得到充分彰显。

“大众创业、万众创新”是国家经济新常态和经济转型发展的必然选择。特别是互联网新业态的蓬勃发展，为青年人创新创业提供了前所未有的机遇，青年人能够充分利用互联网选择新的业态、新的企业和新的商业模式，实现自己的人生价值和梦想，也有利于促进中国经济的发展，从源头上解决青年的社会问题和社会中的青年问题。共青团组织应充分发挥组织青年、引导青年、服务青年的重要职能，掌握当前社会经济的发展态势和青年人的发展状况，深度做好青年人创新创业的引领工作，这也是政治性青年组织体现政治参与功能的重要方面。

青年是就业的主力军，也是创新的重要主体和中坚力量。共青团组织是青年人“大众创业、万众创新”的掌舵者，应充分利用其组织优势开展多种形式的讲座和宣传活动，从国内外的政治经济背景、国内经济转型的现实、网络时代的机遇、青年人自身的特点以及社会中存在的青年问题等角度和层面为青年详细分析“大众创业、万众创新”的重要意义和可行性，激发起青年人内心深处创业的激情、创新的基因，形成一种青年人引领“大众创业、万众创新”的氛围。在新形势下，解决青年人的就业问题，激发青年人的创新热情，实现国家经济发展是关系国计民生和社会和谐健康发展的大事，而围绕党和政府的工作中心，服务社会发展大局是共青团组织义不容辞的责任和义务。共青团组织能够充分利用其独特的组织优势、社会化的动员能力，为青年人提供创新创业的展示平台。如“青年就业创业见习基地”“全国青年创业导航计划”“中国青年创业奖”等已成为团中央城市共青团青年创业的品牌工作。针对目前大学生就业困难、大量农村青年转移到城市、企业共青团工作困难以及青年创业中存在的资金、政策等方面的诸多问题，应该继续搭建青年创业和创新平台，充分运用互联网思维，坚持以青年人的价值需求为导向，为青年创新创业提供最优服务。总起来看，各级各类共青团组织积极开展搭建平台工作，取得了明显成效；面对“大众创业、万众创新”的政策导向，特别是在互联网的背景下，共青团组织的经济参与会向纵深发展，其经济参与的资源优势会得到充分释放。

面对青年文化参与的复杂局面，共青团组织整合和引领青年文化不能只停留在党和政府文化宣传工作上，也不能只停留在本组织内部文化部门的宣传

---

① [美]塞缪尔·亨廷顿等：《难以抉择——发展中国家的政治参与》，汪晓寿等译，华夏出版社1989年版，第174页。

上，而是应该积极融入社会大环境，适应青年的特点和社会的需要，让青年得到实质性的实惠，以此来整合和引领青年文化。共青团组织只有与青年建立了新型有效的互动方式，让青年的生活得到确实的保障，才能有效地凝聚青年力量，推动整个社会思想观念的变革和社会主流文化的进步。共青团组织整合和引领青年文化取得实质性效果，才能为引领青年社会组织文化参与找到合适的路径和方法。

社会参与是共青团组织的薄弱环节，共青团组织融入社会的出路，在于加强社会参与的深度和广度。但是不管怎么加强，也不能放松自身政治参与功能的要求和降低政治参与功能的地位。共青团组织要深刻认识到，加强组织的社会参与功能的同时也要深入开展政治参与功能的研究，这样共青团组织的社会参与功能才能真正起到积极作用。

共青团组织的特殊地位和体制决定了组织在国际交往方面具有绝对的话语权。共青团组织承担着同国外政府、青年议会和各种青年组织开展国际交流活动的职责，承担着同国际性或者区域性的青年组织以及联合国相关机构开展社会、经济、文化等方面交流的职责；共青团组织还负责国际交往的制度和政策制定，指导地方共青团组织的外事工作；等等。因此，引导青年社会组织开展国际参与是共青团组织的优势所在，也是职责所在。

二、共青团组织整合青年社会组织部分功能的可能性

（一）政治参与功能整合：共青团组织功能实现的体制性需要

自中国特色社会主义市场经济体制建立以来，对政治最敏感的青年群体的注意力从政治转移到了经济。青年群体政治意识的淡化在某种程度上意味着其政治意识的表达方式发生了深刻变化。青年群体政治意识表达内容由日常的政治生活向重大事件和焦点事件转移，表达渠道由传统的组织聚集向网络化转变，表达的方式由纯粹的政治诉求向参与社会全方位建设转变。这使得共青团组织政治参与优势发生了巨大转变，寻求青年群体新的政治参与形式及途径是共青团组织不得不考虑的课题。青年社会组织的异军突起更增加了共青团组织吸引青年群体参与政治的难度。因此，整合青年社会组织的政治参与功能是共青团组织扩大青年群体基础、赢得政治参与优势的最佳选择，这也是由共青团组织的体制所决定的。

青年社会组织的政治参与需要共青团组织的指导。青年社会组织政治参与有助于维护青年群体的利益，影响政府对青年社会组织及青年群体的政策，扩大青年群体的社会影响力。从目前青年社会组织的政治参与来看，青年社会组织已经作为一个界别加入到青联组织，这是青年社会组织政治参与取得的重

大进展。但从青年社会组织政治参与的广度、深度和效度来看，青年社会组织的政治参与不能脱离共青团组织的指导。首先，青年社会组织政治参与缺乏广度。共青团的组织体制决定了其有着丰富的政治参与资源可以加以利用。共青团组织从中央到地方有着完整的组织架构、组织制度和组织体系，能够为青年社会组织政治参与提供丰富的资源。其次，青年社会组织政治参与缺乏深度。青年社会组织的政治参与意识不足、认识不够，还没有把组织的政治参与上升到维护组织成员利益和诉求层面，简单地认为青年社会组织的政治参与就是“政治作秀”。因此，很多政治参与只停留在表面，没有实质性的进展。最后，青年社会组织政治参与缺乏效度。青年社会组织政治参与的态度、体制、机制及方式和途径决定了其政治参与效度很低。青年社会组织的政治参与效度影响了青年群体政治参与能力的提升和社会认可度。从以上因素来分析，青年社会组织的政治参与需要共青团组织的积极引导。

青年社会组织是一个拥有庞大青年群体并且具有很强吸引力的组织。如果共青团组织失去整合青年社会组织政治参与功能的机会，中国共产党有可能失去很多青年群众基础。“因为从时间来看，绝大部分青年社会组织是在本世纪初特别是2003～2005年之后才大量生成，所以他们还十分弱小，急需外界予以帮助，如果共青团不能在这一时机予以帮助，那么就有可能失去最好的整合时机，或是被其它(他)力量如宗教力量或外国力量等所整合，或是由于这些青年社会组织已经获得成长并足够强大而无需共青团的帮助，这样共青团再去整合它们，不是不可能，但是难度已经加大了。”[①]因此，共青团组织只有从观念上、体制上、机制上、形式上找准整合政治参与功能的方法和途径，让青年社会组织积极主动地开展政治参与活动，实现青年社会组织政治参与的有序化，才能有效地把青年紧密团结在中国共产党的周围，为实现“两个一百年”奋斗目标提供强有力的政治保证。

进入新世纪后，随着国际国内局势的新变化，有关在意识形态领域争夺青年群体的斗争就从来没有停止过，国内外敌对势力利用互联网、媒体传播，资金支持，文化产品影响，学术交流，宗教思想传播等途径进行全方位的意识形态影响和渗透，有的青年经不住各种诱惑参与各种非法活动，有些青年社会组织已成为国外敌对势力或非政府组织的围猎目标和潜在的策反对象。面对新形势、新问题，共青团组织要加强对青年群体、青年组织的政治影响，把“融入式”政治参与做精、做细、做深、做实。做好马克思主义意识形态及中国特色社会主义理

① 郑长忠：《走向政党主导的多元合作：中国公民社会的生成逻辑——基于对中国共青团与青年社会组织关系的考察》，《中国青年研究》2010 年第 8 期。

论的传播，大力培养青年马克思主义者，运用互联网思维做好青年文化的引领，大力解决青年群体最关心、最直接、最现实的问题，积极对青年社会组织进行政治参与的引导等，这些都是共青团组织加强“融入式”政治参与的具体策略。

（二）社会参与功能整合：共青团组织功能实现的生存需要

作为党领导下的先进青年的群众组织，共青团应该积极响应党的号召，在解决青年群体所求、人民群众所需、共青团组织所能方面发挥社会治理的重要作用。经过改革开放 40 多年的不断探索，共青团组织在解决青年群体问题和人民群众所需的问题方面取得了一定成效，赢得了社会的广泛好评。在此基础上，共青团组织参与社会治理体系创新、提升社会治理能力已经有了清晰的路径。首先，不断提升联系、服务青年社会组织的能力。青年社会组织是当下共青团组织必须认真思考的群体，要认真分析其形成的原因、发展规律、影响范围及社会作用，这也是共青团组织联系青年的新途径。因此，共青团组织必须把青年社会组织紧密团结在自己的周围，摒弃传统的单向行政式的联系方式，构建以共青团为核心的立体枢纽式服务组织体系，实现最大化地联系青年、组织青年、服务青年的局面，进而实现共青团组织的手臂延伸、内容扩展、社会参与互动。其次，要充分运用互联网，实现共青团志愿服务模式的根本转变。共青团组织多年的志愿服务实践表明，青年志愿服务是青年组织参与社会治理的最佳路径，因为志愿服务能够有效促进以民生为基础的基本公共服务均等化。但是，在互联网日益发达的时代，要创新志愿服务的形式，把互联网与志愿服务有机结合，这符合时代的发展要求，顺应志愿服务形式的发展，适应青年人兴趣的需要。“互联网＋”的时代可以实现志愿服务管理的科学化、精细化，促进志愿服务的专业化水平，也是创新社会治理体系的有效路径。最后，要不断提升共青团组织自身社会参与能力。过去，共青团组织是体制内外青年参与社会的主要平台，特别是体制内青年，基本都在共青团组织的管辖范围之内，但是从目前青年社会组织的发展速度和数量来看，很多体制外青年基本不在共青团组织的平台参与活动，而很多体制内的青年甚至共青团员也游离于组织之外。青年社会组织的大量出现给共青团组织提出了重大挑战。“今后，共青团组织与不同类型社会组织、与不同生存状态的青年之间，将是一种复合类型而不是单一类型关系。”①

共青团组织作为创新社会治理体系和提升社会治理能力的重要参与主体，自身要不断提升社会参与能力，这种能力体现在以下几个方面：处理好与各类青年社会组织关系的能力；处理好处于各种生存状态的青年群体关系的能力；

---

① 伍富康：《社会治理中共青团组织价值的新发展》，《中国青年政治学院学报》2014 年第 3 期。

处理好各类青年组织之间关系的能力；协调好青年社会组织与政府关系的能力；利用各种社会资源开展社会参与和作为枢纽组织的协调能力；等等。因此，共青团组织积极引导青年社会组织和各类青年群体积极参与社会治理，也是对共青团组织自身社会治理能力的提升和再造。

第二节　青年社会组织功能的基本发展趋势

社会组织被认为是与政府、企业并列的三大社会组织之一，是国家、市场与社会三维体制的组织表现形式。社会组织在各国呈现蓬勃发展的态势，其根本原因在于社会组织在参与社会管理、提供公共服务等方面发挥着政府和企业不可替代的作用。青年历来是一支重要而又独特的社会力量，特别是在经济社会结构全面转型时期，青年群体的发展引起了社会的广泛关注。近些年来，青年社会组织发展呈现前所未有的良好态势。

一、青年社会组织"间接式"政治参与逐渐受到重视

近些年来，各种类型的青年社会组织发展迅速，基于兴趣爱好形成的青年自组织、基于网络平台形成的青年网络组织成为青年社会组织发展的主流。虽然青年社会组织结构松散、活动自由、管理松散，但是其活动贴近社会、贴近青年、贴近现实，受到青年群体的热烈欢迎。"调查显示，青年社会组织所开展的活动受欢迎比例为84.1%，不受欢迎比例仅占2.7%。"[①]青年社会组织的快速发展引起了政府和共青团的高度重视，共青团组织体系和工作格局也受到冲击和影响。因此，共青团组织要把青年社会组织作为联系青年的手臂、拓展青年工作的媒介。服务、引导、支持和协调好青年组织是共青团组织迎接新生青年社会组织挑战的重要策略，这也是适应青年日趋多样的利益诉求和社会组织结构变化的必然选择。研究青年社会组织的发生、发展和活动规律，发挥共青团组织的政治优势、资源优势、组织优势和思想优势，建立共青团组织与青年社会组织的紧密联系，是共青团组织在新时期实现自我功能转换的必由之路。

二、青年社会组织"网络式"经济参与会更加凸显

"大众创业、万众创新"成为2015年政府和民间的时尚词汇，它不仅频频出现在各级政府的文件中，而且还在民间掀起了创新创业的热潮，被认为是打造中国经济发展"双引擎"的动力之一，而青年人成为这次大潮中的"弄潮儿"。

---

① 刘俊彦：《我国城市青年社会组织发展状况研究报告》，《青年学报》2014年第11期。

在我国“经济新常态”以及“大众创业、万众创新”的政策导向和“互联网＋”的时代背景下，青年社会组织参与经济的黄金时代已经到来，其经济属性会得到充分体现。一方面，青年社会组织可以解决很多政府难以解决的问题，“互联网＋青年社会组织”的经济参与模式会实现政府的“第三只手”的有效管理。在养老服务、青少年思想教育、环境监督等方面，政府可以通过向青年专业社会组织购买服务的方式得到较好的效果。另一方面，在由供需矛盾导致的“市场失灵”的情况下，青年社会组织可以通过自己的组织特长开展一些经济参与活动，解决部分市场失灵导致的社会公共产品分配不公问题，如救助困难群体、受灾群体等等。青年社会组织不仅能够通过互联网间接地进行经济参与活动，而且还可以通过互联网直接地进行经济参与活动。在团中央的倡导下，有的省市已经建立了青年社会组织培育发展中心，其中入驻的青年社会组织就包括青年创业协会等具有经济参与能力的组织。创业协会在提供平台和服务的同时，应作为青年社会组织向公司发展的组织孵化器，为青年提供更好的创业平台；特别是在互联网的时代背景下，青年社会组织向公司发展的步伐会越来越快，这也是青年社会组织培育发展中心联系青年、服务青年的重要形式。“日照市青年创业服务中心成立以来，已累计为创业青年进行了1000余人次的创业培训，40多名创业导师为40多名创业项目青年进行一对一的服务。我们创业服务中心计划扩大创业服务面。去年到现在，有的创业青年已经销售收入过1000万元。”[①]在“互联网＋”的时代背景下，青年人的商业禀赋、创业禀赋和创新禀赋会得到充分激发，青年人会以网络为平台，通过专业、兴趣、创业等共同点的组织结合，实现网络青年社会组织的结构重构，实现青年组织运行的线上和线下商业活动模式。可以预见，青年社会组织的网络参与经济发展功能会越来越突出。

三、青年社会组织“渗入式”文化参与不可忽视

青年所处的环境，特别是网络环境，对青年健康成长成才有着至关重要的影响。来自不同社会阶层、不同性质的社会文化形态对青年的世界观、人生观和价值观产生了重要冲击，对社会主流意识形态产生了深刻影响；与此同时，各种不同类型的青年组织也在各种活动中不断凝聚和展现具有组织本身特性的文化，这种文化夹杂在社会主流文化、大众文化和青年流行文化之间，对青年社会组织的文化参与产生着重要影响。

庞大的青年社会组织背后是庞大的青年群体，青年社会组织满足了青年物

① 井明石：《政策保障给力 社会组织蓬勃发展》，《日照日报》2012年5月7日。

质文化的多样化需求，解决了青年交友、休闲、娱乐等自我需求的问题，青年的个人意愿得到充分尊重，个人价值得到充分体现，社会上的青年人能够找到自己的组织归属。在某种程度上，青年社会组织的文化参与创新意识强，能够体现青年群体的求异性和独特风格，这与青年亚文化在某些方面具有相同的特征。青年社会组织文化参与涉及的领域广，覆盖面大，每一类社会活动都可能形成自己的亚文化。在发达的自媒体时代背景下，青年组织的亚文化参与会得到迅速扩散和传播，与社会主流文化、大众文化、青年主流文化和流行文化发生碰撞和摩擦，有的青年社会组织的亚文化能够发展并入主流文化，有的成为流行文化，有的会淡出人们的视野而渐渐消失。但不管青年社会组织亚文化参与的程度如何，它的形成和发展已经不再是组织内青年人自己的单独创造，而是网络环境下多种社会力量互动和相互作用的合成。因此，青年社会组织的亚文化对于增强青年群体的认同感、归属感和团结感，维系青年的稳定发挥着越来越重要的作用，青年社会组织的“渗入式”文化参与不可忽视，有可能成为左右青年主流文化的重要力量。

四、青年社会组织“主体式”社会参与会成为推动社会治理体系创新的重要形式

目前，党和政府的执政理念已经从“管理”转向“治理”，也就是实现由上及下的行政式管理模式向作为公共机构的政府和社会力量共同管理社会事务的转变。社会治理最核心的内容是要处理好政府与社会的关系，实现治理主体的多元化，也就是更加强调社会组织和公民参与社会事务。以共青团为核心的青年组织在解决青年矛盾方面发挥着其他政府机构不可替代的作用，同时青年社会组织在社会参与的其他领域也发挥着重要作用。共青团组织和青年社会组织在未来参与社会治理方面会成为重要的参与主体。

自中华人民共和国成立以来，中国政府管理体制经历了高度组织化的全能政府时代、从计划经济到社会主义市场经济的时代、从注重经济建设到注重公共服务的时代、从社会管理到社会治理的时代等几个阶段。政府功能的逐渐演变与其说是政府适应社会发展的需要，倒不如说是党和政府对政府、市场和社会组织之间关系的理论再认识和实践再探索。社会治理取代社会管理不只是一字之差，而是政府对自己职能认识的根本性转变，也是现阶段政府对社会组织参与社会治理的重新审视。国内外有关政府与社会组织合作治理的理论包括“互补关系理论”“合作伙伴关系理论”“多中心治理理论”“第三方政府理论”及“网络化治理理论”等等。从这些理论的研究成果来看，社会组织在社会治理方面会发挥重要的功能与作用。青年社会组织是社会组织的重要组成部分，青

年社会组织本身具有独特优势来参与社会治理。

创新社会治理体系就是要实现治理理念从“政府管控”为主向“多元主体服务”为主的转变，青年社会组织是多元主体中重要的参与主体。在政府、市场和社会组织三元参与主体的社会治理中，政府和社会组织的关系尤为重要。推进社会组织参与社会治理是推进社会治理体系建设的重要抓手。青年社会组织是社会组织的重要组成部分，以上海为例，“据上海市社团局相关数据统计，截至 2013 年(年)底，全市由民政部门登记的社会组织共有 11607 家。其中社会团体 3789 家，民办非企业单位 7666 家，基金会 152 家。约一半组织为青年社会组织。因此，目前上海青年社会组织注册数量大约 5000 个”①。青年是未来社会发展的主体参与者，社会治理体系的创新离不开青年的积极参与，特别是在知识经济时代，青年的社会参与具有得天独厚的天然优势，对未来的社会治理体系构建、社会治理的态势和走向都会产生深远影响。从当今社会存在的问题来分析，青年的社会问题和社会中的青年问题是社会治理的重要内容，社会发展当中的很多问题都与青年有关，如就业问题、农民工流动问题、预防犯罪问题等等。从社会治理体系创新的角度来看，社会治理理念的落实需要有参与主体的开拓和创新精神。青年社会组织和青年参与者本身具备了这种在新旧社会治理理念撞击下的理念、制度和方式创新的特质，青年社会组织是推进社会治理体系创新的最积极参与者，这也是青年本身的特点及青年的时代责任使然。因此，在党和政府推进社会治理体系创新的大背景下，青年社会组织会大有作为，青年社会组织的“主体式”社会参与会成为重要形式。

五、青年社会组织“合作式”国际参与会日益扩大

当今时代，全球化深度发展，网络化进程不断加快，各国青年组织通过互联网实现了广泛的近距离接触。我国各级各类青年组织越来越重视国际交往，在参与联合国青年事务、与国际青年组织合作方面都取得了新的进展。当前，以共青团为核心的青年组织成为国家外交的一支重要力量，各类青年社会组织也在积极参与民间国际交流合作。

近年来，联合国设立了很多与青年有关的组织和议题，提出了许多政策建议和活动方案，如《到 2000 年及其以后世界青年行动纲领》、《里斯本青年宣言》、“国际青年年”、“国际青年日”等等。这些措施有效推动了联合国与各国政府、非政府组织和青年组织开展以青年事务为主题的多边参与活动。与联合国青年事务协调机构开展相关活动是借鉴国外青年工作经验，反映我国青年利益

① 沪青:《上海已有近 5000 个青年社会组织》,《人民政协报》2015 年 1 月 20 日。

诉求，扩大我国青年国际影响的重要平台，也是推动我国青年工作发展、争取我国青年组织国际参与话语权和议事规则制定主动权的重要途径。联合国虽然已经提出了相关建议和活动方案，但是还没有形成青年事务领域的国际规则，因此我国青年组织应深度参与联合国青年事务，充分利用联合国青年事务的多边舞台参与相关规则的制定，赢得话语权，为国家利益和青年利益服务，为拓展我国国际影响力做出贡献。

多年来，我国青年组织与各国政党青年组织、政府青年事务部门及国际青年组织的合作取得了积极成效。在合作领域方面，已经由单纯的政治性参与扩大到经济、文化、环保、志愿服务等多个领域，今后会在互联网、青年就业创业等方面有更深度的合作。在参与主体方面，青年民间组织和非正式青年组织国际参与的机会会逐渐增多，青年组织的民间外交会发挥重要作用。在参与方式上，网络参与会成为青年组织国际参与的重要方式，跨国青年组织等新型青年组织会在我国出现。在参与项目上，青年组织国际参与的范围和层次会逐步扩大和提高。各国政党和政府高度重视青年组织国际参与的重要作用，通过青年组织展示自己的形象和实力，传播本国的文化价值理念和核心价值。在此背景下，我国青年组织和其他各国青年组织的交流、沟通和合作会持续、全方位地扩大，这也是青年组织发展的必然趋势。

第八章　我国青年社会组织功能进一步实现的对策

自改革开放以来，青年社会组织已成为促进社会发展、维护社会稳定的重要力量之一。但目前我国青年社会组织功能的发挥还远远没有达到预期的效果，青年社会组织功能的进一步实现遇到了很多困境和挑战。克服这些困境、迎接这些挑战，进一步实现青年社会组织功能，需要来自党和政府及共青团组织的支持、社会环境的优化、青年社会组织的自身改革和国际青年组织发展的经验参考。有了这些措施和对策，青年社会组织才会走向健康发展的轨道，才会实现青年社会组织的"内生性"发展，才会有效解决青年的社会问题和社会的青年问题，才会为促进社会和谐稳定做出更大贡献。

第一节　党和政府应成为青年社会组织功能进一步实现的坚强后盾

一、党和政府应做好相应的制度安排

在新时期，培育和扶持青年社会组织是各级政府创新社会治理的重要举措。党的十八大报告指出，要加快形成政社分开、权责明确、依法自治的现代社会组织体制。中共中央印发的《关于加强和改进党的群团工作的意见》是指导青年社会组织发展的纲领性文件，可以说，该文件的出台开启了群团工作的新篇章。青年社会组织是社会组织的特殊形式，具有中国的特色和特点，因此应该在《关于加强和改进党的群团工作的意见》的基础上制定《青年社会组织的发展意见》，以此作为指导青年社会组织的纲领性文件。

习近平指出："政治性是群团组织的灵魂，是第一位的。"[①]青年社会组织同共青团组织一样，要担负起引导青年跟党走、听党的话的重任，承担起把青年社会组织中的青年紧密团结在党的周围、扩大党的执政群众基础的任务。青年社会组织介于共青团组织和社会组织之间，凸显了青年社会组织的特殊地位和特殊功能。

除此以外，青年社会组织的法律地位、注册登记制度、活动原则、经费来源、税收政策、监督管理和退出机制等并没有清晰的法律约定。"我国在改革开放的过程中，各项制度还处于建设和不断完善的阶段，在涉及国家利益、集体利益、人身安全、治理秩序的经济社会领域已建立了大量的法律制度，但在社会组织管理方面，由于立法规划的滞后以及立法资源的不足，导致我国到目前为止尚没有出台一部针对社会组织的全国性的法律法规，尚缺乏一部社会组织的'母法'，只有分散的几个专门法规，立法层次偏低。"[②]相关的制度安排能够为青年社会组织与共青团组织、政府、社会及其他社会组织之间划清法律界限，明确各自发展领域，通过制度安排能够更好地促进青年社会组织的发展，也有利于共青团组织的准确定位。

各级党和政府应做好青年社会组织功能进一步实现的专项经费制度安排。对于青年社会组织来说，经费来源渠道是非常有限的。共青团组织虽然有义务助推青年社会组织的发展，但共青团组织本身经费也有限。"共青团组织经费来源主要是团费、党和政府划拨经费、团属经济实体收益和基金会收益等四个方面。"[③]因此，共青团组织的功能实现需要政府提供专项资金支持。青年社会组织更是如此。青年社会组织的经费来源基本是自我筹措，经费的紧张和匮乏导致部分青年社会组织还没设立很久就自行解散，很多功能的发挥缺乏内在动力。"有统计表明，很多青年社会组织经费来源不稳定，会费和 AA 制成为重要的经费来源。"[④]青年社会组织自我造血功能不足，加之其他因素，影响了其专业化和规范化发展程度，也影响了组织功能的发挥和拓展。各级政府可以通过财政支持、公益资金分摊、福利彩票发行以及企业募捐等多种形式筹措资金，也可以通过设立政府专门经费的形式为共青团组织和青年社会组织提供功能拓展的资金支持。

---

① 《习近平谈治国理政》第 2 卷，外文出版社 2017 年版，第 307 页。

② 谭日辉：《社会组织发展的深层困境及其对策研究》，《湖南师范大学社会科学学报》2014 年第 1 期。

③ 刘俊彦：《共青团经费来源及其现状研究》，《中国青年研究》2014 年第 4 期。

④ 刘俊彦主编：《青年与青年社会组织》，中国青年出版社 2014 年版，第 14 页。

二、党和政府应为青年社会组织创造良好的外部条件

青年社会组织在创新社会治理体系中不可或缺。发挥青年群体参与社会治理的功能优势，需要政府为其提供优质的发展环境。第一，要完善青年社会组织的注册和分类管理。青年社会组织涉及的领域非常广泛，数量非常庞大。因此，需要加强对青年社会组织的注册和管理，厘清青年社会组织管理部门。第二，要完善青年社会组织发展的相关制度。青年社会组织功能拓展缺乏制度和法律支撑，影响了青年社会组织的功能拓展。第三，要加强对青年社会组织的监管。青年社会组织的发展是为了促进社会的稳定和发展，但青年社会组织良莠不齐，给社会稳定带来了很大挑战，因此从青年社会组织成立之初就应强化对组织的管理，用制度和法律规范青年社会组织的行为，确保青年社会组织能在正确的轨道上运转。第四，加强社会公众对青年社会组织的认识。党和政府应通过各种渠道引导公众正确看待青年社会组织的发展，但从目前情况来看，公众对社会组织还存在许多偏见，许多企业家和社会人士不热衷于青年社会组织的发展，有的人甚至不了解青年社会组织，不敢接近、不敢参与、不敢接受青年社会组织提供的服务。政府有责任引导民众加深对青年社会组织的认识，改变传统观念，让民众了解到有些事不需要找政府，可以通过青年社会组织来加以解决。

第二节 共青团组织应为青年社会组织功能的进一步实现提供动力

共青团组织是我国特有的青年组织形式，经过 90 多年的发展，已经形成了较为完善的组织体系、制度安排、活动框架，国民认可程度高，发展氛围好，为我国青年参与政治建设、经济建设、文化建设、社会建设和国际交流发挥了重要作用，取得了巨大成绩。作为党的助手和后备军，作为党联系青年的桥梁和纽带，共青团组织在广大青年群众中的影响是其他组织无法替代的。把广大青年群体团结在中国共产党周围，扩大党执政的青年群众基础是共青团组织存在和发展的价值所在。因此，引领青年社会组织发展是共青团组织不可推卸的政治任务，也是必须承当的政治责任。“面对社会的深刻转型、经济全球化、信息化和网络化快速发展，面对青年群体出现的问题，引领青年社会组织是共青团组织团结、凝聚青年，解决青年群体问题的重要途径之一。从目前来看，通过共青团

提出一些具有社会引领性的观念，是能够获得青年社会组织的认同和支持的。”①

一、共青团组织功能实现是青年社会组织功能进一步实现的重要前提

在新的社会发展时期，青年群体在发展中遇到很多新问题，出现了一些影响社会和谐的因素，因此青年群体问题不仅是青年组织的问题，而且还是社会问题。共青团组织必须清醒地认识到在新的历史时期的生存危机，组织功能的拓展成为共青团实现自身发展的首要问题。共青团组织发展情况决定着能否为青年社会组织提供足够的资源，能否成为青年社会组织的引领者。

共青团组织功能实现的内外环境需要持续优化。从组织发展内部来看，共青团组织长期形成的科层制的组织体系限制了组织活力，特别是随着组织功能的不断扩展，组织内部成员不能满足功能拓展的业务需要，组织体系缺乏创新。因此要优化组织内部环境，必须对共青团组织进行全方位的自我革新。从组织发展的外部环境来看，共青团组织除了缺少相应的制度安排和政策支持以外，税收、信贷等政策亦不能适应共青团组织经济参与的步伐，共青团组织经济参与的主体地位和形式还需要进一步厘清；共青团组织参与以改善民生为重点的社会建设还没有形成体系和清晰的参与路径，参与政府公共管理的领域还不明确；共青团组织引领青年文化的社会环境和网络环境还需优化，这样才能使得共青团组织的参与收到更大的社会效益。

在新的历史时期，面对社会的深刻转型和经济全球化、信息化和网络化的快速发展，面对青年群体出现的问题及青年社会组织的发展势头，共青团组织本身的教育引领方式、社会动员形式、服务青年能力、组织机构的设置和团干部队伍建设都没有跟上时代和青年发展的步伐。要解决这一问题，需要共青团组织不断拓展自己的功能，从而满足青年群体的需要，满足共青团组织自身发展的需要，满足社会的需要，满足党和政府的需要，满足为青年社会组织提供资源的需要。解决青年群体的问题和共青团组织面临的挑战和困境需要党和政府强有力的支持和引导，特别需要党和政府在共青团组织功能拓展方面给予政策和制度的支持。显然，作为一个政党型青年组织，共青团组织过于关注组织的政治功能，却在经济、文化、社会和国际交流方面没有明确的发展方向和行动指南。党和政府应该在社会发展的新阶段，对共青团组织功能的拓展进行制度安排和顶层设计，让共青团组织在参与经济建设、文化传播、社会治理和国际交流

① 郑长忠：《走向政党主导的多元合作：中国公民社会的生成逻辑——基于对中国共青团与青年社会组织关系的考察》，《中国青年研究》2010年第8期。

中发挥更大作用，夯实党的青年群众基础。从长远来看，党和政府要通过多种手段和方式来拓展共青团组织功能，同时要强化共青团组织的政治功能，把政治功能拓展融入到共青团组织的经济、文化、社会参与和国际交流等诸多功能中，促进政治功能拓展形式的多样化、内容的丰富化，避免生硬的传播和教条的形式，让青年在潜移默化中认同党和政府的方针政策，树立永远跟党走的决心和信心。这样共青团组织才有明确的发展方向，共青团组织政治性功能的发挥也才有长久持续的内在发展动力。

共青团组织功能实现需要不断加强自身改革。作为执政党的青年组织，共青团组织始终围绕党的工作重心开展工作，切实履行了青年组织的职能，扩大了党的青年群众基础。但在经济转型和社会深刻变革时期，共青团组织只有加强和完善自身改革才能破解青年群众工作中的重大难题，才能跟上时代步伐，引领青年。

首先，共青团组织要实现从行政活动型组织向服务型组织转变。共青团组织目前的组织体系存在的很大问题就是“机关化”“行政化”“贵族化”和“娱乐化”。这“四化”的本质是脱离社会，具体讲就是脱离青年群体。共青团组织本来就是联系青年的组织，但从这些年的发展来看，很多青年团组织干部不敢下基层，不愿下基层，不听取基层青年群众的呼声，不面对青年群众的困难，这导致青年群体在危急时刻想不起团组织，在困难时刻找不到团组织，久而久之共青团组织就脱离了青年群体，青年群体也会远离共青团组织。因此共青团组织必须以服务青年群体为基本准则。只有根植于青年群体开展工作，社会中各行各业的青年群体才会支持共青团组织的工作，共青团组织的发展才会有生命力。共青团组织要围绕组织活动的政治性、思想性、群众性和社会性开展各种活动和社会服务，突出自己的服务职能，要把服务好青年、与青年同呼吸共命运和满足青年需求放在第一位，畅通青年与政府和社会组织之间的服务渠道，实现各方在社会公共服务领域的多元合作，促进共青团组织在新的历史形势下整体服务理念、方式和功能的整体提升。

其次，共青团组织要实现单一功能向综合功能的转变。共青团组织是具有中国特色的特殊青年组织，在不同的历史时期，其组织功能的重点都有所不同，但是政治参与功能是共青团组织的永恒发展主题，脱离或者减弱政治参与功能都会偏离共青团组织的发展方向。因此，对于共青团组织来说，不能单独强调其组织的政治参与功能、经济参与功能、文化参与功能、社会参与功能及国际参与功能，而是要把这些功能进行充分的有机融合，做到界限分明、功能明确、参与无界，特别是要把政治参与的理念、思想和做法融入其他功能的发展中，让政治参与功能成为组织功能发展的隐形主线，让其他功能为政治参与功能提供发挥和渗透的平台。因为“团的工作领域也在不断拓展，已经主动或被动地从思想教育领域扩展到经济、民生、文化、意识形态、信息技术、情感心理等众多领域和网络虚拟世界”[①]。

再次，共青团组织要实现团的主要干部向青年领袖的转变。共青团组织在中国的特殊地位决定了团干部的特殊性，团干部的机关作风、漂浮作风及官员作风引起很多青年的不满。青年组织发展的核心问题是团干部的素质问题，没有一流的团干部素质，共青团组织很难在当前的社会变革时期有所作为，也不会赢得青年群体的认同和追随。因此，共青团干部要向青年领袖学习，每一个层级的青年组织干部都要努力成为这个基层的青年领袖，青年领袖的感召力就是组织的感召力。共青团干部要在综合素质、知识涵养、视野境界、工作作风上下功夫，努力实现团的干部向青年的领袖的转变。

最后，共青团组织要实现传统工作模式向网络工作模式的转变。面对团的基层组织涣散、青年群体多元化选择、行政命令式工作方法的现状，共青团传统的群众性、运动式和活动化的工作模式已经不适应现代青年群体的需求，必须创新工作模式，充分利用互联网这一青年最喜爱和最擅长使用的平台开展工作，通过网络对青年群体开展思想引领、组织建设、提供服务等各种活动，要“把团的政治性、先进性、群众性延伸到网络空间，带领广大团员在具有新的历史特点的网络舆论斗争这个‘大熔炉’中锻炼成长”[②]。

二、共青团组织要全面引领青年社会组织的社会参与

从青年社会组织的发展历程来看，志愿服务、公共服务等社会领域依然是青年社会组织开展活动、拓展组织功能的主战场。实现社会参与功能是青年社会组织长久发展的必由之路。从目前存在的问题来看，共青团组织实现自身功能拓展和自我革新的领域也是在社会领域。因此，社会参与领域也是共青团组织的资源优势、人力优势和体制优势，这也决定了共青团组织要全面引领青年社会组织实现社会参与，才能使共青团组织与青年社会组织协调共同发展。

共青团组织要在社会治理体系中发挥主力军作用。“作为人民团体，共青团组织与社会治理体制有着天然的联系。”[③]当前创新国家社会治理体制的关键是要激发社会组织活力，重视社会治理主体的多元化发展。“共青团能做的更

① 《秦宜智同志在团中央工作务虚会上的讲话》，http://www.ccyl.org.cn/documents/ccylspeech/201310/t20131014_661591.htm。

② 秦宜智：《推动共青团工作乘势而上开创新局面》，《思想政治工作研究》2015 年第 9 期。

③ 丁凯：《在社会治理体系创新中发挥共青团生力军作用》，《中国青年报》2013 年 12 月 21 日。

多事情都集中在社会领域。”[1]共青团组织是社会治理体系的重要参与主体，在提供基本公共服务方面、大学生就业创业方面、为青年社会组织提供服务方面有着广阔的发展空间。共青团组织只有融入社会治理体系的建设中，才有发展的空间和动力，这也是破解共青团组织自身困境的必由之路。社会治理体制的建设需要共青团组织的积极参与，共青团组织也需要通过参与社会治理体制的建设拓展自己的组织功能、解决组织发展困境。可以说，共青团组织与社会治理体制谁也离不开谁。只有符合共青团组织的特点，体现共青团组织的优势和功能，满足青年群体的利益诉求和价值诉求，满足青年迫切需要，共青团组织才能找到与其他社会组织不同的社会参与模式，才能找到自己的生存之道。鼓励共青团组织积极参与社会治理，就要为其提供必要的外部环境、内部动力和发展空间。从外部环境来看，应该转变共青团组织政治参与的方式，这种转变不是政治功能的削弱，而是政治功能强化的一种创新和方式的转变，真正让共青团组织的政治参与功能落到实处，发挥作用。“这就要求共青团强化其社会职能，将政治职能寓于社会职能之中，通过发挥社会职能来实现政治职能。”[2]除此以外，一些技术性的手段也必不可少，如经费、税收和政策性的支持也很有必要。从发展空间来看，要进一步拓展共青团组织参与社会治理的领域范围，凡是社会组织参与的领域都应该有共青团组织的身影，这样一方面能够加强共青团组织与青年社会组织的联系，扩大共青团组织联系青年、凝聚青年的途径；另一方面也能够实现青年社会组织功能。

共青团组织要积极引导青年社会组织融入社会治理体系的建设。青年社会组织是社会治理体系中的重要参与主体，其参与的内容、途径和方式必将对青年群体的现实生活和未来产生深远的影响。在未来的经济社会发展中，青年群体的人力资源价值越来越高，青年人在各个领域的话语权和活动空间也越来越大。同样，在社会治理体系建设中，青年群体同样会成为主力军和重要参与力量。中国青年群体需要青年社会组织，青年社会组织需要政府的引导和支持。没有政府的引导和支持，青年社会组织就会远离社会治理体制，其发展的方向也很难控制和把握。青年社会组织积极参与社会治理建设，能够很好地解决青年的社会问题和社会中的青年问题，也能够有效促进社会和谐与进步。青年社会组织积极参与社会治理体系建设，需要发挥共青团组织的枢纽型组织作用，需要政府构建青年社会组织培育平台，需要政府在政策、资金和税收方面给予优惠和扶持。“通过各类青年组织把广大青年组织起来，既是适应青年日趋

---

① 丁凯：《在社会治理体系创新中发挥共青团生力军作用》，《中国青年报》2013 年 12 月 21 日。

② 郑晓博：《共青团参与社会治理创新的路径》，《前线》2015 年第 2 期。

多样的社会结构和利益诉求的必然选择，也是巩固党执政的青年群众基础的必然要求，这方面共青团组织天地广阔，大有作为。”①

共青团组织要为青年社会组织参与社会治理创造良好的外部环境。从社会治理理念创新来看，青年社会组织要以青年工作为核心，以服务人民为根本任务，把实现好、维护好、发展好青年群体的根本利益为出发点和落脚点，全心全意做好青年工作，通过开展组织活动解决好青年群体的内在需求，切实维护青年的现实权益和利益，确保社会稳定。因此要从青年发展、社会和谐稳定的角度去考虑和筹划青年社会组织的社会参与。从社会治理体制创新方面来看，共青团组织应摒弃“大包大揽”、忽视青年社会组织参与的治理模式，制定相应的激励制度和政策，鼓励青年社会组织参与社会治理；共青团组织应加快自身改革，把青年社会组织纳入组织建设规划，为青年社会组织提供公平的发展环境、优质的公共服务；政府应规范社会组织发展体系，构建开放型的社会组织生态系统，为青年社会组织提供良好的外部环境。

第三节　青年社会组织应不断提升组织自身的生存能力

青年社会组织的发展需要党和政府的支持以及共青团组织的引领，也需要有良好的制度、政策和社会环境，但决定青年社会组织功能实现的是组织自身发展状况。因此，青年社会组织必须不断加强自身组织的改革，不断拓宽自己的生存空间，营造良好的发展环境，打造青年社会组织的公信力和专业品牌，以此适应党和政府的需要、社会的需要和青年人的需要，实现青年社会组织的内生性发展。

一、青年社会组织要加强组织人才建设

青年社会组织在社会发展中发挥着越来越重要的作用，其组织本身也需要加强建设，促进组织的健康发展。

要完善组织章程和组织发展规划，不断提高组织管理人员素质。部分青年社会组织结构松散，组织人员层次参差不齐，没有必要的规章制度和管理体系。一些组织者只是临时的负责人，只负责活动的召集和组织，缺少组织的发展规划和目标。可以说，这些组织成长得快，消失得也快。虽然这些组织多数是娱乐型的自组织或者是文体型的自组织，但是这些组织数量很大。“事实上，在民政部门登记注册的组织仅仅是很小的一块，大多数社团没有在民政部门登记注

① 丁凯：《在社会治理体系创新中发挥共青团生力军作用》，《中国青年报》2013年12月21日。

册,但它们是客观存在的。”[①]如果不对这部分青年社会组织进行规范和管理,一旦发生问题,政府还需要介入处理,需要承担很大的责任风险。因此政府需要针对不注册的青年社会组织建立明确的规范和管理程序,在此基础上积极引导青年社会组织制定相应的规章制度、发展规划和管理架构,让这些组织形成规范的组织发展模式。对于在民政和相关部门注册的青年社会组织来说,其在管理、制度和体系建设方面相对较为完善。政府一方面要提供各种服务和帮助,另一方面还要鼓励组织内部不断完善规章制度,确定合理的发展目标和发展规划,提高组织管理人员的素质和水平。

要不断吸引和培养专业人才,建立人才引进、培养机制,提升组织成员的职业化和专业化能力。“团北京市委的调查显示,社会组织从业青年普遍认为职业能力提升方式有限,通过学历教育实现职业能力提升的占36.8%,通过自我教育提升的占26.4%。但这些几乎都为行业外途径,组织内的专业培训严重短缺,职业化、专业化程度较低。”[②]可以看出,青年社会组织中的青年职业化和专业化能力亟待加强。一方面青年社会组织可以通过培训、培养和引进的方式,大力培养职业化和专业化人才;另一方面,要积极通过项目和功能拓展实现组织规模和效能的扩张,通过提升组织能力来实现组织专业化发展。同时青年社会组织还要加强与政府、共青团组织的合作,提升青年社会组织的专业化和规范化程度。“团北京市委还针对组织负责人推出了‘青年社会组织骨干训练营’项目,累计培训300余人。在训练营中发现那些在同类型社会组织中动员力和号召力较强的组织负责人,进行专业化、规范化培训,陆续打造了100家示范青年社会组织。”[③]

二、青年社会组织要提升组织的社会公信力

青年社会组织的生成路径、运作体系、活动内容等很多方面体现了政府之外社会组织的力量。这些组织开展了很多社会公益、志愿服务、文体娱乐等青年喜爱的活动,在社会上有着广泛的影响力。青年社会组织要通过组织内部良好的运营管理模式及对外营销模式,逐步打造开放、民主、公平的内部管理体制,诚信、友善、合作的对外服务体系,主动接受社会监督,提高公众的信任度和自身公信力。青年社会组织应从以下几方面提升组织的社会公信力:首先是要有强有力的监管体系。青年社会组织的主管部门应该对组织的组织构成、人员

---

① 王绍光、何建宇:《中国的社团革命:中国人的结社版图》,《浙江学刊》2004年第6期。

② 李玥:《拿什么留住你,社会组织的青年》,《中国青年报》2015年5月20日。

③ 李玥:《拿什么留住你,社会组织的青年》,《中国青年报》2015年5月20日。

构成、活动内容以及活动宗旨进行全方位的监管，建立组织内部各项运行体系的全方位监控体系，包括财务审计体系、组织活动审查体系等。其次是要建立全方位的外部监管约束体系。青年社会组织可以聘请第三方进行监督和评价，邀请社会媒体进行舆论监督，形成强有力的外部约束体系。最后是要加强与政府的合作。青年社会组织要积极参与政府购买社会服务项目，参与政府组织的各项社会活动，不断扩大自己的影响力，通过政府机构的平台提升自己的社会公信力。从目前我国社会治理体系的建设情况来看，政府正大力扶持社会组织的发展，从资金、制度及资源等各方面都给予社会组织优惠政策。青年社会组织要抓住这一难得的机遇，加快内部治理，积极适应政府的政策需要，为提升自己的社会公信力赢得时间和市场，为组织实现内生性发展创造有利条件。

三、青年社会组织要打造组织的专业品牌

青年社会组织应该朝专业化、职业化方向发展。未来的青年社会组织不是靠政府组织起来的组织，而是源于社会的组织，因此服务于社会应成为青年社会组织的最终发展目标，政府的作用是监督和管理。青年社会组织在服务社会中同样面临生存和发展危机，随时都有被淘汰的可能。青年社会组织需要有自己的专业发展方向，青年组织成员也要走职业化发展的道路。只有这样，青年社会组织的服务内容才能更充实，才能逐步扩大组织的影响力，也能够真正实现服务于基层、服务于青年、服务于社会的目的。

青年社会组织的专业品牌建设应该从服务的专业化和人才的专业化两个方面着手。服务的专业化是青年社会组织稳定发展的生命线，没有一流的服务水平，就很难赢得市场和社会的认可。因此政府和共青团组织应该加强对社会组织服务人员的专业化培训，提高组织管理人员的服务能力和水平。人才的专业化是青年社会组织可持续发展的必备条件。青年社会组织涉及的领域广泛，每个领域都需要有专门的人才作支撑，特别是技术专业人才最为重要。可以说，专业化不够将是制约青年社会组织规模、影响力和发展的最大障碍。鉴于此，政府和共青团组织可通过建设培育基地，培养青年社会组织的专业技术人才，也为青年社会组织之间的交流、合作和专业能力的提升提供渠道和保障。在“大众创业、万众创新”的背景下，集各界优秀青年代表于一体的共青团组织和各级青联组织也会在创新创业大潮中紧紧围绕党和国家工作大局和青年工作全局做好青年人的创新创业工作。青联组织在青年创新创业活动中要面向广大青年群体，特别是普通青年群体，要注重活动的整体性、系统性和持久性，帮助青年社会组织持久地打造自己的品牌，这样才能扩大组织的吸引力和影响力，才能赢得党和政府的肯定、社会的认可和青年人的认同，青年社会组织也会

赢得自己品牌的发展空间。

服务社会基层是专业品牌建设的最佳路径。青年社会组织发展的空间在基层，基层是最需要社会服务的地方，也是青年社会组织最容易开展各项活动的地方，是最容易创建自己品牌的地方。如基层的社区老人、农村的留守儿童、特殊青少年群体等等都需要大量的社会服务人员。因此，青年社会组织应从基层寻找品牌建设的路径。

四、青年社会组织要不断拓展自己的生存空间

与共青团组织发展相比，青年社会组织的发展环境似乎较不令人满意，这不但与青年社会组织发展历史较短有关，而且还与青年社会组织缺乏较为系统的组织体系和管理体系有关。因此，青年社会组织的外部发展环境更值得关注。青年社会组织没有得到公众的认可，一方面是因为青年社会组织发展历史较短，还没有形成相应的服务品牌；另一方面与青年社会组织没有建立组织威信密切相关。因此，青年社会组织在发展过程中必须严格遵守组织原则，在向社会公众提供优质社会服务的过程中，建立起组织威信，这样才能真正贴近青年、贴近实际、贴近社会，为青年和社会提供服务，青年社会组织才能实现可持续健康发展。

青年社会组织培育基地是联系青年群体与政府的桥梁，因此拓展青年社会组织培育基地不仅是政府应该大力支持的项目，而且还应该成为共青团组织扩大青年群众基础、为青年提供服务、加强与青年社会组织有效联系的平台和重要模式。通过建立培育基地，青年社会组织不但能够很好地聚集专业青年人才，扩大与社会的广泛联系，提高项目的实施能力，增加与市场对接的机会，而且还能够加强政府、共青团组织与青年的联系，及时收集青年的各种信息和诉求，协助政府从政策方面解决青年问题。因此，共青团组织应以青年社会组织培育基地为依托，扩大为青年和青年社会组织服务的范围，强化社会服务功能，进一步凝聚和吸引各类青年社会组织到基地培育和孵化，使更多的青年社会组织尽快成为政府职能转移的重要载体、社会公共服务的重要组织。目前青年社会组织培育基地的建设已经在有些地区展开并取得实质进展。温州推出了由行政部门和社会共同建设、培育青年社会组织基地的模式，取得了较好的效果。陕西为青年社会组织打造了孵化培育、资源共享、公共服务、诉求表达四大平台的培育发展中心。“下一步，培育发展中心将通过场地支持、人才培训、项目策划、政策引导、委托承接等途径，培育孵化青年社会组织、促进青年社会组织发展，使其成为社会公共服务、政府以及机构服务项目转移的载体。”①

---

① 《陕西青年社会组织培育发展中心成立》，《西安日报》2013 年 11 月 7 日。

结 语

"青年不仅仅是一个单纯的社会群体，还是推动社会前进的强大动力。"[①]青年社会组织是青年参与社会活动的基础单位，是连接青年与社会各组织的桥梁和纽带。青年社会组织功能实现体现在政治参与、经济参与、文化参与、社会参与和国际交流事务的活动中，其功能也会随着社会的变迁而发生拓展和延伸。

本书通过对青年社会组织功能及其实现的理论框架分析，详细阐述了青年社会组织功能实现的理论支撑和现实依据；对青年社会组织面临的机遇和挑战进行了解读，同时还对国外青年组织的功能进行了详细的分析。在以上研究的基础上，本书提出了青年社会组织功能的发展趋势和对策，并以此为逻辑顺序，研究了青年社会组织功能实现的相关问题，得出以下结论：

第一，青年社会组织通过功能拓展和延伸能够很好地凝聚青年，引领青年，为青年全面参与政治、经济、文化、社会和国际交流等各方面活动提供发展的平台和空间。青年是当今社会发展中的一支重要力量，特别是在全球化、信息化时代，青年群体表现出非凡的能量和智慧，在很多领域青年群体都是引领者和业界精英。"青年群体是全球经济与文化发展的重要人力资源，他们在历史发展进程中起着重要的推动作用。而社会变革也与青年群体的自身发展息息相关。"[②]随着我国社会经济的发展，青年社会组织在国家经济社会发展中的辅助功能也会进一步凸显，青年群体通过青年社会组织这个媒介实现了自身价值诉求，也为国家稳定、富强提供了巨大力量。

第二，青年社会组织在解决青年的社会问题和社会中的青年问题中扮演着重要角色。在全球化迅速推进、我国社会加速转型的背景下，中国青年群体的

---

① 石国亮：《当今世界青年组织的发展趋势分析》，《中国青年研究》2007 年第 12 期。

② 董小苹：《全球化与青年参与》，上海科学院出版社 2004 年版，第 1 页。

思想观念、行为方式和生活方式发生了深刻而复杂的变化，社会发展面临着很多与青年有关的危机，如青年就业问题、艾滋病问题、青少年吸毒问题。如何解决这些问题受到党和政府的高度关注。从本书的研究来看，青年社会组织功能的实现不但是有效解决青年群体问题的一剂良方，而且还是目前青年社会组织生存发展的一条有效途径。青年社会组织的生存和发展也意味着青年的生存和发展，意味着青年群体的问题可以通过自身的发展来解决，这样的解决方式具有持久性和可发展性。

第三，青年社会组织功能及其实现能够使组织成为创新社会治理体系的重要参与主体。在全面深化改革的进程中，“面对新形势新任务新挑战，共青团如果不积极应对、不改革创新，就不仅是跟不上、不适应的问题，而且可能失去组织存在的价值。必须切实增强自我革新的勇气，下大气力解决突出问题”①。共青团组织需要不断完善自身改革，积极回应社会诉求和青年群体诉求，这样才能保持组织的政治性、先进性和群众性，成为社会治理体系的重要参与主体。在参与社会治理的过程中，需要找准共青团组织发展的切入点、着力点，解决目前共青团组织发展存在的困境。青年社会组织也需要走同样的社会治理之路。在创新社会治理体系的背景下，青年社会组织也迎来新的发展机遇。参与社会治理是青年社会组织发展最本质的内容所在。通过研究可以看出，青年社会组织是未来社会治理体系中重要的参与主体，必将为实现社会治理“小政府、大社会”的目标做出贡献，这也是青年社会组织实现自身发展的必由之路。

第四，青年社会组织功能及其实现能够使组织成为促进社会和谐稳定的重要力量。“在现代社会，青年的社会属性越来越明显。在二元分割的思维范式下，‘问题论’思维将青年问题看成是青年群体自身的问题。这种思维方式已经成为认识青年问题的最大障碍。实际上，青年问题在现代化背景下已经不是青年自身的问题，而是与全球化和时代性联系在一起的社会结构性问题，是社会系统性问题在青年群体中的体现。青年是社会问题的承受者而非制造者，以‘问题论’思维观察青年，掩盖了问题的社会性和时代性本质。在全球化的今天，青年问题不是孤立的，只有把握其全球性和时代性，才能认清青年问题的社会本质。”②青年的社会问题和社会中的青年问题是影响社会和谐稳定的重要因素。而青年社会组织功能发挥是影响青年发展的重要因素，青年社会组织已成为维护社会和谐稳定的重要力量。

第五，共青团组织将在青年社会组织功能的实现中发挥核心作用。青年社

① 共青团中央书记处：《积极稳妥地深化共青团改革》，《人民日报》2015年10月9日。

② 殷辂：《全球化、时代性与青年问题》，《中州学刊》2013年第1期。

会组织在共青团组织体制背景下成长;不管愿不愿意,青年社会组织功能的实现都不可能脱离共青团组织功能发展的范围。共青团会采取各种方法和措施引导或者整合青年社会组织功能,以此达到共青团组织发展的目的。

青年群体、青年组织、青年社会组织功能都会随着社会的变迁而不断发展,青年社会组织功能及其实现的内容也会随着社会的变迁而不断变化。但不管怎样,青年群体成为未来社会发展的支柱力量已成为不争的事实;青年社会组织将成为社会组织的一支重要力量这一观点已经得到验证。

主要参考文献

一、经典文献

1.《马克思恩格斯选集》第2～4卷，人民出版社1995年版。
2.《列宁全集》第39卷，人民出版社1986年版。
3.《列宁全集》第8卷，人民出版社1986年版。
4.《斯大林选集》上卷，人民出版社1979年版。
5.《毛泽东文集》第2卷，人民出版社1996年版。
6.《周恩来选集》上册，人民出版社1980年版。
7.《邓小平文选》第3卷，人民出版社1993年版。
8.《十六大以来重要文献选编》(下)，中央文献出版社2006年版。
9.《十七大以来重要文献选编》(中)，中央文献出版社2011年版。
10.《十八大以来重要文献选编》(上)，中央文献出版社2014年版。
11.《十八大以来重要文献选编》(中)，中央文献出版社2016年版。

二、学术著作

1.[英]齐格蒙特·鲍曼:《全球化:人类的后果》，郭国良、徐建华译，商务印书馆2001年版。

2.[美]莱斯特·M.萨拉蒙:《非营利部门的兴起》，谭静编译，社会科学文献出版社2000年版。

3.[美]塞缪尔·亨廷顿等:《难以抉择——发展中国家的政治参与》，汪晓寿等译，华夏出版社1989年版。

4.安国启、邓希泉主编:《新世纪中国青年发展报告(2000～2010)》，光明日报出版社2012年版。

5.安国启主编:《当代城市共青团工作研究报告》,中国社会出版社 2009 年版。

6.包志勤:《现代青年组织学》,中国青年出版社 1991 年版。

7.蔡定剑:《公众参与:风险社会的制度建设》,法律出版社 2009 年版。

8.陈映芳:《“青年”与中国的社会变迁》,社会科学文献出版社 2007 年版。

9.程刚:《青年组织论》,山东人民出版社 1991 年版。

10.董小苹:《全球化与青年参与》,上海社会科学院出版社 2004 年版。

11.冯仕政:《西方社会运动理论研究》,中国人民大学出版社 2013 年版。

12.共青团上海市委员会:《改革开放与当代青年——2008 年上海青年发展报告》,上海人民出版社 2008 年版。

13.郭贵儒:《青年运动史话》,社会科学文献出版社 2011 年版。

14.姜涌:《青年学》,山东大学出版社 1996 年版。

15.金国华主编:《青年学》,中国青年出版社 1999 年版。

16.李建设:《组织管理学》,浙江教育出版社 1987 年版。

17.李艳、戴裕民、曹英华编著:《改革开放 30 年共青团工作纪事》,中国青年出版社 2009 年版。

18.李艳、戴裕民等编著:《共青团重大活动回顾(1949～1966)》,中国青年出版社 2008 年版。

19.李玉琦主编:《中国共青团史话》,辽宁人民出版社 1992 年版。

20.刘洪森主编:《激情与回应:青年社会参与研究》,上海交通大学出版社 2011 年版。

21.刘俊彦主编:《青年与青年社会组织》,中国青年出版社 2014 年版。

22.陆玉林:《当代中国青年文化研究》,人民出版社 2009 年版。

23.庞元正:《社会发展理论新词典》,吉林人民出版社 2001 年版。

24.石国亮:《青年国际政治研究的新范式:意识形态视野中的青年和青年组织》,人民出版社 2007 年版。

25.童星主编:《现代社会学理论新编》,南京大学出版社 2003 年版。

26.王邦佐:《新政治学概要》,复旦大学出版社 1998 年版。

27.徐艳玲:《整合发展:当代中国发展新视角》,济南出版社 1998 年版。

28.杨雄:《当代青年文化回溯与思考》,河南人民出版社 1992 版。

29.俞启定:《中国教育简史》,中央广播电视大学出版社 2005 年版。

三、期刊论文

1. 黄志坚:《论青年组织的发生及其在中国的发展》,《中国青年研究》1989年第2期。

2. 江洪、李维岳:《青年组织的演变与特点》,《青少年学刊》1994年第1期。

3. 石国亮:《当今世界青年组织的发展趋势分析》,《中国青年研究》2007年第12期。

4. 吴庆:《中国共产党政党青年观和政党青年组织的发展》,《中国青年政治学院学报》2011年第5期。

5. 石国亮:《民间青年组织与共青团比较研究——基于全国七省市的调查分析》,《中国青年政治学院学报》2011年第5期。

6. 陈烯、练庆伟:《国外青年组织功能发展透视》,《中国青年政治学院学报》2010年第2期。

7. 赵黎明:《青年组织在和谐社会建设中的优势和功能》,《广东青年干部学院学报》2008年第3期。

8. 王道:《美国青年组织审视》,《宁波大学学报(人文科学版)》2005年第4期。

9. 陆建华:《论青年群体的社会学特征》,《中国青年研究》1993年第3期。

10. 刘维群:《青年群体界说》,《青年研究》1998年第6期。

11. 魏久明:《抗日战争中青年运动的地位、贡献和启示》,《中共党史研究》1995年第6期。

12. 卢粉艳、王芬娥:《新民主主义革命时期学生运动的作用》,《渭南师范学院学报》2001年第3期。

13. 姚寿鹏:《试论五十年代青年团的独立活动》,《青运史研究》1985年第3期。

14. 田杰:《论马克思主义青年观》,《中国青年政治学院学报》2004年第6期。

15. 赵文龙:《浅析马克思的社会变迁理论》,《西安电子科技大学学报(社会科学版)》1999年第2期。

16. 田科武:《中国青年参与:历史与现实》,《青年研究》1994年第1期。

17. 陈振明:《"政治参与"概念辨析》,《东南学术》2008年第4期。

18. 周平:《论政治参与》,《思想战线》1999年第4期。

19. 高旺:《社会政治变迁与中国青年学生政治参与模式的演变》,《中国青年研究》2007 年第 12 期。

20. 张华:《1949～2009:中国青年社会参与的特点及历史经验》,《中国青年研究》2009 年第 10 期。

21. 刘世丽、李冲:《90 年代中国青年政治参与分析》,《青年探索》2001 年第 3 期。

22. 邓希泉:《当代青年政治参与新特征新趋势》,《人民论坛》2012 年第 9 期。

23. 邵念荣:《当代中国青年政治参与初探》,《淮阴师范学院学报》2001 年第 1 期。

24. 石国亮、邓希泉:《当前我国青年参与机制研究》,《广东青年干部学院学报》2006 第 4 期。

25. 符信新:《社会组织经济属性探析》,《社团管理研究》2011 年第 8 期。

26. 刘平:《青年经济参与的轨迹、特征及文化背景》,《当代青年研究》1994 年第 4 期。

27. 李海荣:《应重视"青年文化"的研究》,《青年探索》1988 年第 4 期。

28. 陆玉林:《我国青年文化的现状与发展趋势简析》,《中国政治青年学院学报》2003 年第 4 期。

29. 马中红:《2012 年中国青年亚文化研究论略》,《青年探索》2013 年第 6 期。

30. 麻志刚:《当代中国的青年文化参与探析》,《改革开放》2009 年第 11 期。

31. 郑长忠:《在整合多元中实现对青年的价值引领》,《中国青年政治学院学报》2012 年第 4 期。

32. 陆玉林:《什么是"青少年流行文化"》,《中国青年研究》2003 年第 2 期。

33. 王兵:《当代中国人的社会参与研究述评》,《哈尔滨工业大学学报(社会科学版)》2012 年第 11 期。

34. 胡子祥:《当代大学生的社会参与意识的实证研究》,《中国青年研究》2006 年第 5 期。

35. 何春梅:《青年学生社会参与状况分析——以广东省某高校为例》,《青年探索》2008 年第 6 期。

36. 伍富康:《社会治理中共青团组织价值的新发展》,《中国青年政治学院学报》2014 年第 3 期。

37. 刘建华:《中国互联网 20 年与青年社会化发展研究》,《湖北社会科学》2014 年第 12 期。

38.赵永富:《全球化过程中中国青年道德的冲撞与重建》,《广西民族学院学报(哲学社会科学版)》2002年第2期。

39.刘艳军、荣鑫:《对撞与反思——全球化视野下当代青年文化选择与认同的现状分析与思考》,《中国青年研究》2009年第6期。

40.殷辂:《全球化、时代性与青年问题》,《中州学刊》2013年第1期。

41.徐艳玲:《全球化本质的动态透视》,《山东社会科学》2004年第3期。

42.钱永祥:《把握社会变迁与青年发展背后的必然——〈青年对社会变迁的反应〉读后感》,《上海青年干部管理学院学报》2013年第2期。

43.李涛:《中印非政府组织(NGOs)及其在扶贫开发中的作用研究》,《亚太经济》2007年第1期。

44.薛晓建:《浅析欧洲早期青年工人运动的几个问题》,《中国劳动关系学院学报》2007年第6期。

45.黄洁贞:《全球化背景下的青年与青年工作》,《中国青年政治学院学报》2003年第5期。

46.陈世用、蔡素燕:《第三部门青年组织的社会功能研究》,《浙江科技学院学报》2007年第7期。

47.陈志:《第三部门在构建社会主义和谐社会中的作用分析》,《青岛行政学院学报》2006年第5期。

48.唐斌:《中国非营利组织研究的新进展》,《南京社会科学》2005年第7期。

49.毕震钧:《拓展团的社会职能服务青年成长发展——浦东新区共青团组织协助政府管理青少年事务的实践》,《青年研究》2002年第1期。

50.石国亮、苏媛媛:《民间青年组织与共青团比较研究——基于全国七省市的调查分析》,《中国青年政治学院学报》2011年第5期。

51.安国启等:《当代青年在非政府组织中的作用与发展趋势研究》,《青年探索》2006年第5期。

52.李正宏:《论和谐社会构建中社会自组织的培育》,《湖北行政学院学报》2007年第5期。

53.江广平:《全球化背景下的青年事务》,《中国青年政治学院学报》2002年第1期。

54.石国亮、高敏:《论青年组织的功能及其拓展》,《广东青年干部学院学报》2007年第4期。

55.石国亮:《西方国家对青年和青年组织意识形态渗透的手段研究》,《中国青年政治学院学报》2007 年第 6 期。

56. 王彬:《全球化语境下青年研究的范式转换》,《中国青年政治学院学报》2011 年第 6 期。

57. 徐艳玲:《全球化视角:解读“马克思主义中国化”》,《理论探讨》2006 年第 3 期。

四、学位论文

1. 张华:《中国共产主义青年团职能研究》,西南大学博士学位论文,2011 年。

2. 周敏:《中国共青团组织职能创新研究》,湖南师范大学博士学位论文,2012 年。

3. 王少萍:《青年政治社会化问题研究》,福建师范大学博士学位论文,2012 年。

4. 杨立宪:《中国化马克思主义青年观研究》,中共中央党校博士学位论文,2013 年。

5. 郑旗:《1912～1931 年国民党湖南省级党组织研究》,湖南师范大学博士学位论文,2013 年。

6. 王婷:《当代中国社会青年自组织研究》,吉林大学博士学位论文,2008 年。

7. 张禹文:《新时期党领导下的湖南青少年组织建设问题与对策》,湖南师范大学博士学位论文,2011 年。

五、外文文献

1. John D McCarthy ,Mayer N Zald, *The Trend of Social Movements in America: Professionalization and Resource Mobilization*, Morristown N J: General Learning Press, 1973.

2. Suzanne Staggenborg, “The Consequences of Professionalization and Formalization in the Pro-choice Movement,” *American Sociological Review*, 1988, Vol. 53, pp. 585-605.

3. Donnacha O' Beacha, “Rocking the Vote: New Forms of Youth Organizations in Eastern Europe and the Former Soviet Union,” *Journal of Youth Studies*, 2010, Vol. 13, No. 5, pp. 615-630.

4. Joanne Sobeck-Elizabeth, “Supporting and Sustaining Grassroots

Youth Organizations: The Case of New Detroit," *Springer Link*, 2007, Vol. 18, pp. 17-33.

5. Sen Siddhartha, "Some Aspects of State-NGO Relationships in India in the Post-Independence Era," *Development and Change*, 1999, Vol. 30, No. 2, p. 26.

后 记

能够在不惑之年，攻读山东大学思想政治教育博士学位，我深感荣幸。这部著作的出版凝聚了很多人的心血，感激之情无以言表，只能用出色的工作成绩来回报大家对我的期望。

本书的完成得到了我的导师徐艳玲教授的悉心指导。徐老师学识渊博，治学严谨，工作精益求精，待人随和诚恳，这些优秀的品质时刻影响着我，激励着我向着学术高峰不断前进；徐老师对我学术上的关怀、培养和教诲令我终生难忘，始终铭记在心！

特别感谢山东大学马克思主义学院王韶兴、周向军、方雷、徐国亮、费利群、陈家付、张士海、张志泉、刘雅静、马佰莲等老师在成书过程中给予的悉心指导与建议，他们的指导和建议让我在困境中找到了思路和解决办法，特别感谢他们！

感谢山东商业职业技术学院出版基金的资助，感谢智能制造与服务学院罗继秋老师在该书出版的过程中给予的帮助！

特别感谢我的父母、妻子和孩子，感谢他们的无私付出和奉献。他们的陪伴激励我不断克服各种困难，努力实现自己的目标。

感谢我的兄弟、同事及朋友的关心、支持和鼓励。

拙著即将出版，但还有很多不完善之处，有些观点还没有经过时间和实践的检验，存在着诸多纰漏，希望读者不吝赐教。

2020年是一个特殊的年份，在抗击新冠肺炎疫情的战场上，很多青年志愿者和青年社会组织发挥了重要作用，从中我们看到了当代中国青年的力量，读到了当代青年所体现的中国精神。我们更有理由相信新时代的中国青年一定能够担当起中华民族伟大复兴的重任，我对中国青年和中国青年组织充满期待！同样，我也要凭借不用扬鞭自奋蹄的精神和斗志，在学术研究和新的工作岗位上继续前行！

龚爱国

2020 年 6 月于济南